강요된 비밀

GLOBESITY: A Planet Out of Control?
by Francis Delpeuch, Bernard Maire, Emmanuel Monnier and Michelle Holdsworth

Copyright © Dr. Michelle Holdsworth, 2009
All rights reserved.

This Korean edition was published by Keorum Publishing Co. in 2012 by arrangement with
EARTHSCAN Ltd, London through KCC(Korea Copyright Center Inc.), Seoul.

이 책은 (주)한국저작권센터(KCC)를 통한 저작권자와의 독점계약으로
기획출판 거름에서 출간되었습니다.
저작권법에 의해 한국 내에서 보호를 받는 저작물이므로 무단전재와 복제를 금합니다.

강요된 비만

프란시스 들프슈·베르나르 메르·엠마뉘엘 모니에·미셸 홀스워스 지음 | 부희령 옮김

강요된 비만

1판 1쇄 펴낸날 2012년 7월 25일

지 은 이 프란시스 들프슈·베르나르 메르·엠마뉘엘 모니에·미셸 홀스워스
옮 긴 이 부희령

펴 낸 이 하연수
펴 낸 곳 기획출판 거름
출판등록 제7-11호(1979년 6월 28일)
　　　　 121-820 서울시 마포구 망원동 338-78 정하빌딩 2층

이 메 일 keorum1@naver.com
블 로 그 blog.naver.com/keorum1
Tel (02)333-2121 | Fax (02)333-7877

ISBN 978-89-340-0395-3 13300

• 책값은 뒤표지에 있습니다.

차례

서문_비만 쓰나미가 몰려온다 | 9
머리말_왜 현대인은 점점 뚱뚱해지는가? | 12

1. 전 세계로 퍼지는 공포의 유행병
충격적인 수치들: 선진국의 급속한 비만 증가율 | 25
개발도상국도 예외가 아니다 | 30
'프랑스인은 예외'이던 시절은 끝났다 | 33
위기에 처한 어린이: 통제 불능의 어린이 비만 | 34
왜 가난할수록 더 뚱뚱해질까? | 38

2. 왜 풍족해질수록 먹을거리는 더 나빠지는가?
광우병의 교훈: 우리는 과연 무엇을 먹고 있는가? | 44
유전자변형작물: 새로운 공포의 초점 | 49
왜 채소가 점점 맛없어질까? | 50
지방, 설탕, 소금을 너무 많이 먹는다 | 52
비만이 유발하는 질병들: 당뇨병, 고혈압에서 각종 암까지 | 56
비만에 대한 따가운 시선으로 상처받는 마음들 | 61
성인병과 따돌림으로 고통받는 아이들 | 64
우리는 이미 막대한 사회적 비용을 치르고 있다 | 66

3. 뚱보를 낳는 오늘날의 식습관은 어떻게 생겨났나?
패스트푸드, 세계를 점령하다 | 75
너무 바빠 요리를 해먹을 시간이 없다 | 77
우리의 식습관을 바꾼 두 번의 혁명 | 80
개발도상국에서 왜 비만 문제가 더 심각한가? | 83
뚱보들의 전성시대 | 86
굶주림과 비만이 공존하는 이상한 세상 | 89

4. 먹을거리는 어떻게 생산되는가? – 대량생산 시대의 농업

먹을거리 생산 역사의 4단계 | 100
더 많이 생산하라: 선진국의 식량 증산 프로젝트 | 102
농업보조금의 역기능: 남아도는 농산물을 어떻게 처리할까? | 103
녹색혁명의 성공 | 107
여전히 굶주리는 사람들 | 109
10억 중국인이 고기 맛을 알게 된다면? | 111
다가올 식량 위기: 음식 가격이 싸던 시대는 이제 끝났을까? | 114
아무도 환경비용은 계산하지 않는다 | 116

5. 먹을거리는 어떻게 가공·유통되는가? – 식품회사와 슈퍼마켓

거대 식품회사의 부속품이 된 농부들 | 124
개발도상국 농부들의 상황은 더 가혹하다 | 128
거대 유통업체들이 지배하는 세계 | 129
슈퍼마켓은 지금 개발도상국으로 무한확장 중 | 131
마트에 진열된 불량식품 | 135
획일화되는 조리문화: 사라지는 전통 조리법 | 137

6. 비만을 초래한 범인은 식품산업인가?

그들은 이윤을 추구할 뿐이다 | 146
맥도날드의 유레카: 많이 주면 많이 먹는다 | 147
광고의 힘: 소비자의 합리적 선택이란 망상이다 | 150
광고계의 빅 5: 패스트푸드, 시리얼, 청량음료, 과자, 스낵 | 151
재미있는 광고가 전하는 그릇된 메시지 | 152
어린이를 타깃으로 한 광고의 악영향 | 155
공권력의 반격: 어린이 대상 식품광고를 규제하라! | 157
식품업계의 강력한 로비 | 160
금융사와 보험사, 식품회사를 압박하다 | 162
비만의 원인은 유전자인가? | 163

7. 비만은 단지 운동 부족 탓인가?

비만의 기본 해결책: 몸을 움직여 지방을 태워 없애자! | 170
운동의 일석이조 효과: 날씬한 몸매에다 건강까지 | 172
당신의 신체활동수준은 얼마인가? | 173
안락의자 권하는 사회 | 174
신체활동은 문화의 문제인가? | 177

8. 약으로 비만을 해결할 수 있을까?

개발 중인 비만 퇴치 백신들 | 184
의사들은 비만이라는 질병에 무지하다 | 188
부작용에도 불구하고 왜 모두 살빼는 약을 찾는가? | 190
무리한 체중 감량은 왜 역효과를 낳는가? | 192
가장 효과적인 다이어트 방법 | 193
의심스러운 건강기능식품들 | 196
웰빙식품으로의 바람직한 변화 | 200

9. 치료보다는 예방이 낫다

비만의 예방은 불가능한가? | 206
더 적게 먹고, 더 많이 움직여라 | 209
비만은 개인의 책임이 아니다 | 211
비만이 되기 쉬운 환경을 뜯어고치자 | 213
가능한 모든 해결책을 폭넓게 동원하라 | 216
어린이 비만 예방을 최우선으로 | 220
각국의 성공사례를 벤치마킹하라 | 223

10. 비만 문제의 해결책들

누가, 무엇을 할 것인가? | 227
정크푸드에 세금 부과하기 | 234

건강식품 가격 인하하기 | 236
더 나은 제품을 요구하도록 소비자 교육시키기 | 237
쉽게 알아볼 수 있는 라벨 붙이기 | 239
슬로푸드: 소수를 위한 여유로운 대안 | 241
육류 소비 제한하기 | 243
환경을 생각하며 소비하기 | 245
생명공학농업 vs 친환경농업 | 246
어린이 대상 정크푸드 광고 금지하기 | 247

11. 비만은 지구온난화를 부추기는가?

비만의 원인이 곧 지구온난화의 원인이다 | 255
운전을 덜 하고, 자전거를 더 많이 타고, 비행기 이용을 자제하자! | 256
우리가 무엇을 먹는지가 지구의 미래를 결정한다 | 259
비만도 줄이고 지구도 살리려면 | 263

맺음말_갈림길에 선 우리의 운명 | 265
참고문헌 | 271
더 읽을거리 | 282
주 | 285

서문
비만 쓰나미가 몰려온다

2000년 경, 세계 전체를 놓고 볼 때 체중 미달인 성인보다 비만인 성인이 더 많아졌다. 과체중과 비만은 전 세계 사망 위험요소 중 다섯 번째 주요 요인이다. 매년 적어도 280만 명의 성인이 과체중이나 비만으로 사망한다. 그뿐만 아니라 당뇨병의 44퍼센트, 허혈성 심장질환의 23퍼센트, 특정암의 7~41퍼센트가 과체중과 비만에 기인한다. 과체중이거나 비만인 성인과 특히 어린이들의 숫자가 전례 없이 빠르게 증가하고 있다. 그로 인한 건강 악화, 정상 생활 불능, 경제능력 상실로 입게 될 잠재적 손실은 '공중보건의 위기', '시한폭탄', '쓰나미'로 묘사되고 있다.

인류 건강의 전망에 예외적인 변화를 가져온 경제와 농업의 발달은 수많은 사람들에게 부족했던 열량 공급에 성공했다는 면에서 놀랄 만한 일이다. 그러나 그것은 결코 지속될 것 같지 않다. 현재와 같은 구조의 세계적 식품 체제는 생산, 가공, 분배에서 우리의 필요를 충족시키는 데 실패했다. 즉 그것은 영양가 있는 식품을 충분하게 분배하는 것을 보장하지 못한다. 건강한 식품의 가격을 책임지고 싸게 공급하지 못한다(적어도 건강하지 못한 식품보다는 비싸다). 그리고 앞으로 언제까지 식품 생산이 지속될지 장담하지 못한다.

오늘날 전 세계의 많은 지역, 특히 아프리카 사하라 사막 이남에서 식품의 분배는 매우 부족하다. 그러나 유럽에서도 상점에 넘쳐나는 전 세계에서 수입된 식품들을 마음껏 향유하는 사람들이 있는 반면에, 하루에 한 끼 혹은 전혀 끼니를 때우지 못한 채 견디며 살아가는 사람들도 있다. 경제 발달이 이루어진 사회 대부분에서는 가장 싼 식품이 가장 건강하지 못한 식품이다. 그것은 '텅 빈' 열량(음료수나 군것질거리, 과자의 형태로 제공되는 전분, 당분, 지방과 유지류), 유혹적인 디자인과 포장, 광고로 이루어져 있다. 이러한 식품의 생산은 재생 불가능한 에너지 자원에 많이 의존하고 있으며, 그로 인해 비롯된 환경오염은 지구온난화와 황폐한 사막화를 촉진하고 있다.

우리가 명시할 수 있는 기본 원칙들은 다음과 같다.

- 인류는 건강한 생태계에 의존한다.
- 지역의 생태적 온전함을 잃어버린 곳(가령, 도시 지역)에 사는 주민은 다른 곳에 있는 건강한 생태계에 의존하여 삶을 유지하게 한다.
- 지구 생태계는 이미 그 수용능력을 넘어섰으며 그 주민들의 요구를 충족시킬 수 없다.

이 책은 이러한 문제들에 초점을 맞추고 있으며 건강한 음식 섭취, 환경, 경제적 안정을 형성하는 힘들이 얼마나 서로 밀접하게

얽혀 있는지를 보여준다. 또한 세계 역사가 변환의 시기에 있으며, 앞으로 닥칠 재앙을 피할 수 있는 희망이 우리에게 있음을 전망하고 있다. 현재의 위기는 우리 모두가 환경보호, 생물다양성의 유지, 공중보건, 사회정의, 인권을 위해 싸우는 데 관심을 갖도록 촉구하고 있다.

국제비만연구협회 정책연구원장
팀 롭스타인

머리말
왜 현대인은 점점 뚱뚱해지는가?

어떤 희생을 치르더라도 굶주림을 정복하라. 이것이 제2차 세계대전 후 새로 창설된 국제단체인 유엔의 식량농업기구(FAO)가 직면한 엄청난 도전이었다. 이것은 승산 없는 싸움처럼 보였다. 나중에 '제3세계'라고 불리게 된 나라들뿐만 아니라 폐허 속에서 일어나려 애쓰던 유럽에서도, 해마다 수천만 명씩 늘어나는 인구를 먹여 살릴 식량이란 막대한 것이었다. 20세기 중반 이후는 심각한 빈곤과 기근을 마주하게 되었다. 따라서 뉴욕에서 파리, 상파울루에서 콜카타(인도 캘커타의 새 이름—옮긴이)에 이르기까지 목표는 확실했다. 즉 가장 낮은 비용으로 식량을 가능한 한 많이 생산하는 것, 마침내 모든 사람들에게 배를 채울 권리를 주는 것, 덧붙여서 선진국 국민들에게는 일주일 내내 육류를 맛볼 수 있게 보장하는 것이었다.

이러한 장기간의 캠페인은 훌륭한 효율성과 함께 추진되었다. 곧 유럽에서는 순무를 먹던 일이 안 좋은 추억이 되어버렸고, 반면에 2000년대로 전환될 무렵 기아가 전 세계를 휩쓸 것이라고 장담하던 불길한 예언자들은 설탕, 유지류, 곡류의 대량생산으로 인해 말문이 막혀버렸다. 수십 년 전만 해도 우리 마음속에 출몰하던 전 세계적 식량 위기라는 무시무시한 유령은 낙관적인 전망의 환한 빛 속으로 사라져버렸다. 2003년에 유엔 식량농업기구는 식량과 농업에 대해 다음과 같이 선언했다.

"50년 동안의 현대화가 이루어진 뒤, 오늘날의 농업 생산량은 60억 인류를 충분히 먹여 살리고 남을 정도다."

그러나 새로운 풍요로움이 지닌 거대한 모순은 전 세계 8억 5,000만 명의 인구가 오늘날에도 여전히 굶주리며, 필수 영양소의 부족 때문에 생기는 질병으로 고통받고 있다는 사실이다. 2005년 나이지리아에서 발생한 것과 같은 주기적인 식량 위기는 여전히 전 인류에게 영향을 주고 있다. 많은 나라에서 어린 아이들이 영양실조에 노출되어 있다.

그러나 여전히 우리가 최우선으로 해야 할 일이 굶주리고 있는 사람들을 먹이는 것이라고 주장한다면, 많은 국제조직들이 또 다른 위기에 대해 주목하도록 일깨우는 데 실패한 것(또는 그러고 싶지 않은 것)이다. 최근에 두드러지게 나타난 위기가 있다. 지구에 사는 많은 사람들은 굶주림과 결핍에만 시달리는 것이 아니라, 과잉 열량으로도 괴로워하고 있다. 충격적인가? 분명히 그럴 것이다. 어쨌든 세계의 의사결정자들도 예상치 못했다. 새천년정상회담(Millennium Summit, 2000년 9월 뉴욕의 유엔 본부에서 열린 세계 정치지도자들의 회담으로, 21세기 유엔의 역할에 대해 토의했다—옮긴이)에서 유엔 회원국들은 가장 시급한 목표로 전 세계 곳곳에 나타나는 극빈과 기아의 근절에 동의했다. 비만과 그로 인한 만성 질병들에 대해서는 단 한 줄도 언급이 없었다.

같은 방식으로, 룰라 다 실바가 2003년 6월에 브라질의 대통령이 되었을 때, 그의 빈곤 방지 프로그램은 단순하게 '기아 추방'이라는 슬로건으로 요약되었다. 왜냐하면 유권자들과 마찬가지로 룰라 다 실바도 가난과의 싸움이란 당연히 좀더 많은 열량을 공급하는 일이 우선이라고 생각했기 때문이다. 이러한 가정 속에 들어 있는 비극적 맹목성은 2004년 후반에 브라질의 '지리통계연구소'가 행한 가족 영양 연구에서 극명하게 드러났다. 그 연구 결과, 성인들 가운데 퍼져 있는 과체중 인구가 표준 체중 이하인 사람들의 10배나 된다는 엄연한 사실이 밝혀졌다.

억지로라도 아이스크림을 먹이는 뚱보들의 나라인 미국의 과체중에 대한 악명 높은 고정관념 탓에, 어린이와 청소년을 포함한 4,000만 명에 가까운 브라질 사람들, 즉 브라질 인구의 40퍼센트가 너무 뚱뚱하다는 사실이 무시되었다.

이러한 사실은 브라질 전체의 생활수준이 높아지고 있음을 의미하는가? 진실은 더욱 잔인하다. 왜냐하면 비만과 풍족함을 동일하게 생각하는 것은 착오이기 때문이다. 물론 처음에는 부자들의 체중이 늘어나지만 곧 가난한 사람들에게 추월당한다. 교육을 잘 받지 못하고 경제적인 자원이 부족한 빈곤층은 다른 계층보다 점점 더 과체중이 된다. 다음과 같은 사실은 우리 모두의 편견에 모순된다. 이미 산업화가 이루어진 나라들에서보다 개발도상국이나 신흥 산업국가의 개인들에게서 비만이 더욱 많이 나타난다. 중국은 오래전에 '지구에서 가장 비만인 나라'라는 남부럽지 않은 타이틀을 미국에서 빼앗아왔다.

또 다른 모순은 몸이 통통하다고 해서 영양 공급이 잘된 것은 아니라는 사실이다. 충분한 열량을 섭취한다고 해도 비타민이나 무기질이 결핍되는 경우가 종종 있다. 따라서 신생 독립국의 극빈층이 사는 지역에서는 뚱뚱한 청소년과 성장이 지연된 왜소한 어린이들이 길에서 함께 뛰어노는 슬프고 독특한 광경을 볼 수 있다. 비만은 지리적·사회적·경제적 국경을 뛰어넘는다.

프랑스 사람들은 순수한 전통적 조리법 때문에 비만이라는 유행성 질병으로부터 안전하다고 생각한다. 그 유명한 '프랑스인의 역설'(프랑스인이 미국인이나 영국인 못지않게 고지방 식이를 하고도 허혈성 심장병에 덜 걸리는 현상을 말한다. 그 이유가 레드와인 때문으로 밝혀졌다―옮긴이)인 레드와인의 효험과 더불어 대대로 이어져온 요리가 난공불락의 마지노선이 되리라는 것이다. 그러나 이런 착각은 그다지 영광스럽지 않은 현실로 인해 부서졌다. 오늘날 우리는 머지않은 미래에 프랑스의 어린이들도 미국의 또래들 못지않은 체중을 기록할 수 있다는 사실을 두려워하며 인지하고 있다. 그리고 우리는 전 세계를 빠른 속도로 삼키고 있는 이 질병에 대한 면역이 어떤 사회에도 없다는 사실을 깨달았다.

한마디로, 더 허비할 시간이 없다. 과체중은 미학적인 문제가 아니기 때문이다. 지방은 살인자다! 브라질에서만 한 해에 8만 명의 사람들이 지방이 야기한 질병으로 죽어가고 있다. 브라질의 몇몇 도시에서는 학교에서 과자와 음료수 판매를 금지했다. 2005년에 프랑스에서도 같은 조치가 취해졌다. 그러나 아무도, 대서양 반대편에서도, 그러한 조치가 충분히 효과가 있으리라고 믿는 사람은 없었다. 비만은 그 원인이 한 가지 이상이라는 점에서 다른 질병들과는 다르다. 비만은 다양한 원인 때문에 만연하고, 그 모든 원인들이 복합적으로 작용하여 '비만을 발생시키거나 그럴 가능성이 있는' 환경을 만든다.[1]

그럼에도 특정한 원인들을 밝혀내고자 하는 의욕은 강하다. 많은 사람들이 패스트푸드 문화와 온 세상을 '맥도날드화'하려는 끔찍한 시도들을 향해 책임을 떠넘기고 싶은 유혹에 굴복하고 만다. 그러나 이러한 고발이 아무리 확실한 근거가 있다고 하더라도, 이 드라마에 출연하는 다른 모든 배우들에게 면죄부를 줄 수는 없다. 농부와 소비자, 슈퍼마켓과 대중매체, 도시가 기능하는 방식을 설계한 도시계획자들에 이르기까지, 모두들 자기 역할을 맡고 있기 때문이다. 그들의 현실적인 책임은 얼마나 되는 걸까? 주먹을 휘두르는 것 외에, 비만을 어떤 특정한 원인의 탓으로 돌리는 것을 정당화하기는커녕 어떤 징후가 좋은지 나쁜지 판단할 과학적이고 정확한 근거도 아직 거의 없다. 더욱 어려운 과제는 모두가 받아들일 만한 일련의 해결책들에 대해 모든 사람들이 동의하게 만드는 것이다. 왜냐하면 비만은 한 개인의 질병이 아니기 때문이다. 그 사람이 얼마나 탐욕스러운가는 문제가 되지 않는다. 비만은 굶주림을 해결하는 과정에서 생긴 이 세상의 또 다른 질병이다. 그리고 우리가 식품을 생산하고 판매하고 소비하는 방식에 대해 깊이 재고할 준비가 될 때까지는, 결코 비만을 극복할 수 없을 것이다. 그러므로 과식하는 사람들이 자신을 비난하는 것은 비합리적이고 위선적인 일이다. 그들은 단지 우리의 집단적 선택에 너무 잘 적응했을 뿐일지도 모른다.

1
전 세 계 로 퍼 지 는 공 포 의 유 행 병

충격적인 수치들: 선진국의 급속한 비만 증가율

개발도상국도 예외가 아니다

'프랑스인은 예외'이던 시절은 끝났다

위기에 처한 어린이: 통제 불능의 어린이 비만

왜 가난할수록 더 뚱뚱해질까?

2004년 3월과 2005년 10월에 미국 하원은 언젠가는 상징적인 법안이 될 '식품 소비에 관한 개인책임법'(이하 개인책임법)을 승인했다. 개인책임법의 목적은 비만인 소비자가 식품업계와 농업계에 소송을 거는 사태를 미연에 방지하려는 것이었다. 결국 이 법은 생산자, 소매업자, 유통업자의 이익을 지키려는 의도로 만들어졌다. 이들을 지나치게 신뢰해서 허리둘레가 늘어난 소비자에 대한 책임을 덜어주고, 무엇보다 비만 때문에 소비자에게 발생한 건강상의 문제에 법적 책임을 지지 않도록 보호해준 것이다. 이 법대로 된다면 미래에는 그처럼 '사소한' 소송이 전혀 인정되지 않을 것이다. 법안은 소비자가 제기한 소송을 공식적으로 사소한 소송으로 치부했다.

역설적이라 해야 할지 통찰력이 있다고 해야 할지 모르겠지만, 이 법안은 패스트푸드 업계의 이익을 아주 노골적으로 옹호했다는 점에서 '치즈버거 법안'이라는 별칭으로 급속히 알려지기 시작했다. 미국에서 패스트푸드 업계는 일자리 창출을 비롯한 여러 면에서 엄청나게 중요한 역할을 한다. 이 법안의 지지자들에 따르면, 햄버거와 감자튀김을 폭식하는 시민은 그 결과에 대해 남이 아니라 자신을 탓해야 한다. 과식은 개인의 선택이며 법의 소관이 아니라는 주장이다. 더욱이 이런 식품을 대량으로 생산하고 판매하는 기업에는 책임이 별로 없다는 의미까지 담고 있다.

2004년에 개인책임법안을 처음 제안한 공화당 의원 릭 켈러는 비만은 '상식과 개인의 책임' 문제라고 주장했다. 맥도날드의 대변인은 즉시 켈러의 주장을 그대로 되풀이하며 홍보에 열을 올렸다. 이 법안 덕분에 그동안 자신들이 희생양으로 바쳐지던 명분이 사라지는 것을 두 팔을 벌려 환영했던 것이다.

어린이의 친구로 자리잡은 맥도날드는 사실 그동안 더 나이 많은 소비자들의 신경에 거슬리던 참이었다. 2002년 뉴욕에 사는 10대 소녀 두 명은 이 유명한 '레스토랑' 체인점이 자신들의 비만과 당뇨병과 고혈압에 책임을 져야 한다며 손해배상을 청구했다. 다른 소비자들도 잽싸게 싸움판에 끼어들었다. '맥 정크푸드' 때문에 몸이 망가진 것에 대해 맥도날드를 상대로 배상을 요구하는 소송이 점차 줄을 이었다.

처음에 대중은 이런 소송에 대체로 조소를 보냈다. 굳이 말하자면 '저것 봐라, 폭식을 해대는 주제에 음식에다 화풀이를 하네. 적반하장도 유분수지!'라는 식이었다. 방종을 못마땅하게 여기는 주류 도덕주의자들은 충격을 받았다. 물론 당시처럼 현재도 비만인 사람들의 오직 한 가지 문제가 단순히 의지력의 부족이라면, 비만을 둘러싼 논쟁은 자신을 해치는 습성을 경멸하면서 미덕과 규율의 중요성을 강조하는 것으로 끝낼 수 있을 것이다. '왜 그들은 스스로 중독이라는 것을 받아들이지 못하는 거야!' 하고 말이다.

모든 사람이 비만에 대해서 각자의 의견과 편견이 있다. 그러나 패스트푸드 업계와, 정크푸드, 싸구려 감자칩, 사탕, 청량음료의 자동판매기 업체는 자신들에게 쏟아지는 개인과 단체 소송의 위험성을 한순간도 과소평가하지 않았다. 바로 직전에 담배업계가 휘말렸던 각종 소송처럼 요란한 이목이 집중될 것이며, 비용이 많이 들 것이라고 여겼다. 미국 사법부는 담배업계에 엄중한 판결을 내렸다. 2004년 9월, 담배업계는 대중에게 고의로 흡연의 위험성을 속였다는 이유로 민사 소송 사상 가장 많은 보상액인 2,800억 달러의 소송을 당했다. 이 사건에서 판사는 연방정부의 주장을 인정하지 않고 2005년 2월에 소송을 기각했다. 피고인 담배업계는 안도의 한숨을 내쉬었으나 아슬아슬한 상황이었다. 특히 1998년에 담배업계가 25년에 걸쳐서 2,060억 달러에 달하는 엄청난 벌금을 내는 조건 아래 소송을 중지하기로 46개 주와 합의했던 사례를 감안하면 더욱 그렇다.

그렇다면 담배와 패스트푸드 사이에 유사성이 있을까? 패스트푸드 판매업체에게는 불행한 일이지만 비만과 당뇨병에 시달리는 사람들은 둘 사이의 유사점을 인식하기 시작했다. 연방정부도 담배와 패스트푸드를 비교해왔다. 2004년 3월, 보건복지부 장관 토미 톰슨은 기자회견에서 "흡연과 담배 문제를 다룰 때와 마찬가지로 과체중 문제에 적극적으로 대처해야 한다"라고 선언했다. 톰슨 장관의 주장은 강력하고 호소력이 넘쳤다. 똑같은 미국 정부가 과거에 세계보건기구(WHO) 소속 전문가들이 한 여러 조언의 신뢰도를 떨어뜨리려고 막후에서 노력하던 때와 사뭇 상충되는 자세였다. 세계보건기구 전문가들의 조언은 나쁜 식습관(열량, 지방, 당분, 염분이 많고 비타민과 영양분이 적은 음식 섭취)과 비만의 증가 사이에 직접적인 관련이 있음을 명백하게 설명했다. 부시 행정부는 항상 그런 결론을 맹렬하게 거부했다. 따라서 톰슨 장관의 연설은 미 정부가 비만 문제의 중요성과 심각성을 인식하기 시작했다는 신호로 볼 수 있었다.

그러나 대책을 논의하는 단계에 이르자면 여전히 갈 길이 멀다. 그러는 사이에 '치즈버거 법안'은 계속 남아, 공식적으로 비만과의 전쟁을 벌이면 식품업계가 타격을 받아 미국 경제에 피해를 줄 것이라는 위기론을 유포하고 있다. 그러나 미국 영양학자 매리언 네슬이 직설적으로 쓴 책을 비롯해서 식품업계와 농업계를 예리하게 비판한 서적과 보고서가 잇따라 등장하면서 대중의 관심이 높아지고 있다(Nestle, 2007). 현재 분위기가 이렇다 보니 수준 미달 식품 생산업체와 판매업체도 조류의 변화를 인식하고 있다. 정크푸드를 원하는 소비자의 욕구 덕에 식품업계가 짭짤하게 올리던 수익이 완전히 사라질지도 모를 커다란 변화가 일어나고 있다.

이런 새 조류를 타고 미국의 영화감독 모건 스펄록은 2004년에 미국인의 식생활을 담은 다큐멘터리 〈슈퍼 사이즈 미〉를 제작해 대단한 주목을 받았다. 〈슈퍼 사이즈 미〉는 레스토랑 체인점의 전형적인 술책에 유혹돼 건강한 사람의 몸이 망가지는 과정을 리얼리티 프로그램 형식으로 기록했다. 전형적인 술책이란 음식값을 몇 푼만 더 내면 양을 훨씬 많이 추가해주는 상술을 말한다. 어차피 가격 차이가 단 몇 센트라면, 양이 2배나 많은 감자튀김이나 특대

상자에 담긴 팝콘의 유혹을 누가 거부할 수 있겠는가? 또 인색하게 담은 1.5리터짜리 청량음료를 거품이 부글거리는 2리터짜리 대형 사이즈로 바꿔주겠다는데 누가 거절하겠는가? 마케팅 연구자들은 배가 고프지 않은 상태에서는 '싼 가격'처럼 보이는 시각적 요소에 군침이 흐르게 마련이라는 점을 확실히 간파하고 있었다.

33세의 모건 스펄록 감독은 뉴욕에 사는 여피족이며 원래 마른 체구였다. 그는 한 달 내내 삼시 세끼를 맥도날드에서 때우며 메뉴판에 있는 모든 음식을 우적우적 먹어댔다. 슈퍼 사이즈가 있는 경우에는 무조건 그 옵션을 선택했다. 스펄록 감독은 아무 제약 없이 먹고 싶은 대로 먹는 실험을 시작하기 전에 건강검진을 완벽하게 마쳤으며, 실험을 하는 내내 예방책으로 일반의, 위장병 전문의, 심장병 전문의, 영양사로 구성된 의료진에게 검사를 받았다. 결과는 예상보다 훨씬 놀라웠다. 스펄록은 하루하루 안색이 심각해지는 가운데 군살이 늘고 배불뚝이가 되는 자신의 모습을 직접 촬영했다. 한 달이 다 돼가자 이 무모한 감독의 몸무게가 11킬로그램이나 늘었다. 평균 사흘에 1킬로그램씩 살이 쪘다는 말이다. 이런 외부적인 결과는 눈에 보이지 않는 피해에 비하면 별것도 아니었다. 콜레스테롤 수치가 걷잡을 수 없이 치솟았고, 간 기능이 떨어졌으며, 애인은 그의 성욕 감퇴에 질색했다.

물론 스펄록의 논증이 미숙하긴 했지만 문제의 정곡을 찔렀다. 햄버거 거대기업 맥도날드의 홍보팀은 스펄록의 행동이 무분별하고 무책임하다고 비난했다. 그러나 이미 엎질러진 물이었다. 그 다큐멘터리 영화는 대중의 마음에 지울 수 없는 메시지를 남겼다. 이제 사람들은 맥도날드라는 이름을 들으면 살이 찌고 건강에 위험하다는 이미지를 떠올린다.

2004년 1월에 선댄스 독립영화제에서 이 다큐멘터리가 상영되고 단 며칠 뒤에 맥도날드 체인점에서 슈퍼 사이즈 옵션이 없어진 일은 분명히 우연의 일치였다. 이제 맥도날드 메뉴판의 중심에 샐러드와 신선한 과일이 자리잡고 있다. 물론 대부분의 고객은 여전히 햄버거와 감자튀김을 먹으러 맥도날드에 가며 맥도날드는 두 제품에서 가장 높은 수익을 올린다. 그렇지만 샐러드와 신선한 과일이 등장한 것만으로도 긍정적인 발전이다.

프랑스에서 맥도날드 반대 시위는 오래전부터 일반 행사다. 그러나 오늘날 패스트푸드 반대의 목소리가 전례 없이 높아지고 있다. 상징적인 연설과 행동을 넘어 안전한 식품과 영양소 규칙을 보호하는 강력한 조치를 취해야 한다는 요구가 거세지고 있다. 이런 정신에 입각해서 학교 안에서 과자와 청량음료 자판기의 설치를 금지하는 보건법이 2005년 9월에 통과되었다. 이는 단순히 형식적인 조치가 아니었다. 거대 식품기업이 자사가 판매하는 식품 때문에 유발되는 비만의 확산에 책임을 져야 한다는 오래된 문제를 강조했기 때문이다. 그리고 이러한 제한된 조치에 대해 논쟁이 점점 과열되는 것은 이 건강과 경제의 갈림길에 수많은 이해관계가 놓여 있음을 말해준다.

한편 2005년 3월에 프랑스 의원 장 마리 르갱은 '비만 확산'을 해결할 목적으로 법안을 제안했다. 법안에서 제안한 여러 조치 가운데 하나는 초등학교에서 전교생이 매일 30분씩 의무적으로 운동을 하는 것이다. 이외에 르갱은 학교에 무료 정수기 설치, 매년 체중 검사 실시, 인스턴트식품과 가공식품이 당분과 지방과 염분 사용의 상한선을 지키도록 감시하고 비만과의 전쟁에 전념하는 최고위원회 설립도 제안했다.

충격적인 수치들: 선진국의 급속한 비만 증가율

그렇다면 무슨 이유로, 또 왜 하필 지금 이런 소동이 일어나는 것일까? 많은 미국인들이 건강에 좋지 않은 음식을 너무 많이 먹으며 지나치게 과체중이라는 사실을 밝히는 것은 특종이랄 것도 없다. 뉴스와 잡지 기사, TV 보도 그리고 기네스 팰트로가 뚱보로 분장한 〈내겐 너무 가벼운 그녀〉처럼 흥행에 성공한 영화는 오래전부터 비만이라는 주제에 집착했다. 비만은 미국을 방문한 보통 외국인들이 가장 처음 충격을 받는 문제이기도 하다. 미국의 평균 신체 치수는 10년여마다 상승하고 있다. 이런 상승 추세는 비만 현상이 갑자기 늘어난 1980년대 초반부터 꾸준히 이어졌다(1960년부터 1980년까지만 해도 미국인의 체중 증가는 적절한 수준을 유지했다). 또한 그런 변화는 뚜렷하게 드러났다.

국제비만특별조사위원회(IOTF)가 발표한 충격적인 자료에 따르면 25년 동안 비만인 사람의 숫자가 2배 이상이나 늘었다. 현재 미국 성인 중 거의 3분의 1과 아프리카계 미국인 여성의 절반이 비만인 것으로 보고되었다. 미국인 중 거의 3분의 2가 이미 과체중이다. 이는 일부 주의 전 인구가 '뚱뚱한' 시민으로 구성될 날이 멀지 않았다는 의미이다.[1]

그러나 비만을 미국만의 골칫거리로 보는 것은 실수다. 예를 들어서 프랑스는 오래전부터 미국이 빅맥 중독자들의 나라이고 미국인이 구제불능일 정도로 살이 쪘다고 조롱해왔다. 이런 고정관념은 여전히 존재한다. 이러한 조롱 속에는 미국인 스스로 그러한 결과를 불러왔으며, 나머지 다른 나라들은 전형적인 과도함을 드러내는 그 사회의 괴상한 짓에 관심을 갖지 않겠다는 의미가 숨겨져 있다. 예를 들어서 우리 모두 사우스웨스트와 같은 항공사가 비만인에게 두 좌석의 값을 청구하기로 결정했다거나 관 제조업자들[2]이 표준 치수를 새로운 시장에 맞게 조정했다는 등의 소문을 들어왔다. 그리고 그런 소문은 다 사실이다.

우리는 안일하게 미국정부의 나쁜 버릇만 개탄하다가 훨씬 더 심각한 문제를 간과했다. 마침내 그것은 무엇보다도 충격적인 현실로 나타났다. 곧 비만이라는 전염병이 전 세계로 확산되고 있으며 이 맹렬한 진행 속도를 막을 방도가 없어 보인다는 사실이다. 2000년, 세계보건기구는 비만 인구가 이미 3억 명에 달했으며 과체중인 사람이 10억 명 이상이라고 집계했다. 최근에 켈리와 동료들은 조사를 통해 2005년 현재 비만 인구가 3억9,600만 명이고, 과체중인 사람은 9억3,700만 명임을 알아냈다(Kelly, 2008). 그 결과, 그들은 비만이 더욱 빠르게 확산될 것이라는 비관적인 입장에 동의했다.

비만 인구 가운데 상당한 비율이 실제로 미국에 살고 있다. 그러나 캐나다에도 비만 인구가 발견된다. 캐나다는 비만 조사에서 별로 거론되지 않지만 비만인 사람들의 숫자가 적은 편이 아니다. 동유럽이나 극동 지역에도 비만인 사람들이 많이 산다. 이런 곳의 비만도 상승세는 때로 미국에 못지않게 높지만 연구 부족 때문에

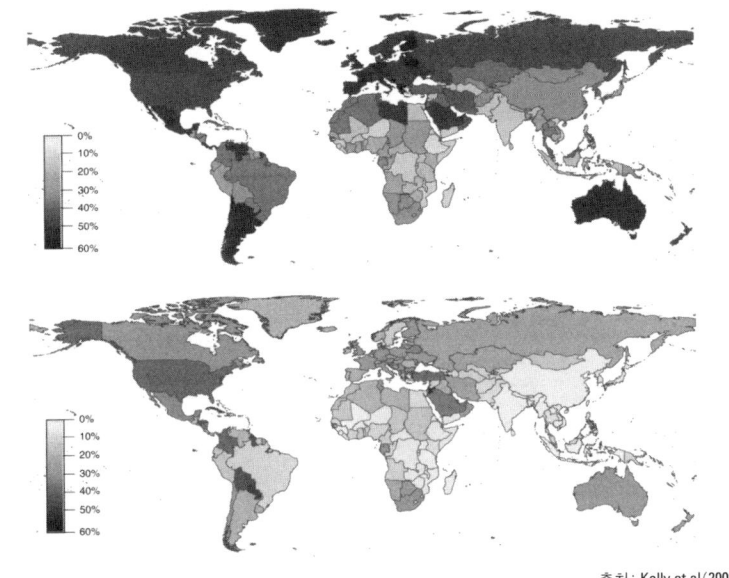

2005년 전 세계의 비만(위)과 과체중(아래) 인구 비율

출처: Kelly et al(2008)

그동안 전혀 주목을 받지 못했다. 켈리와 동료들이 전망한 미래의 상황은 현재보다 더욱 심각하다. 그들은 세계 인구의 절반 이상이 과체중이나 비만이 되리라고 예상한다.

한편 유럽은 비만 문제로부터 예외라는 생각은 착각이다. 각종 자료에 따르면 유럽의 비만율도 어쩔 수 없이 미국의 뒤를 따라 급격한 상승세를 보이고 있다. 2000년에 세계보건기구는 "지난 10년 동안 유럽의 주요 나라들에서 비만의 확산이 약 10~40퍼센트까지 증가했다"라고 경고했다. 다시 말하자면 유럽 내 여러 국가의 비만율이 미 대륙의 수치와 우열을 가리기 힘들 정도다. 좋든 싫든 현실을 직시해야 한다. 최근 자료를 보면 키프로스, 체코 공화국,

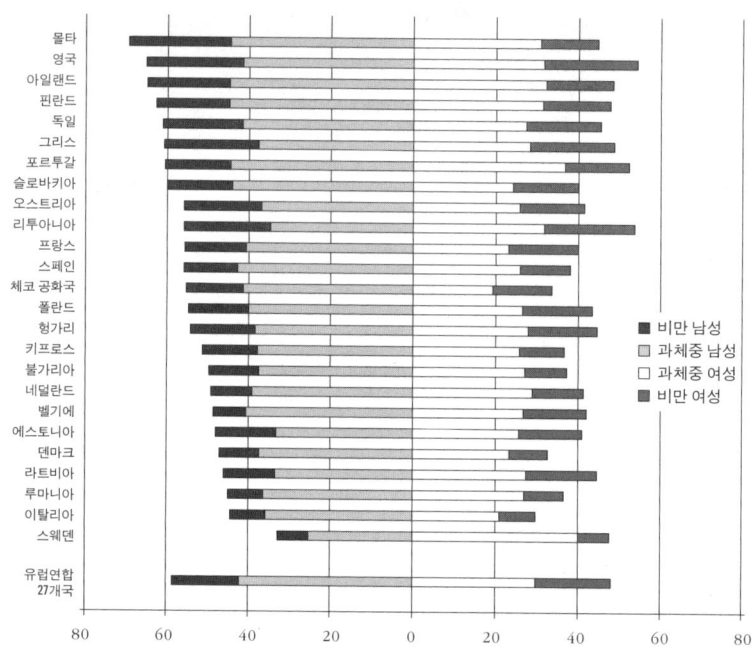

출처: 2008년 8월 IOTF 자료(www.iotf.org/database/index.asp)

핀란드, 독일, 그리스, 몰타, 슬로바키아에서 과체중 성인의 비율이 미국의 수치보다 높다. 앞서 말한 대로 미국의 수치는 이미 걱정스러울 정도로 높은 상황임에도 말이다. 가장 놀라운 상승세는 영국에서 일어나고 있다. 영국에서 비만의 확산은 1980년과 1995년 사이에 정확히 2배로 늘었다. 유럽의 다른 9개 나라는 성인 비만율이 20퍼센트를 넘는다. 한마디로 성인 5명 중 1명 이상이 비만이라는 뜻이다![3]

다른 선진국도 별로 나을 게 없다. 세계보건기구의 집계에 따르

비만 유행의 세계적 추세

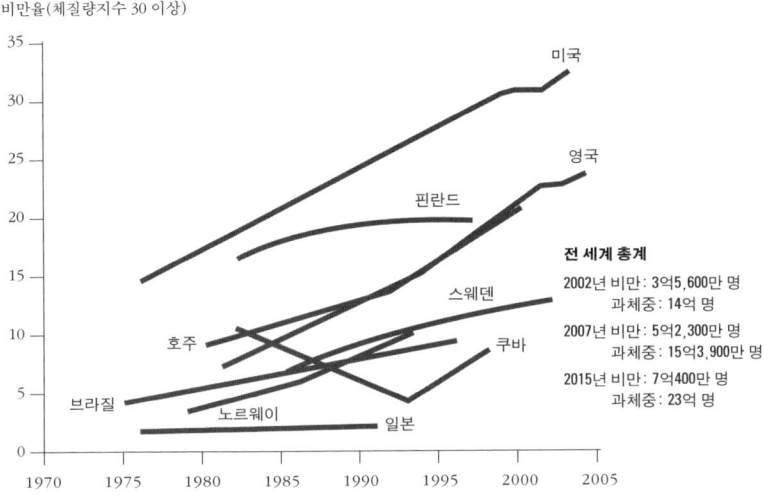

출처: James(2008)

면 호주와 뉴질랜드는 인구의 10~15퍼센트가 비만이다. 아랍에 미리트는 기혼녀 3명 중 1명이 비만이다. 전통적으로 검약의 완벽한 본보기인 일본은 다른 나라에 비해서 오랫동안 비만과 거리가 멀었다. 그러나 현재 일본도 비만이 확산되는 추세를 따라가고 있다. 2000년에 실시된 일본의 인구조사에서 20세 이상 남성의 27퍼센트, 20세 이상 여성의 21퍼센트가 과체중이었다. 이에 따라 후생성은 비만이 전 일본인의 건강 문제로 대두되었음을 인정했다.

비만의 기준 — 체질량지수(BMI)

비만을 어떻게 정의할까? 역사적으로 비만이라는 용어는 몸에 지방이 과도하게 축적되어 개인의 신체적, 정신적 건강을 해치는 사례를 설명하기 위해 의료계에서 만든 것이다. 그러나 그 기준은 정확히 무엇인가? 지방이 많은 세포라는 것을 어떻게 판단할 것이며, 단순하면서도 폭넓은 통계적 연구 목적에 맞게 신뢰할 만한 공식은 어떤 것일까? 역학 연구자들은 체질량지수(Body mass index, BMI)라는 개념을 채택했다. 이것은 개인의 체중을 그들의 키의 제곱으로 나눈 것이다.

$$BMI = 체중(kg) / 키의 제곱(m^2)$$

1997년 이후로 세계보건기구는 성인의 과체중을 체질량지수 $25kg/m^2$ 이상으로 정의했으며, 이것은 개인의 체격 조건이 어떻든 그 수치를 넘어서면 사망률이 증가하는 한계점이기도 하다. 엄밀한 의미에서 체질량지수 30 이상부터 비만으로 여기며, 40이 넘으면 '병에 걸린' 상태, 곧 건강에 심각한 위험이 존재한다는 의미다. 역사상으로 보았을 때 역설적인 점은, 이 지수가 원래 1980년대에 영양실조인 사람들 가운데 치명적으로 체중이 표준 이하인 사람들을 정의하기 위해서 만들어졌다는 사실이다.

개발도상국도 예외가 아니다

비만은 잘사는 나라들의 탐욕이 불러온 재앙일까? 이것은 구시대적인 진부한 생각이다. 이미 개발도상국과 신흥 산업국가의 비만 인구가 선진국의 비만 인구보다 훨씬 많다. 오랫동안 풍요로움의 부정적인 면으로 인식되어온 비만이라는 질병의 가장 놀라운 역설이 여기에 숨어 있다. 가난한 나라에서도 비만이 산불처럼 급격히 확산되고 있는 것이다.

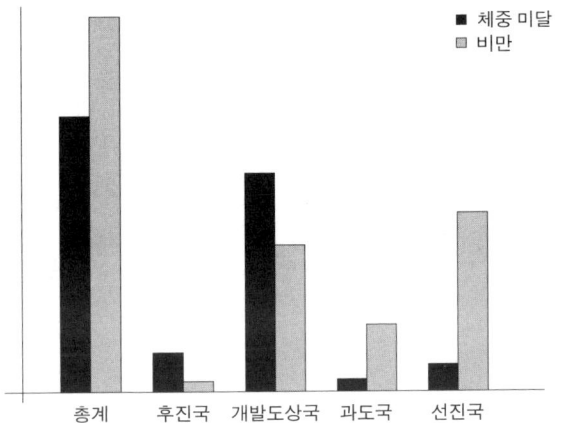

2005년 9월, 세계보건기구는 20개 나라의 모든 여성 가운데 4분의 3 이상이 과체중임을 알아냈다. 미국이 그런 국가에 속하는 것은 당연했다. 그러나 남아프리카공화국, 자메이카, 요르단, 니카라과도 목록에 올랐다. 모리셔스(아프리카 동쪽 인도양 남서부에 있는 섬나라—옮긴이)에서는 25세에서 74세 사이의 비만 남성의 비율이 1987년 3.4퍼센트에서 1992년에는 5.3퍼센트로 증가했다. 그러나 동일한 기간에 비만 여성의 비율은 10.4퍼센트에서 15.2퍼센트로 급등했다. 다시 말하면 해당 연령에서 여성 비만 인구수가 5년 동안에 50퍼센트나 증가했다. 모리셔스에서 비만 인구는 약 10년마다 2배로 증가했다. 세계보건기구에 따르면 현재 인도 여성 5명 중 1명이 과체중이다. 델리를 살펴보면 가장 빈곤한 지역에서 남성의 1퍼센트, 여성의 5퍼센트가 비만이지만 중산층 지역에서는 남성의

32퍼센트, 여성의 52퍼센트가 비만이다. 중국 역시 비만율이 상승하고 있다.

그러나 태평양에 있는 섬나라에서 세계기록이 나왔다. 그중 한 곳이 사모아다. 사모아의 역학자들이 조사한 결과에 따르면 놀랍게도 도시에 거주하는 여성 중 4분의 3 이상이 비만이다. 남성 중 비만 인구도 약 60퍼센트로 이 못지않게 심각하다. 세계보건기구는 체구가 동일한 경우 태평양 제도의 주민이 백인 혈통보다 체지방이 낮다는 사실을 상기시켜준다. 따라서 태평양 제도 주민을 비만으로 분류하는 기준 수치는 표준 체질량지수 상의 비만보다 높을 수 있다. 체질량지수의 범위는 백인을 기준으로 정해졌기 때문이다.

체질량지수의 한계

체중에 대한 키의 비로 계산하는 체질량지수로는 마른 체격(뼈와 근육 등으로 이루어진)과 뚱뚱한 체격을 구별할 수 없다. 몸의 크기에 따라, 체질량지수가 같아도 지방의 비율은 다르게 나타날 수 있다. 근육이 잘 발달된 운동선수와 소파에 앉아 TV만 보는 배 나온 사람을 비교할 여지가 없는 것은 분명하나, 둘 다 체질량지수가 같을 수도 있다는 것이다. 민족 간에도 비슷한 차이점이 발견될 수 있다. 예를 들어 폴리네시아 사람들은 체질량지수가 같은 호주의 백인보다 비만의 정도가 낮다. 반대로, 아시아인(특히 인도인)은 체질량지수가 같아도 체지방의 비율이 더 높다. 이러한 이유로 연구자들은 서로 다른 민족들을 비교하는 데 신중하다. 일반적으로 일정한 기간 동안 하나의 민족 안에서 체질량지수의 전반적인 변이를 연구하는 것이 더 유용하다.

'프랑스인은 예외'이던 시절은 끝났다

그렇다면 프랑스의 상황은 어떨까? 미레유 쥘리아노가 2004년에 쓴 책 《프랑스 여자는 살찌지 않는다》는 미국에서 출간된 즉시 베스트셀러가 되었다. 프랑스인이 비만도가 낮다는 점은 여전히 사실이다. 프랑스의 비만율과 과체중의 비율은 유럽에서 가장 낮은 편에 속한다. 특히 여성이 과체중에 시달리는 경우는 30퍼센트 이하로 미국의 절반에 불과하다. 2006년에 실시된 오베피 조사에서는 15세 이상 인구 중 11.9퍼센트가 비만이고, 전체 인구의 거의 3분의 1이 과체중으로 집계되었다(Charles et al, 2008). 이는 프랑스 성인의 40퍼센트 이상이 경미하든 심각하든 체중 문제를 안고 있다는 의미다. 물론 무시할 수 없는 수치지만, 다른 나라의 과체중 비율보다는 훨씬 낮다.

 그렇다면 과체중 비율의 비교에서 우위를 점했다는 것을 자랑하며 프랑스 요리를 극찬해도 된다는 의미일까? 안타깝지만 그렇지는 않다. '프랑스인은 예외'(다른 사람에게는 맹목적 애국주의로 보일 수 있다)라는 것을 자랑스럽게 떠벌리면서 오랜 시간 동안 프랑스인들은 자신들이 비만의 확산에서 벗어날 수 있다는 착각을 했다. 독일인이 뚱뚱해졌다면, 예견할 수 있는 일이라고 생각했다. 스페인인과 그리스인이 뚱뚱해졌다면, 너무 안된 일이라고 생각했다. 그러나 프랑스인이 뚱뚱해질 일은 전혀 없다고 장담했다. 왜냐하면 프랑스는 아스테릭스(프랑스의 작가 르네 고시니가 쓰고 알베르 우데르조가 그린 인기 만화의 주인공으로, 로마제국에 대항한 골 마을 사람들의 영웅담을 그렸다—옮긴이)가 지켜낸 골 마을처럼 끝까지 점령당하지 않기 위해 저항할 것이기 때문이다. 또 좋은 음식을 먹으면 살이 찌지 않기 때문이다. 그러나 진실은 무자비하다. 프랑스 성인이 오동통한 이웃 나라 성인보다 비교적 날씬한 것은 사실이지만, 프랑스 어린이의 비만도는 엄청나게 급속히 높아지고 있다. 지난 몇 년 사이에 다른 유럽 나라들의 어린이들과 체중의 '차이'는 많이 좁혀졌으며, 현재 평균 체중은 동일한 수준이다.

위기에 처한 어린이 : 통제 불능의 어린이 비만

많은 역학자들은 전 세계 어린이와 청소년의 비만에 대해 걱정하고 있다. 과장하지 않고 말한다 해도, 어린이와 청소년의 비만 수치가 '아주 불길한' 조짐을 보이고 있다. 늘 그렇듯이 첫번째 경종은 미국에서 울렸다. 미국에서는 1975년에서 1995년 사이에 과체중 어린이의 비율이 15퍼센트에서 30퍼센트로 2배 증가했다. 그 다음 거의 10년 뒤인 2004년 5월에 국제비만특별조사위원회의 회장 필립 제임스는 유럽 어린이 사이에서 비만이 '통제 불능' 상태로 확산되고 있다고 발표했다. 각종 자료는 제임스의 말이 사실임을 입증한다. 영국에서 과체중 어린이의 숫자는 1995년에서 2005년 사이에 15퍼센트에서 30퍼센트로 상승했다. 즉 미국보다 2배 빠른 속도로 늘어난 것이다. 2004년 6월, 영국 의회 보건위원회는 이런 심각한 문제에 직면해 적극적으로 경고했다. 위원회 대표 데이비드 힌클리프는 "현재의 추세가 이어지면 2020년에는 영국 어린이의 절반이 비만이 되는 놀라운 일이 일어날 것"이라고 강경하게 말

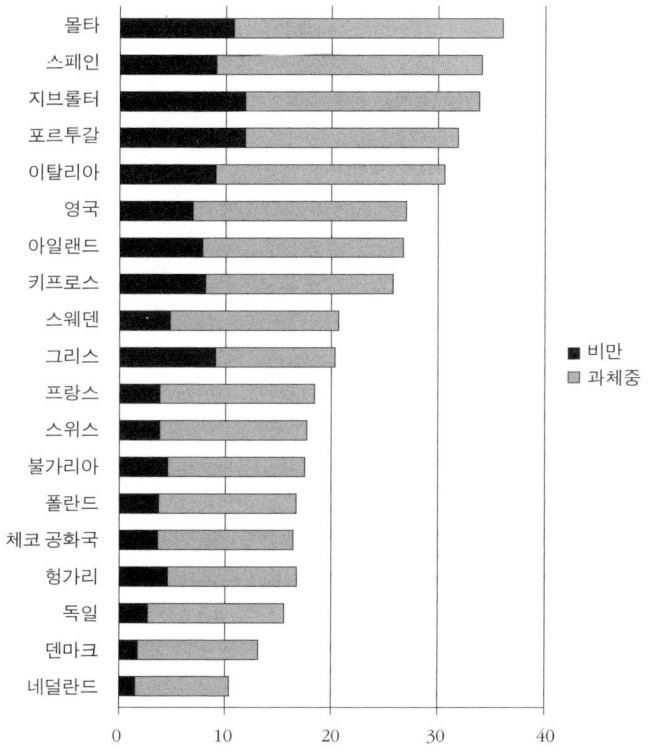

했다. 폴란드는 단 몇 년 간격을 두고 영국과 동일하게 급격히 비만이 확산되는 양상을 보이고 있다. 그리고 유럽의 나머지 나라들도 더 나을 게 없다. 미국이 세운 기록에 못지않은 속도로 유럽 어린이의 체중이 늘고 있다. 지중해 지역의 나라들이 가장 심각한 상승세를 보인다. 스페인, 이탈리아, 알바니아, 그리스에서 과체중 어린이의 수치가 이미 20퍼센트에서 40퍼센트로 상승했다. 1986년에

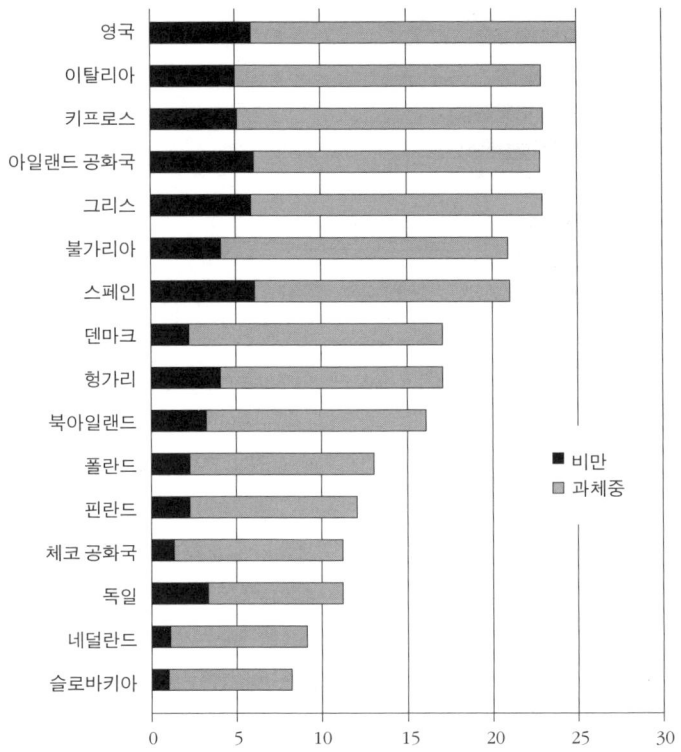

출처: IOTF(2005)

스페인의 6세 어린이 중 23퍼센트가 과체중이었지만, 10년 뒤인 1995년에는 수치가 35퍼센트로 증가해, 3명 가운데 1명이 과체중이었다.

어린이 비만 부문에서도 프랑스는 예외가 아니다. 프랑스는 7세에서 11세 어린이의 20퍼센트가 '과다 체중'으로 분류되어 유럽 국가 목록에서 중간 순위에 위치했다. 그렇다면 '프랑스인은 예외'라

급증하는 어린이 비만

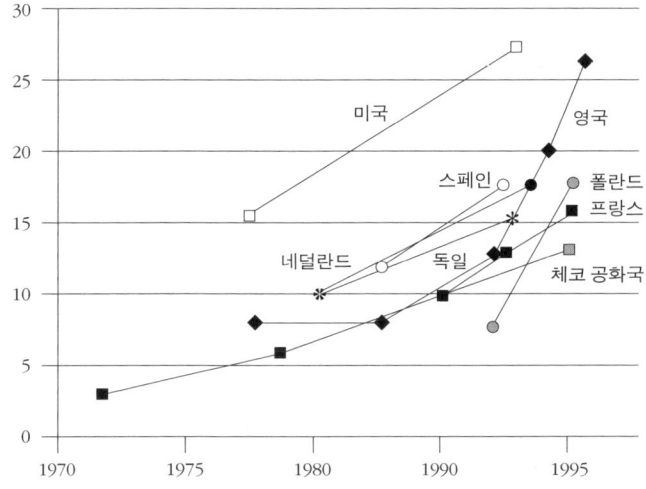

출처: IOTF(2004)

는 원칙이 어린이를 보호하지 못한 이유가 무엇일까? 말하기 어려운 문제다. 그러나 다른 모든 나라와 마찬가지로 프랑스에서도 세대 간의 생활방식이 엄청나게 변했다는 점은 분명하다. 프랑스와 미국 청소년의 생활방식이 일방통행 식으로 변하면서 그 차이가 빠르게 사라지고 있다. 그러나 최근에 프랑스가 발표한 자료에 따르면, 사회경제적으로 상위층에 국한돼 있기는 하지만 어린이 비만이 약간 줄어들고 있다는 점은 변화가 일어나는 것으로 볼 수도 있다. 스웨덴과 스위스 등의 다른 나라에서도 어린이 비만율이 줄어들거나 정체 상태를 유지하고 있다(마찬가지로 미국도 2003년과 2006년 사이에는 비만율의 변화가 없었다). 국제비만특별조사위원회에서 어린이 비만 프로그램을 담당하는 팀 롭스타인은 〈영국의학저널〉(2008)에서 "상승세가 진짜 변하기 시작했는지 판단하기 힘들다"라며 이런 변화에 조심스러운 낙관론으로 대처해야 한다고 조언했다.

사례가 어떠하든, 전 세계에서 어린이 비만이 서서히 정착되고 있다. 일본에서 6세부터 14세 사이 어린이 비만의 숫자는 1973년에서 1994년 사이에 2배로 증가해 10퍼센트가 되었다. 1991년에 태국 방콕에 사는 6세부터 12세 사이 어린이 중 12.2퍼센트가 비만이었다. 이 수치는 1993년에 15.6퍼센트로 올라 3년 만에 3퍼센트가 급등했다. 동일한 경향이 사우디아라비아에서도 관찰되었다. 한 연구는 1996년에 6세부터 18세 사이 사내아이 중 비만아가 15.8퍼센트였다는 결과를 내놓았다.

왜 가난할수록 더 뚱뚱해질까?

어린이와 청소년 비만의 이런 경향은 소득이 낮은 가정에서 빠르게 상승하고 있다. 여기에는 씁쓸한 역설이 존재한다. 몸무게가 많이 나갈수록 가난하다는 규칙이 적용되는 듯하다. 현재 이 규칙은 거의 전 세계에서 사실이다. 경제 성장이 일정한 수준을 지나면 가장 빈곤하고 교육을 못 받은 사람이 가장 빠르게 비만이 되는 경향이 있다. 가장 가난한 나라의 가장 가난한 주민만이 이 치명적인 공식에서 제외되며, 그 이유는 기본적인 의식주를 해결할 자원마저 부족해 대부분의 경우에 심각한 영양 결핍에 시달리기 때문이다.

그렇다면 비만은 영양실조와 마찬가지로 빈곤의 질병인가? 처음에는 이런 발상이 모순처럼 보인다. 그러나 우리는 가장 검소하게 생활비를 쓴다고 하더라도 열량은 더 부족하지 않다는 사실을 받아들일 수밖에 없다. 오늘날에는 식단을 다양화시키는 데 비용이 많이 든다. 과일이나 채소를 살 충분한 돈이 없는, 생존에 허덕이는 가정에서는 설탕과 전분, 기름과 가공식품들을 사들인다. 에너지는 높고 가격은 싸기 때문이다. 기름진 식사는 그저 포만감을 줄 수 있을 뿐이다. 돈이 없어서, 학교 친구들 또는 좋아하는 TV 연속극에 나오는 유쾌한 청소년들이 즐기는 장난감이나 놀이를 하지 못하는 가난한 아이들에게 싸구려 과자조차 먹지 못하게 할 매정한 사람이 있겠는가. 이것은 비만 인구가 가장 많은 지역과 빈곤층이 사는 지역이 같은 미국에서는 보편적인 현상이다. 이런 현상은 프랑스에서는 그다지 들어맞지 않는다. 예를 들어, 체중과 소득의 역상관관계가 다른 나라들보다 적게 나타난다(교육 수준이 소득 자체보다 더 많은 영향을 주는 것처럼 보인다). 그러나 특히 젊은 세대에서 상관관계가 상당히 존재한다.[4] 날씬함은 가난한 가정에서는 누리기 힘든 '사치품'이 되어가고 있다.

2
왜 풍족해질수록 먹을거리는 더 나빠지는가?

광우병의 교훈: 우리는 과연 무엇을 먹고 있는가?
유전자변형작물: 새로운 공포의 초점
왜 채소가 점점 맛없어질까?
지방, 설탕, 소금을 너무 많이 먹는다
비만이 유발하는 질병들: 당뇨병, 고혈압에서 각종 암까지
비만에 대한 따가운 시선으로 상처받는 마음들
성인병과 따돌림으로 고통받는 아이들
우리는 이미 막대한 사회적 비용을 치르고 있다

비만이 거침없이 진행되는 현상은 우리들 대부분이 정말로 필요한 양보다 더 많은 양을 먹고 있다는 명백한 교훈을 준다. 그런데 이 사실을 큰일이나 난 것처럼 생각할 이유가 있을까? 당연히 그렇다. 왜냐하면 문제가 점점 더 심각해지기 때문이다. 영양학 전문가들은 우리가 너무 많이 먹고 있으며, 더 심각한 것은 온갖 나쁜 음식들을 먹는 것이라고 수년 동안 말해왔다.

음식 애호가들은 그들의 불만을 새로운 용어로 만들었는데, 프랑스에서 널리 사용되는 유용한 개념 '말부프(malbouffe)'를 대중화하기 위해서였다. 그 말을 영어로 대충 번역한 것이 '배드노시(badnosh, 나쁜 식사)'다. 이 용어가 적절했기에 음식 저널리스트 장 피에르 코페는 대중매체에서 라블레식의 신랄한 풍자로 이 말을 사용할 수밖에 없었다. 시든 양배추와 맛없는 토마토 같은 괴상한 것들로 파이 속을 만들면서 말이다. 그러나 그는 동시에 전문가들로 이루어진 자문위원단을 소집했고, 비록 좀더 타협적인 언어를 사용하긴 했지만 동일한 결론을 내렸다. 분명히 우리의 부엌에는 잘못된 일이 일어나고 있다는 결론이었다.

한편, 소비자들은 이런 문제 전체에 대해서 대단히 혼란스러워하고 있었다. 그들은 열성적으로 '전통' 딱지가 붙은 음식을 먹거나 옛날식으로 집에서 요리를 해 먹었다. 그러나 그들은 아직 이런 슬로건들을 진심으로 납득하지 못했다. 그들은 자신들이 무엇을 먹고 있는지 알 수 없다는 걸 의식하면서 불안해한다. 이러한 불안은 1990년대 초반에 광우병이 발생하면서 눈앞에 닥친 공포가 되어 버렸다.

말부프란?

말부프(malbouffe)라는 용어는 대중적인 영향력을 지니고 있다. 이 용어는 1979년 파리 과학산업관 관장인 조엘 드 로즈네이라는 과학자가 처음 사용했다. 현재 프랑스에서 매우 흔하게 사용되며 여러 사전에 공식적으로 기재되어 있다. 2001년판 《라루스 소(小)사전》은 이 말을 '건강에 부정적인 영향을 끼치는 좋지 않은 섭식'으로 정의했다. 《아세트 사전》은 좀더 좁은 의미로 '영양과 맛이 모두 만족스럽지 못한 음식'으로 정의했다. 이 단어에 대한 정의는 활발한 토론의 여지가 있다. 맛에 대한 취향만큼 주관적인 것은 없기 때문이다.

광우병의 교훈: 우리는 과연 무엇을 먹고 있는가?

모든 것은 조용히 시작되었다. 1985년 4월, 수의사가 소를 검사하기 위해 영국 켄트의 한 농장으로 갔다. 그 소는 행동이 이상했다.

지나치게 활동적이었고, 농부를 향해 공격적인 행동을 보였으며, 다리를 통제하지 못하는 것처럼 보였다. 일 년 뒤, 영국에서 아홉 무리의 소들에게서 광우병(BSE)이 발견되었다. 그 무렵에 그것은 몇몇 소들에게서 나타나는 질병이었고, 발생하는 경우가 드물어 잘 알려지지 않았다. 광우병은 소수의 농부와 수의사들의 골칫거리였다. 그러나 불과 5년 뒤에, 영국의 모든 쇠고기 산업이 붕괴되었다. 영국인은 영국 쇠고기를 외면했고(곧이어 다른 유럽 사람들도 같은 태도를 보였다) 그들이 먹는 음식의 안전성을 확인해주는 공식 성명에 대해서도 깊은 불신을 품게 되었다.

질병은 놀라운 속도로 퍼져나갔다. 1993년에는 3만7,000마리 이상의 소들이 치료할 수 없을 정도로 미쳐버렸고, 충격을 받은 농부들은 크게 절망했지만(몇몇 농부들은 자살했다) 병든 소들을 도살해야만 했다. 그러나 악몽은 거기서 멈추지 않았다. 1995년, 광우병과 유사한 새로운 형태의 신경퇴행성 질병이 확인되었는데 이번에는 소가 아니라 사람의 장기에서 발견되었다. 변종 크로이츠펠트 야콥병(vCJD)이라는 말은 곧 가정에서 쓰는 용어가 되었다. 그것은 정말 끔찍한 재앙이었다. 그 질병은 말 그대로 환자의 뇌를 먹어치웠고, 뇌에 구멍을 내서 스펀지처럼 만들었다. 이 운 나쁜 희생자들은 감염된 쇠고기 때문에 병에 걸린 것으로 생각되었다. 공포가 세상을 뒤흔들었다. 대중매체에서는 수천 명, 어쩌면 수십만 명이 사망할지도 모른다며 두려움을 키웠다.

겁에 질린 소비자들은 일요일에 먹는 고기구이의 원료가 되는 소가 같은 목장에서 자란 다른 소들의 내장과 뼈를 먹으며 사육되었음을 알게 되었다. 농장주들이 버려야 할 내장과 뼈를 그런 식으로 처리했다. 소들에게 동족을 먹인 것이다! 푸른 목초지에서 방목된 소떼들의 평화로운 이미지는 산산조각이 났다. 집약적인 축산업과 최소한의 비용으로 최대의 육류를 납품하도록 요구하는 생산의 일관작업 시대가 도래한 것이다. 누가 자연에 대해 약간의 무례를 범하는 것에 신경이나 썼을까? 지금까지는 음울한 콘크리트 바닥 위 줄지어 늘어선 닭장에서 길러진 닭이나, 꼼짝도 못하게 좁은 사육장에서 새끼 때부터 사육된 암퇘지를 떠올리면서 값싸고 신선한 고기에 대해 등골이 오싹한 적은 전혀 없었다. 그러나 이제 대중은 값싼 음식의 더러운 이면을 알아차린 것 같다.

현재 이 전염병은 독특한 형태의 단백질인 프리온에 의해서 발생하는 것으로 생각된다. 이것은 보통의 단백질을 자신과 같은 병리학적 형태로 만들어버리는 무서운 능력이 있는 돌연변이 단백질로, 어떤 의미에서는 자기증식을 하는 셈이다. 소에게서 처음 나타난 프리온은 감염된 동물 시체로 만든 사료를 통해 전파되는 것으로 추정된다.

이런 종류의 사료는 원래 어떤 프리온이라도 파괴할 수 있는 높은 온도로 가열된다. 그러나 비용절감이라는 이름하에 1980년대에 가열 온도를 낮추었다. 이것은 심각한 계산착오임이 증명되었다. 비용절감을 위한 시도가 산업 전체를 벼랑 끝으로 몰고 갔다.

모든 시스템이 붕괴될 정도로 무자비한 위기는 실제로 하룻밤 사이에 일어났다. 소비자, 생산자, 유통업자, 아무도 서로 믿지 않았다. 소비자는 도살업자를 고소했고, 도살업자는 목축업자를 비난했고, 목축업자는 그들을 보호해주지 않는 농림부에게 분노했다.

1997년, 영국 노동당 정부는 상처를 치유하려는 노력으로 식품

기준청(FSA)을 만들어 2000년부터 운영했다. 음식이 안전하다는 확신을 주는 역할을 맡은 기관이었다. 그러나 위기의 구조적 원인을 규명하기에 적합하리라 여겨졌던 농업정책에 대한 어떤 철저한 조사도 결국은 실행이 어렵다는 게 증명될 뿐이었다.

프랑스에서는 유사한 기관인 프랑스식품안전국(AFSSA)이 1999년에 창설되었다. 유럽 전역에 비슷한 종류의 감시단체가 만들어졌다. 2002년에는 대륙적 차원에서 식품산업의 보건 상태를 보장하기 위한 유럽식품안전국(EFSA)이 탄생했다.

미친 소로 인한 위기의 결과는 심각했으며, 그 영향은 오늘날 여전히 미치고 있다. 처음에는 40년 동안 지속된 생산성 위주의 농업의 근간에 도전하면서 음식의 질과 소비자의 건강에 가치를 두는 중요한 혁명이 일어났다. 비록 쇠고기의 가격이 광우병 파동 이전 수준으로 올라갔지만(쇠고기는 최근 프랑스에서 가장 인기 있는 고기다), 소비자는 어떤 음식을 먹는가가 중요하다는 것을 인식하게 되었다. 또한 식품 생산체제 속에서 자신들이 무력하다는 것도 깨닫게 되었다. 소비자는 소박한 시골을 떠올리며 그곳에서 자신들이 먹는 음식이 생산된다고 생각해왔다. 앞치마를 두른 친절한 시골사람들 사이에서 의기양양한 수탉들이 떠오르는 해를 향해 인사하는 농장의 풍경 말이다. 소비자들은 이제 농업이 알지 못하는 영역으로 옮겨갔음을 알고 있다. 그들이 예전에 생각했던 생산과정과는 전혀 거리가 먼 방식이 되었다.

사람들의 불안이 지속되기에 충분한 유사한 종류의 위기들이 끊임없이 터졌다. 1988년에 영국 보건부장관이 닭고기의 살모넬라균에 질병이 있음을 인정하면서 양계산업은 무너졌다. 고작 일

년 뒤에는, 해협을 건너 벨기에의 양떼에서 발견된 발암성물질 다이옥신으로 관심의 초점이 옮겨갔다. 모든 경우에서 같은 내용의 끔찍한 각본대로 진행되었다. 대중의 건강에 대한 중대한 위험, 정확한 평가에 실패한 전문가들, 소름 끼치도록 불쾌한 농업 관습의 폭로, 우리가 먹는 음식이 어디서 오는지 정확히 아는 것이 불가능하다는 사실을 상기하는 것. 소비자들은 어찌해볼 도리가 없는 위기의 출현에 몇 번씩이나 위협을 느꼈다. 그리고 그들은 의문을 가졌다. 과연 안전하게 먹을 음식이 남아 있을까?

광우병은 인도산?

광우병(BSE) 문제는 가축들에서 가축들을 원료로 만든 뒤 덜 살균한 사료 문제로 옮겨갔다. 그런데 원래의 소들은 어떻게 광우병을 앓게 되었을까? 유전적 변화 때문일까, 아니면 양에게 영향을 주는 병으로 알려진 스크래피가 소에게 전염된 것일까?

영국의 의학잡지 〈랜싯〉 2005년 9월 3일호에 앨런 콜체스터 교수의 논쟁적인 이론이 실렸다. 그의 주장에 의하면, 켄트 주의 소들은 인도산 재료로 이루어진 가축 원료의 사료를 먹고 미쳐버렸다. 이 사료들은 소들의 시체로 만들어졌고, 게다가 크로이츠펠트 야콥병과 유사한 전염성 질병인 해면상뇌증에 감염된 사람의 시신까지 섞여 있었다는 것이다.

이것은 그렇게 설득력이 없는 이야기가 아니다. 1960년대와 1970년대에, 영국은 비료와 동물사료를 만들기 위해 인도, 파키스탄, 방글라데시로부터 수십만 톤의 뼈와 썩은 고기를 수입했다. 그곳 시골 농부들은 뼈를 모아온 대가로 돈을 받았다. 비슷한 뼈가 많았으므로, 실수로 사람의 뼈를 가져왔을 가능성도 분명히 있었을 것이다. 전통적으로 시신은 화장 후 강에 뿌려야 하지만 땔감이 부족하기 때문에 완전히 타지 않은 시신들이 많다. 앨런 콜체스터는

> 인도에서 수입한 동물 뼈들 사이에 사람 시신이 섞여왔다는 기록이 여러 번 있음을 지적했다. 세포조직에서 나타나는 인간 뇌장애의 매개체가 영국 소가 먹는 사료의 재료로 사용되는 뼛가루에 들어갔고, 그렇게 해서 감염된 첫 번째 소떼가 나타났다는 것이다. 이 이론은 아직 사실로 확인되지 않았다.

유전자변형작물: 새로운 공포의 초점

이러한 배경에서 유전자변형작물(GMO)에 관한 논쟁은 적어도 유럽 안에서는 마지막 지푸라기였다.

수세기 동안의 반복적인 교잡기술과 교배에 기초를 둔 '고전적'인 선택적 도태 방식을 무너뜨리면서 새로운 하이테크 농업의 흐름이 소개되었다. 필요한 특정 성질을 만들어내기 위해 다른 생명체(박테리아, 바이러스, 식물이나 동물)에서 추출해낸 유전자를 해당 유기체의 게놈에 직접 집어넣는 것이다. 예를 들어 거대 연어 혹은 특정 기생충에 면역이 있는 옥수수 같은 것이다. 새로 투입된 유전자들은 또한 재조합되어 원래의 유전자가 활동하지 못하도록 영향을 줄 수 있다. 예를 들어 열매가 익는 속도를 늦추게 할 수 있는 처치가 가능하다.

첫번째 유전자변형작물은 1994년 미국에서 만들어진 플레이버 세이버(Flavr-Savr)라는 잘 무르지 않는 토마토였다. 3년 뒤 이것은 시장에서 회수되었다. 그러나 그때부터 다른 유전자 이식 작물들이 미국에서 번창했다. 제초제에 내성이 있는 콩, 옥수수, 목화와 씨, 해충에 저항력이 있는 옥수수와 목화 등이었다. 이와 반대로 유럽에서는 반응이 차가웠다. 프랑스, 독일, 스페인과 다른 곳들에서는 들어오지 못하게 막았다. 불신의 이유는 무엇이었을까? 유전자변형식품이 환경에 미치는 영향이 매우 불확실했기 때문이다. 일찍이 음식에 대한 공포에 시달렸던 유럽 소비자들은 장기적으로 인간의 건강에 미치는 결과가 불투명한 모든 생명공학적 조작에 반대했다. 오래된 대륙은 오래된 격언을 적용했다. "의심스러울 때는 하지 말라."

좋든 나쁘든, 유전자변형식품은 동시대 사람들에게 두려움의 대상이다. 이것은 다음과 같은 의미들을 포함한다. 다국적기업이 생명에 대한 특허권을 빼앗아 가리라는 두려움, 집약적 농업방식에 대한 거부, 가까운 종 간의 교차오염에 대한 불안, 새로운 알레르기 출현에 대한 공포 등등.

전사 같은 수염과 생기 있는 말투를 지닌 프랑스의 농업운동가 조제 보베는 이 두려움들을 원동력으로 삼아, 소외된 소비자들이 염원하는 편안한 농업의 이미지와 잘 어울리는 '농부의 농업' 모델을 지지하는 대중운동을 펼쳤다. 기업적 가축생산의 잔인함, 맛없는 토마토나 딸기, 호르몬을 쏟아넣은 쇠고기, 다이옥신 수치가 높은 닭과 대면하면서 더 건강한 방법으로 이행하기를 바라는 요구의 목소리가 점점 커지고 있다.

왜 채소가 점점 맛없어질까?

조제 보베 등 좀더 단순하고 조리과정이 적은 식품을 지지하는 사람들은 때때로 과장된 사례를 드는 짜증나는 방법을 쓰기도 한다. 그러나 그들은 각자 나름의 방식으로 불가피한 진실에 주목하게 한다. 우리가 먹는 음식은 수십 년 동안 의식하지 못하는 사이에 대대적으로 변화해왔다. 그리고 그러한 변화가 모두 좋은 방식으로 이루어진 것은 아니다.

모든 슈퍼마켓에서 발견할 수 있는 맛없는 토마토와 채소를 그냥 재빨리 훑어보고 지나가보자. 그것들은 가장 중요한 요소인 맛을 희생하는 값비싼 대가를 치르면서, 현란한 외양이나 포장과 운송기간 동안 싱싱하게 살아 있을 수 있는 신품종을 교배하고 개발하고자 한 희한한 논리에서 만들어졌다. 매우 기묘하게도 이러한 상품들의 밍밍한 맛은, 가능한 한 많은 사람들의 마음에 들도록 자극적이지 않은 경험을 제공하려는 재배자의 사려 깊은 선택에서 나온 결과다. '입 안을 태우는' 무나 살짝 쓴맛이 나는 꽃양배추 같은 것들은 너무 특별한 맛이며, 소수의 입맛에나 맞는다. 공정한 소비자들로서는 입맛에 맞는 식품을 제공하지 않는다고 농부들을 비난할 수가 없다. 그러나 식품제조산업은 인공 향과 인공 색소를 넣는 일에 전문가가 되었고, 그것은 사람들에게 과일이 전혀 들어가지 않은 과일 요구르트의 환상을 즐기게 만들었다. 요구르트에 진짜 과일이 들어간 것은 확실히 그보다는 실망스러운 것이니까 말이다. 상품의 맛이 그것의 성분과 분명하지 않은 관계를 맺고 있다는 것은 혼란스러운 음식문화다.

조제식품점(delicatessen)이라고 불리는 곳의 계산대에서 간단한 흥정을 해보자. 그곳에 진열된 살라미 소시지, 개량된 햄, 부자연스러운 분홍색의 돼지고기 혼합물, 자르기 쉽게 둥글고 긴 막대기 모양으로 재구성된 달걀, 화학적으로 게 향을 첨가한 막대기들, 코코아가 들어 있지 않지만 강한 초콜릿향을 첨가한 가루, 사라져버린 풍미를 대체하기 위해 화려한 포장지에 싸인 치즈 등이 진열되어 있다. 요리에 대한 가치 상실과 요리문화의 단계적인 붕괴에 대해 많은 이들이 글을 썼다. 그러나 대중에게 큰 영향력이 있는 음식에 대한 엄청난 공포와 마찬가지로, 이렇게 눈에 보이는 쇠퇴는 오직 빙산의 일각일 뿐이다. 영양 전문가들은 우리의 건강에 매우 심각한 영향을 주는 모호한 발전에 대해 염려하고 있다. 단당류와 지방은 너무 많아지고 과일, 섬유질, 채소는 더 부족해진다. 우리의 식단은 해를 거듭할수록 점점 더 부적절해지고 있다.

지방, 설탕, 소금을 너무 많이 먹는다

1990년대 후반에 실시된 범유럽연합의 조사에 따르면 유럽연합 시민들의 70퍼센트 이상이 스스로 이미 건강한 식사를 하고 있다고 여긴다. 그러나 현실은 생각보다 만족스럽지 못하다. 최근에 영양 전문가들은 균형 잡힌 식단이 되려면 섭취하는 열량의 50퍼센트가 탄수화물(모든 형태의 당류)이어야 하고, 단백질은 15퍼센트에 가깝게 섭취해야 하고, 지질이나 지방은 35퍼센트 이상 섭취해서는 안 된다고 말한다. 서양 식단의 대부분은 탄수화물에서 오직 45퍼센트 정도의 에너지를 얻고, 40퍼센트 정도를 지질에서 얻으며 때로는 그 이상을 섭취하기도 한다. 다시 말하면, 지방의 과잉섭취가 분명하며 탄수화물은 부족하다. 더욱이 우리는 녹말과 섬유로 구성된 탄수화물이 아니라 자당, 과당, 포도당 즉 단당류 혹은 단당으로 구성되어 소화 흡수가 쉬운 탄수화물을 점점 더 많이 소비하고 있다.

모닝커피에 섞인 한 숟갈의 설탕, 탄산음료(리터당 17개의 각설탕이 들어간 셈이라고 한다!)와 달콤한 과자들과 파이 껍질에 숨어 있는 과당 같은 것들이다. 대체적으로 보아 이 단당류들은 우리가 쓰는 전체 에너지의 10~20퍼센트 정도를 제공한다. 그러나 그것들은 '비어 있는' 열량이라고 불리는 형태, 말하자면 몸에 필요하고 가공이 덜 된 음식에 많이 들어 있는 무기물이나 비타민, 다른 미량영양소들은 없고 순수한 에너지만 남은 형태로 공급된다. 설상가상으로, 곡물 같은 탄수화물은 보통 핵심적인 성분을 벗겨낸다. 불순물을 제거한다는 명분 아래 우리 몸에 중요한 성분을 없애고 있음이 점점 더 명확하게 알려지고 있다.

그런 잘못된 과정의 대표적인 예를 우리가 먹는 빵의 슬픈 운명에서 찾을 수 있다. 최근까지도 사람들은 빵이 세탁기에서 막 나온 시트처럼 새하얗기를 기대했다. 대부분의 사람들이 정제한 밀가루에는 원래의 곡물에 있던 마그네슘이 없다는 것을 알지 못한다. 따라서 일일 마그네슘 섭취량은 대부분 충족되지 않는다. 그리고 아무 맛이 없거나 맛이 나빠진 이런 종류의 빵들은 식단에서 상징적인 의미를 지닌 우아한 주식의 자리에서 밀려나게 된다. 프랑스에서조차 그렇다. 어쨌든 결과적으로 현재 프랑스인들은 20세기 초에 먹던 양의 약 5분의 1로 줄어든 양의 빵을 먹는다(프랑스 국제통계경제분석학회에 따르면 현재는 하루에 165그램 정도를 섭취하고 예전에는 900그램 정도를 섭취했다). 아마 이것은 빵을 먹으면 살이 찐다는 지속적인 미신 때문일 것이다. 이와 반대로, 지난 15년간 영양 전문가들은 밀가루를 지나치게 정제하지만 않으면 빵도 영양분이 가득한 저지방 음식이라는 사실을 알리려고 노력했다. 복합당의 성분은 몸에서 천천히 흡수되며 빠르게 포만감을 느끼게 해준다. 그리고 통밀가루나 겨와 맥아가 풍부하게 들어 있는 밀가루로 빵을 구웠을 때, 그 속에는 미생물과 곡물의 껍질에 응집되어 있는 비타민과 무기물뿐 아니라 장에 좋은 섬유질이 가득 차 있다. 간단히 말해서, 좋은 빵은 체중 감량을 하는 사람을 포함해서 모든 사람에게 좋다.

또한 영양 전문가들은 콩류와 같은 복합 탄수화물의 장점을 알리기 위해서도 노력한다. 말려 쪼갠 완두콩, 강낭콩, 렌즈콩, 병아리콩은 유행이 지난 음식들이다. 그렇지만 그 음식들을 대체해온 설탕이 많이 든 과자와 가공식품들과는 달리, 이러한 전분 속에는 다양한 종류의 필수 미량영양소들이 함유되어 있다. 그것들이 운반하는 당은 섬유질에 둘러싸여 있기 때문에 소화하기가 어려우며, 몸에 잘 흡수되지 않는다. 또한 역학조사 결과 과일과 채소를 많이 먹으면 특정 암의 발생을 예방할 수 있다는 효용성이 드러났다.

그런 조사들은 소금을 과도하게 섭취했을 때의 위험을 강조한다. 나트륨은 혈압을 높이고 심장 혈관에 문제를 일으키기 때문이다. 우리는 소금을 지나치게 많이 먹기 때문에 이 사실은 중요하다. 1990년대에 비해 평균적인 소금 섭취량이 10~15퍼센트 정도 늘어났다. 아마도 소금이 많이 들어간 즉석 음식을 선호하는 사람들 때문일 것이다(소금의 80퍼센트 정도는 이런 종류의 음식을 통해 섭취된다). 이에 대응하여 2002년 프랑스식품안전국은 이런 상황에 경종을 울리며, 5년 안에 평균 소금 섭취량을 20퍼센트가량 줄이기로 목표를 정했다. 유럽 전반에서 유사한 목표들이 세워졌다. 그리고 영국의 식품기준청은 소금 섭취량을 30퍼센트 줄이도록 권유했고, 성인들에게는 하루에 6그램 이상(대략 티스푼 한 숟갈)의 소금을 먹지 말도록 충고했다. 나트륨 과잉이 되었을 때 효과적인 균형추 역할을 하는 칼륨의 섭취(채소와 과일에 들어 있다)가 전체적으로 부족해진 이후로, 소금 섭취량을 줄이는 일은 무엇보다도 중요해졌다.

지방과 설탕을 좇는 우리의 열정

설탕에 대한 우리의 사랑은 아주 오래되었으며 매우 강력하다. 만약 아기의 입술에 설탕물을 대면, 아기는 즉시 미소를 지을 것이다. 설탕에 끌리는 것은 인간의 본능이다. 몇몇 진화인류학자들은 설탕에 대한 우리의 무절제한 열망이 뇌의 빠른 발달에 도움을 주는 요인이 되었을지도 모른다고 설명한다(뇌는 오직 단당류 속에 들어 있는 포도당을 연소해야 기능할 수 있다). 설탕이 극도로 부족했던 인류의 여명기에 단 것을 좋아하는 이러한 경향은 무척 유익했겠지만 풍족한 시기에는 장애가 되었다. 같은 경우가 지방에도 적용된다. 우리는 다른 동물들처럼 음식 속 지방에 거부할 수 없는 매력을 느낀다. 음식에 지방이 들어가면 맛은 훨씬 더 좋아진다. 덧붙여서, 지방은 같은 종류의 영양소보다 더 많은 양의 에너지를 가지고 있다(그램당 9칼로리, 단백질과 탄수화물은 그램당 4칼로리). 수천 년 동안의 식량 부족과 기근이 에너지가 풍부한 음식에 대한 사랑, 뚱보라는 대가를 지불해야 하는 이 사치스러운 취향을 초래했음에 틀림없다.

에너지의 단위: 줄과 칼로리

체중을 줄이려는 이들의 숙적인 칼로리는 에너지 측정의 단위다. 소문자 c로 시작하는 칼로리(calorie)는 정상적인 기압(101,323파스칼) 아래에서 물 1그램의

> 온도를 14.5도에서 15.5도로 높일 수 있는 에너지다. 그러나 영양 전문가들은 보통 1,000칼로리 단위인 대문자 C로 시작하는 칼로리(Calorie) 혹은 킬로칼로리(kcal)를 사용한다. 즉, 14.5도의 물 1,000그램 혹은 1리터를 데워서 15.5도로 만들 수 있는 정도의 에너지다. 줄(joule)은 물리학자들이 사용하는 에너지의 단위다. 1calorie는 4.18줄이므로, 1kcal은 4,180줄(4.18킬로줄)이다.

비만이 유발하는 질병들: 당뇨병, 고혈압에서 각종 암까지

당연히, 늘 이런 불균형한 식단으로 식사를 하면 건강에 좋지 않다. 콜레스테롤이 높아지면 심혈관에 문제가 생길 가능성이 커진다. 특정한 식단의 식사를 하면 명백히 나타나듯이, 충치도 늘어나고 몇몇 암의 발생도 점점 더 흔해진다. 전 세계에 걸쳐서 어떤 질병이나 증상이 지속적으로 증가하는 것을 감시하는 세계보건기구는 다음과 같은 추세에 대한 고민에 사로잡혔다. 2000년 세계보건기구의 보고서에는 "비만은 선진국과 개발도상국에서 동시에 관찰되는 NCD(비전염성 질병) 가운데 첫번째로 맞닥뜨리는 질병으로 볼 수 있다"라고 적혀 있다. 이런 시각에서 보자면, 비만은 우리가 먹는 것들 혹은 우리가 먹는 방식과 크고 작게 직접적으로 연결되어 있는 심각하게 해로운 질병들로 가득한 숲을 보지 못하도록 막는 나무와 같다.

이 질병들 가운데 가장 극적인 것은 의심할 여지없이 제2형 당뇨병이며, 이 병이 차지하는 비율은 순식간에 거의 전 세계적인 것으로 치솟았다. 2003년에는 이미 1억5,000만 명의 사람들이 이 병으로 고통받고 있는 것으로 추정되었다(세계보건기구/식량농업기구, 2003). 더 낮게 예측했을 게 분명한 이 수치는 2025년에는 2배가 될 것으로 예측되고 있다. 제2형 당뇨병으로 인해 1년에 2만 7,000명이 죽는데, 이는 영국만 한 크기의 나라에서 소도시 인구에 맞먹는 수치다. 또 한 가지 걱정스러운 점은 당뇨병에 걸리는 나이가 점점 더 어려지고 있다는 점이다. 본래 당뇨병은 나이든 사람들에게만 발생하여 '노년기 질병'이라고 불렸지만 지금은 10대 청소년, 심지어는 어린아이들도 당뇨병에 걸린다. 이런 상황은 20년 전에는 상상도 할 수 없었다.

최근까지 어린이들과 청소년들은 주로 제1형 당뇨병에 걸릴 위험에 있었다. 제1형 당뇨병은 10~15퍼센트 정도 발병하는 드문 유형으로, 유전적 성질과 관련해서 발생하거나 자가면역시스템이 랑게르한스섬으로 불리는 췌장의 베타세포를 실수로 공격하면서 발생한다. 베타세포는 필수 호르몬인 인슐린을 생산하기 위해서 필요하다. 인슐린은 우리 몸이 혈당을 에너지로 바꾸고 잔여물을 저장하는 데 도움을 준다. 인슐린이 없으면 몸은 혈당을 처리할 수 없게 되어 혈당이 위험하게 축적되고, 그 대신에 비축된 지방을 끌어다 쓴다. 당뇨병 환자는 체중이 줄어들며(그래서 이런 형태의 당뇨병을 '마른' 당뇨병이라고 부르기도 한다), 끊임없이 배고픔과 갈증을 느낀다. 그리고 자주 소변을 보게 되고, 소변 속에는 많은 양의 당이 포함되어 있다.

제2형 당뇨병은 제1형 당뇨병과는 완전히 다른 기제다. 이 질병은 매우 천천히 진행되며, 초기 단계에는 아무 증상도 나타나지 않는다. 이것은 정확한 숫자를 알 수 없는 많은 당뇨병 환자들이 자신들의 상태를 인식하지 못함을 의미한다. 원래 제2형 당뇨병은 '인슐린이 소용없는 당뇨병' 혹은 '살찐' 당뇨병으로 알려져 있었다. 이것은 대부분의 경우 건강에 나쁜 높은 열량의 식단과 운동 부족이 원인이 되어 발생한다. 초기 단계에서 인슐린은 제 할 일을 하지 못하게 된다. 그것은 계속 분비되지만, 혈당 조절 기능을 수행하지 못한다. 다시 말하면, 인슐린의 표적인 근육 등이 반응하지 않는다. 불행하게도 비만의 경우에 흔히 볼 수 있는 그러한 '인슐린 저항'은 지방으로 둘러싸인 근육이 포도당을 사용하기보다는 풍부한 에너지 저장소인 지방을 끌어와 사용하는 데 그 원인이 있다. 한편 간은 생산된 포도당을 운반하여 혈류에 풀어놓는다. 따라서 췌장은 아무 효과도 없는 인슐린의 생산과 공급을 늘이도록 자극을 받는다.

몇몇 연구원들은 인슐린 저항이 과잉지방을 근육 속에서 태워 없애기 위해 몸이 채택한 적응기제가 아닐 수도 있다고 생각했다. 처음에는 그러한 과정이 성공적이지만, 너무 많은 지방이 축적되면 몸은 빠르게 제압당하고 만다.

그것이 우리의 건강에 끼치는 영향은 이따금 매우 파괴적이다. 한번 인슐린의 효험이 없어져버리면, 포도당은 저장되지도 소비되지도 않고 혈류에 축적된다. 그에 대한 보상작용으로 몸은 인슐린의 생산을 늘려서 균형을 회복하려 한다. 10년이나 20년 후에 호르몬을 만들어내는 췌장은 닳아서 기능을 전혀 못하게 된다. 인슐린 분비가 급감하는 것이다. 혈당의 축적을 조절할 수 없어지고, 과잉 포도당은 서서히 환자의 혈관, 신경조직, 신장과 망막을 공격한다 (미국에서 시력 상실의 가장 주된 이유가 당뇨병이다). 또한 상처와 아픈 곳의 치유를 억제하고, 사지를 절단해야 치료할 수 있는 괴저를 유발하기도 한다.

제2형 당뇨병이 항상 비만과 관련 있는 것은 아니며, 비만인 사람들이 모두 당뇨환자가 되는 것도 아니다. 그러나 연구 결과는 비만인 사람이 비만이 아닌 사람보다 10배나 더 높게 당뇨병의 위험에 노출되어 있음을 보여준다. 더 심각한 것은 30~55세의 비만 여성은 그들의 비만이 아닌 자매보다 이런 종류의 질병에 걸릴 확률이 40배나 높다는 것이다!(세계보건기구/식량농업기구, 2003) 체중이 높을수록 더욱 위험하다.

비만은 그 결과로 또 다른 질병을 일으킨다. 혈관에 문제가 있는 경우, 특히 복부에 지방이 축적되어 있을 때 심장에 타격을 주거나 심장마비를 불러온다. 제2차 미국 국민건강영양조사를 보면 고혈압 환자 가운데 과체중 환자가 정상 체중의 환자보다 3배나 더 많았다. 비만이었던 시간이 길수록 고혈압에 걸릴 위험이 높다. 특히 여성들이 그렇다.

비만의 결과와 관련된 또 다른 나쁜 뉴스는 임산부에 대한 것으로, 〈영국의학저널〉에서 히첸이 요약 설명했다(2007). 그 글에서 인용한 영국의 보고서에 따르면, 임신 중이나 출산 시 산모들이 죽는 가장 중요한 이유가 비만이다. 작년에는 자살이 가장 큰 이유였다. 죽음은 보통 과체중으로 인한 심장병과 간접적으로 연결되어 있다.

비만에 걸린 사람들은 호흡에도 심각한 문제가 있다. 왜냐하면 지방이 복부를 둘러싸면 갈비뼈와 횡격막이 흉곽을 경직시키고, 그러는 동안 목둘레를 감싼 지방이 기도를 압박하기 때문이다. 뚱뚱한 사람들이 코골이를 심하게 해서 다른 사람들과 어울리기 어렵게 되는 것은 차치하더라도, 이런 문제들은 '수면무호흡증'을 유발할 수 있으며 비만에 걸린 남녀 중 10퍼센트가 이런 질병에 걸려 있다. 극단적인 경우에는 잠자는 사람의 호흡이 하룻밤에도 수백 번씩 차단된다. 환자는 30~40초 간 숨이 막히고, 뇌가 비상사태를 알리면서 환자들을 깨우기 전까지는 폐로 공기를 들이마시지 못한다. 이런 상황은 명백히 재앙이다. 피곤한 몸으로 하루를 시작하고 나머지 시간을 졸음과 싸우면서 보내야 하기 때문이다. 육중하게 살이 찐 사람들 가운데 4분의 1이 이런 형태의 '수면무호흡증'에 걸리기 쉽다.

몇몇 연구에 따르면 과체중은 특정한 종류의 암에 걸리게 하는 요인이기도 하다(대장암, 담낭암, 폐경기의 여성이 걸리는 자궁내막암, 난소암, 자궁경부암, 유방암, 남성이 걸리는 전립선암). 그러나 암을 유발하는 위험 요인이 비만에 걸린 상태 그 자체인지, 아니면 특정한 음식의 과잉섭취 때문인지는 아직 확실하게 증명되지 않았다.

비만은 광범위한 호르몬 문제를 일으킨다. 우리는 이제 지방 저장 세포(지방세포)가 여러 호르몬과, 신체 작용의 평형 상태에 영향을 주는 호르몬과 유사한 분비물을 생산한다는 사실을 안다. 지방의 과잉은 여자아이의 조기 성숙을 유발하기도 하며, 나이 든 여성의 배란주기를 혼란스럽게 하여 생식능력에 문제를 일으키기도 한다.

이런 상태의 또 다른 불쾌한 결과는 담석증인데, 정상 체중인 사람보다 비만인 사람에게서 3~4배나 더 많이 나타난다(역설적이게도, 담석증은 체중을 줄인 사람들에게서도 많이 나타난다). 마지막으로, 과체중으로 관절에 많은 부담을 주면서 무릎에 큰 고통을 주는 관절염의 위험이 높아진다.

요약하면, 체중이 무거워질수록 빨리 죽는다. 100살까지 살고 싶은 사람들에게 가장 적당한 몸 크기는 체질량지수 18~25 정도다. 선진국에서 점점 높아졌던 기대수명은 비만의 증가에 따라 점점 짧아질 것이 확실해 보인다. 이 유행병을 극복하지 않으면, 오늘날의 젊은이들은 그들의 부모가 누렸던 것보다 훨씬 건강하지 않고 짧은 삶을 살게 될 것이다.

비만에 대한 따가운 시선으로 상처받는 마음들

대부분의 뚱뚱한 이들은 신체적으로 건강하지 못하며 동시에 자존감에도 큰 상처를 입는다. 문제를 직시하자. 비만증은 우리 사회에서 말도 꺼내지 못할 문제다. 이런 반응을 인정하든 안 하든, 비만은 약한 성격의 대표적인 상징으로 해석되며, 비만인 사람은 탐욕스럽고 의지가 약한 사람으로 받아들여지는 게 현실이다. 살을 빼기로 결심한 이들은 마음을 단단히 먹어야 하며 살을 빼기 위해서 무엇이든지 해야 한다. 그러나 살을 빼겠다고 다짐하는 것은 매우 쉬운 한 발자국을 뗀 것에 지나지 않는다. 우리는 문제가 그렇게 간단하지 않으며, 우리 모두에게 일정 정도 책임이 있다는 것을 이해해야 한다. 뚱뚱한 사람들은 의지가 약하고 신뢰할 수 없다는 인식이 우리의 정신에 뿌리 깊이 박혀 있기 때문이다. 프랑스 영양 전문가 장 트레몰리에르는 다음과 같이 말했다.

"우리 사회가 비만인 사람들을 만들어낸다. 그러나 그들을 견뎌내지는 못한다."(Poulain, 2002)

연구 결과에 의하면, 여섯 살짜리 아이들이 다른 체형을 묘사할 때보다 뚱뚱한 체형의 아이를 묘사할 때 '게으른' '더러운' '멍청한' '못생긴' '거짓말쟁이' '사기꾼'이라는 표현을 더 많이 사용했다고 한다(Staffieri, 1967). 이것은 비만에 대한 혐오감이 매우 어린 나이에서부터 뇌에 각인된다는 사실을 보여준다. 그리고 어느 여성 잡지를 훑어보아도 여성의 날씬한 몸은 뚱뚱한 몸이 나타내는 게으름이나 방종과 대조되는 능력, 즉 성공, 자기 통제, 성적 매력의 상징으로 나타난다.

그러나 과체중에 대한 시선이 위의 내용과 같은 낙인을 찍지 않으며 좀더 긍정적인 경우도 있다. 알제리, 콩고, 세네갈, 튀니지, 영국과 같이 문화적으로 다양한 나라의 연구 결과를 보면 그곳에서는 사람들의 체중이 걱정 근심의 원인이 되지 않고, 따라서 체중을 관리할 동기부여가 되지 않는 것으로 나타났다. 사실 뚱뚱함은 어떤 전통 사회에서는 경외의 대상이지만, 그것은 과체중의 경우에만 한정되는 것이지 병적인 비만까지 경외의 대상이 되는 것은 아니다.

여러 연구가 보여주듯이, 날씬해지는 것에 대한 사회적 압력은 매우 강력해서 비만인 사람들은 자신들의 동료들보다 교육에서 일찌감치 밀려난다. 뚱뚱한 아이들은 명문 학교에 입학하거나 경쟁력 있는 경력을 쌓아갈 기회가 적다. 영국과 미국에서 진행된 연구는 젊은 여성들 가운데 과체중 여성은 '정상적인' 체중의 여성보다, 심지어 만성병을 앓고 있는 여성보다 더 적은 급여를 받는다는 것을 보여주었다(Gortmaker et al. 1993). 물론 역으로 생각해서 적은 봉급을 받기 때문에 과체중이 되었을 가능성도 무시할 수 없다.

세계보건기구는 이런 광범위한 거부 반응이 건강 전문가, 의사, 간호사, 심지어 몇몇 영양 전문가들에게도 공공연히 만연되어 있음을 개탄했다(2000). 그들의 태도는 드러나지 않은 피해를 가져왔다. 비만 환자들이 모욕을 참아내거나 죄책감을 느끼지 않기 위해 상담실에 가는 것을 꺼리게 만들었기 때문이다. 그런 상황이 오자 당연하게도, 비만인 사람들 중 대다수가 자신에 대해 안 좋은 이미지를 갖게 되었다. 일반적으로 그들은 스스로 추하다고 여기며 다른 사람들을 피하려 한다(슬프게도, 이것은 잦은 경험을 통해 사실로 증명된 추정이다). 비만인 사람이 드물고 비만에 대한 반감이 강한 사회경제적 특권 계층의 여성들 사이에서 그런 경우가 많다. 또한 어린 시절부터 뚱뚱한 편에 속해서 수년 동안 놀림받고 괴롭힘을 당한 젊은 여성에게도 자주 나타난다.

낮은 자존감은 먹는 행위에 대해 병적인 태도를 유발할 수 있다. 식욕이상항진증도 그런 증상인데, 반복적으로 다이어트를 시도하면서 체중이 늘었다 줄었다를 끊임없이 되풀이하는 젊은 여성들에게서 자주 나타난다. 식욕이상항진증 환자들은 때때로 통제력을 잃는다. 보통은 저녁이나 밤 같은 때 심하며, 먹은 것을 게워내기도 한다. 밤에 폭식하는 것도 덜 연구된 장애 중 하나다. 이 장애로 고통받는 사람들은 저녁을 먹고 난 뒤에 다시 하루 동안 먹은 열량의 반을 섭취한다. 추정해볼 만한 원인 중 하나는 체내 시계가 제대로 작동하지 않는 것이다.

이러한 섭식 장애는 점점 더 흔해지고 있으며 치료하기 어려운 심각한 병으로 이어지기도 한다. 아직은 이런 장애가 체중 증가의 원인이라거나 영향을 준다고 말할 만한 상황은 아니다. 그러나 살찐 사람들에게 체중을 줄이도록 강요하는 극심한 심리적 압박이 최소한 부분적인 책임이 있을 확률이 높다. 날씬해지라는 이구동성의 강요들, 특히 누구보다도 소리를 높이는 대중매체의 강요는, '자신을 위해' 변하려고 노력하는 사면초가의 사람들을 과녁으로 삼아 파멸로 이끄는 영향을 주게 된다. 특히 우리가 예상할 수 있듯이, 그들이 이상적인 날씬함에 대한 환상을 주입받은 채 주위에서는 온갖 방식으로 그들을 살찌게 만들고 있다면, 실제로 목표를 성취한다는 것은 불가능하다.

오늘날에도 남성은 여성보다 체중에 대해 덜 우려한다(이 차이는 점점 줄어들고 있다). 또한 남성은 여성보다 섭식 장애에 걸리는 비율이 낮다. 대신 남자들은 굳어진 동맥에 필요한 의학적인 치료법을 찾기를 꺼린다는 문제를 지니고 있다.

비만이 부의 상징이거나 열렬히 추구되는 사회에서는 섭식 장애가 발생하지 않는 점으로 보아 섭식 장애의 근원을 문화적인 현상으로 보아야 한다는 의견도 있다.

성인병과 따돌림으로 고통받는 아이들

어린이들과 청소년들은 비만의 대가를 단단히 치른다. 그들은 사회적·심리적 문제, 동맥 고혈압과 당뇨병의 초기 증상 같은 혹독한 시련을 겪어야 한다! 그리고 몇몇 어린이들은 소화 장애, 위장병, 수면무호흡증, 정형외과적 합병증에도 시달려야 한다. 현재까지 뚱뚱한 아이들이 뚜렷하게 낮은 자존감을 경험한다는 증거는 없다. 그러나 청소년기가 되었을 때와 체중이 늘어나면서 신체가 보기 안 좋아졌을 때 이 모든 변화가 나타난다. 가족, 친구들, 선생님들이 내뱉는 잔인하고 무신경한 말들은 모든 면에서 민감한 청소년들에게 2배의 상처가 될 것이다. 그런 상처는 평생 지속될 수도 있다. 미국에서 진행된 대규모 조사에 따르면, 청소년기나 사회로 막 나갔을 때 과체중이었던 여성들이 다른 정신적 장애를 가졌던 동년배의 여성들에 비해서 결혼 비율도 낮으며 받는 급여도 더 낮은 것으로 나타났다(Gortmaker et al, 1993).

흡연은 도움이 안 된다

흡연은 날씬한 몸을 유지시켜주는가? 많은 흡연자들, 특히 여성 흡연자들이 몸매를 유지하기 위해 담배에 의존한다. 많은 연구 자료에 따르면 흡연자들이 담배를 끊는 순간 체중이 빠르게 늘어나는 것으로 나타났다. 보통 남자는 2.8킬로그램, 여자는 3.8킬로그램이 늘어난다(Williamson et al, 1991). 하루에 15개비 이상을 피우는 애연가나 젊은 흡연자가 담배를 끊었을 경우 더 강한 반응이 일어난다. 이러한 상관관계가 매우 인상적이어서 역학자들은 니코틴 중독과의 싸움에서 이기는 것이 최근 확산되는 비만과 간접적으로 관련이 있는지 연구했다. 그리하여 결국 금연에 반대하는 결론에 이르렀을까? 명망 있는 학술지인 〈비만 연구〉 2005년 8월호에 게재된 연구는 이런 희망에 찬물을 끼얹었다. 연구 결과는 흡연자들이 비흡연자들보다 (가장 많은 건강문제를 일으키는) 복부에 더 많은 지방이 있음을 보여주었다. 만약 흡연이 어느 정도 과체중을 막는 안전장치 역할을 한다면, 뱃살을 빼라는 독려의 말은 거의 듣지 않게 될 것이다. 사례가 어떻든 간에, 흡연이 몸에 파괴적인 영향을 끼친다는 점에서 금연은 공중보건의 선결조건으로 남아 있다. 체중을 줄이기 위해 폐를 희생하는 것은 의학적으로 매우 어리석은 타협이다.

우리는 이미 막대한 사회적 비용을 치르고 있다

앞에서 열거한 신체적·정신적인 질병을 치료하는 일은 엄청나게 비싼 대가를 치러야 한다. 게다가 비만율의 끊임없는 상승은 공공 자원에 막대한 지출이 요구되는 위협이며, 모든 사회가 이러한 공격을 받고 있다. 조만간 대가를 치러야 한다. 비만 치료에 드는 직접적인 비용은 제외하더라도 개인이나 가족은 그와 연관된 비용, 즉 질병이나 죽음을 포함한 극단적인 경우에 의해 발생하는 비용의 총합과 마주해야만 할 것이다. 나아가 생산력의 손실이나 비만 고용인들의 결근에서 비롯되는 간접적인 지출도 추가된다. 이른바 SOS 연구회라고 불리는 스웨덴비만연구회는 스웨덴 전체 인구로 보아 비만인 남녀 개인이 연장하는 병가(여섯 달 이상 지속되는)의 빈도가 보통사람들의 병가보다 1.4~2.4배 더 높다고 밝혔다(Narbro et al, 1999).

    이런 상황에 정확한 가격표를 붙이기는 쉽지 않다. 그러나 몇몇 경제학자들은 꾸준히 가격표를 붙이려는 시도를 했다. 그들의 신중한 평가에 따르면, 이런 상황에 드는 비용은 건강을 위한 총지출의 2~7퍼센트 정도로 나타났다(세계보건기구, 2000). 비만은 국가 보건예산의 지출에 가장 큰 구멍임이 분명히 드러난다.

    미국에서 비만에 들어가는 돈의 총액은 1조에서 1조2,000억 달러로 추산된다. 그러나 사회로 투입되는 진짜 비용은 여러 가지 연구에서 추정한 것보다 훨씬 높을 것이며, 그러한 연구들은 대부분 비만과 관련이 있는 질병을 모두 고려하지도 않았다. 비록 전문적인 용어로 비만인 사람들보다 비만의 위기에 처할 정도로 살진 사람들이 거의 3~4배 정도 많음에도 불구하고, 비만과는 달리 분류되는 과체중(체질량지수 25~30)에 드는 비용은 자주 간과되고 있다. 과체중으로 인해 발생하는 비용까지 합하면, 총비용은 상당히 증가한다. 게다가 개인적으로 살을 빼는 데 드는 비용도 계산에 넣어야 한다. 개인적인 비용은 의심할 여지없이 어마어마한 간접비용을 발생시키기 때문이다. 이런 추이로 보아 처음에는 의학적 문제였던 사회적 비용은 상승할 수밖에 없다.

비만을 예방하는 것에도 많은 비용이 든다. 비만의 급증에 관심이 쏠리면서, 영국 정부는 3억7,200만 파운드(약 5억6,000만 달러)를 비만 예방 정책에 배정했다. 그 속에는 부모들을 상대로 한 캠페인 비용 7,500만 파운드(약 1억2,000만 달러)가 포함되어 있다.

3
뚱보를 낳는 오늘날의 식습관은 어떻게 생겨났나?

패스트푸드, 세계를 점령하다
너무 바빠 요리를 해먹을 시간이 없다
우리의 식습관을 바꾼 두 번의 혁명
개발도상국에서 왜 비만 문제가 더 심각한가?
뚱보들의 전성시대
굶주림과 비만이 공존하는 이상한 세상

폭주하는 비만 때문에 의사들은 밤에도 잠들지 못한다. 한편으로는, 음식 때문에 너무 속을 태워 경계심을 갖게 된 소비자들은 무엇을 먹어야 할지 알 수 없는 지경이 되었다. 우리는 이제 음식에 대해 말 그대로 속을 끓이고 있다. 그러나 많은 나라들에서, 이러한 위기는 여전히 초기 단계에 머무른 채 두드러진 현상 없이 이어진다. 그것은 우리의 식습관이 완전히 변했기 때문이며, 이러한 변화가 거의 알아차리지 못하는 사이 조용히 일어났기 때문이다.

미국, 영국, 독일과 같은 나라들에서 새로운 식습관이 나타난 근본적인 이유는 아침 9시부터 저녁 5시까지의 근무가 일상이 되었기 때문이다. 노동자들은 매일 점심을 먹기 위해 직원식당으로 가야만 한다(만약 운 좋게도 식당이 구내에 있다면 말이다). 그리고 자녀들은 학교에서 급식을 먹는다. 그밖에 다른 사람들은 샌드위치를 만들어 가거나 테이크아웃 식당에서 서둘러 음식을 사간다.

이런 형태의 '외식'은 지난 수십 년간 급속도로 퍼져나갔다. 특히 미국에서 가장 넓게 퍼져나갔으며, 미국에서는 1980년에서 2000년 사이에 가정의 식비 지출에서 외식이 차지하는 비율이 50퍼센트가량으로 급격히 늘어났다. 외식에 들어가는 비용이 이제 음식에 소비하는 비용의 반을 차지하게 되면서, 한 해 개인당 평균 1,400달러 정도의 돈을 쓰게 된 것이다. 그와 비교하면 프랑스는 뒤처지는 편이다. 프랑스 성인의 3분의 2(특히 여성들)는 여전히 집에서 먹는 것을 선호한다(Guilbert and Perrin-Escalon, 2004). 오직 5분의 1 정도가 가끔씩, 일주일에 두 번 정도 밖에서 식사를 한다. 그러나 외식을 하는 경향은 이미 증가세에 있어서, 최소한 대도시에서는 외식을 하는 프랑스인의 비율이 몇 년 안에 미국을 따라잡을 것으로 예상된다.

어쨌든 직장의 구내식당에서 식사를 하는 것은 집에서 식사를 하는 것과 완전히 동일하지는 않다. 많은 사람들을 위한 구내식당에서는 비용은 최소화하면서 가격은 싸게 해야 한다는 식의 지켜야 할 원칙들이 있다. 그래서 카페테리아의 메뉴는 어쩔 수 없이 집에서 먹는 식사의 메뉴보다 창의성이 떨어지며, 회사의 의도가 아무리 좋다고 해도 미량영양소의 함량이 적은 음식이 될 수밖에 없다. 음식의 양은 많아지고 지방도 풍부해진다. 그것이 산업용으로 사전 포장된 재료들의 부족한 맛을 보완하기 위한 경제적인 방법이니까. 신선한 과일과 채소는 비싸고 오래 보관할 수도 없기 때문에, 특별 출연처럼 이따금 메뉴에 나타날 수밖에 없다.

전반적으로 보아 학교 급식도 더 낫다고 할 수는 없다. 학교 급식의 질은 급식비에 따라 다양하지만, 가격은 여전히 상품의 선택에서 최우선시되는 기준이다. 2000년에 프랑스식품안전국은 학교 급식을 직설적으로 비판한 보고서를 출판했다. 그 보고서는 "유치원에서 2학년에 이르기까지 학교 식당에서 영양적으로 불균형한 식사를 제공하고 있다"면서 학교 급식을 규탄했다. 더 정확히 인용하면 다음과 같다.

"영양적인 면에서는 지방의 비율이 가장 과도하며, 일반적으로 철분과 칼슘이 가장 부족하고 단백질은 각각의 연구 결과마다 다르다. 음식의 종류를 따져보자면 유제품, 과일, 채소가 불충분하다."

더 나을 수도 있었는데 말이다! 각각의 연구에서 영양 전문가들은 몇몇 학교 매점에서 파는 생선 튀김에는 생선이 고작 50퍼센트밖에 들어 있지 않다는 사실을 밝혀냈다. 나머지 내용물은 뭐라고 해야 될지 모를 것이었다. 또한 담백한 재료 위에는 음식을 상하지 않게 하고 인공적인 맛을 내기 위해 소금이 잔뜩 든 갖가지 소스를 끼얹는다. 그것은 동맥 건강에 매우 좋지 않은 것이다.

이런 점에서 프랑스의 학교들만이 유일한 죄인은 아니다. 영국의 채널4 방송국에서는 유명한 요리사 제이미 올리버가 학교 급식의 철저한 변화를 촉구하는 프로그램을 방영했는데, 그는 방송에서 현재 학교 급식의 상태가 '쓰레기'라고 묘사하는 것을 매우 즐겼다. 이렇게 단정짓는 것은 의심할 나위 없이 선정적인 행동이며, 대중을 교화하려는 목적만큼이나 제이미 올리버의 화려한 경력을 더욱 드높이려는 의도가 있었음이 분명하다. 그러나 그의 캠페인에 대한 열광적인 반응은 그가 이 문제에 드리워진 깊은 불안감을 건드렸음을 보여주었다. 제이미 올리버가 전국적인 진정서를 내기 위해 27만 명의 서명을 받았을 때, 토니 블레어 정부는 고마움을 느겼다. 2006년 9월부터 영국 학교의 주방들은 전문가가 추천한 음식 리스트를 따를 것을 권고받았다. 비슷한 조치가 독일에서는 이미 취해졌다. 2005년 5월에 식품농업소비자보호부 장관이 엄격한 규정들을 발표했다. 처음에는 전국의 모든 학교 식당에 더 많은 채식 식단을 제공하도록 지시했다. 최소한 일주일에 두세 번 정도 신선한 과일을 제공하고 고지방 음식과 설탕이 많이 든 디저트를 제한하도록 한 것이다.

그러나 테이크아웃이 가능한 패스트푸드 가게가 나타나면서 전체적인 그림은 더욱 어두워졌다. 다국적 체인점, 모퉁이의 버거 판매 트럭, 똑같은 단순한 조리법을 적용하는 음식 등 인스턴트 간식들은 하루 종일 모든 사람들을 유혹한다. 이런 음식들은 보통 튀긴 것들이다. 손님들은 집에서 먹는 음식보다 더 기름지고 달콤하며 맛과 질감이 다른 음식에 끌린다.

실험을 통해서 햄버거, 6개의 치킨 너겟, 250밀리리터의 콜라, 차가운 디저트로 구성된 기본적인 패스트푸드를 분석해보았다. 이 음식들은 900~1,200킬로칼로리를 제공했으며, 튀긴 음식의 양에 따라 열량이 결정되었다. 만약 거대한 치즈버거와 2배의 감자튀김, 라지 사이즈 콜라와 밀크셰이크를 먹으면 1,600킬로칼로리를 섭취하게 된다. 이 가운데 40퍼센트는 지방이고 대부분은 동물성 지방이다. 나머지 열량은 탄수화물로 공급되지만, 그것의 50퍼센트는 음료와 디저트에 들어 있는 단당으로 구성되어 있다. 패스트푸드는 미국의 가정에서 먹는 평범한 음식보다 그램당 50퍼센트 이상의 열량을 더 제공한다(Prentice and Jebb, 2003).

패스트푸드, 세계를 점령하다

패스트푸드는 수세기 동안 전 세계에서 다양한 형태로 번창했다. 그러나 예전에는 패스트푸드도 신선하고 전통적인 재료로 만들어졌다. 아직까지도 아시아의 거리에서 사랑받고 있는, 좌판에서 파는 향신료 맛이 나는 묽은 수프처럼 말이다. 애석하게도 오늘날의 패스트푸드는 다국적기업의 비호 아래 맛과 조리법이 표준화되고 있으며, 다국적기업들은 광고의 힘으로 점점 더 많은 나라에 상품을 쏟아부을 수 있게 되었다. 이런 관점에서 볼 때, 2001년까지 1만 3,000군데 이상의 맥도날드 매장이 생기고 8,000군데 이상의 버거킹과 최소 7,000군데의 피자헛이 생긴 미국의 경우가 최고의 전범이다. 1970년에서 1995년까지 사람들이 패스트푸드로 먹어치운 식사의 횟수는 4배로 증가했다. 이것은 미국인 5명 중 1명이 하루에 한 번 전국에 널려 있는 수없이 많은 패스트푸드 식당 가운데 한 곳에 갔다는 의미다.

영국에서는 1984년에서 1993년 사이에, 다른 레스토랑과 카페의 숫자는 그대로인 반면에 패스트푸드 매장의 숫자는 2배로 늘어났다. 유럽 맥도날드의 총 매장 숫자는 불과 10년 사이에 4배 이상 늘어났다. 1991년에 1,342개였던 매장이 2001년에는 5,794개가 된 것이다. 아시아태평양 지역에서는 훨씬 더 심하다. 1,458개에서 6,775개로 급증했다. KFC와 피자헛이 1992년과 2001년 사이에 미국 안에서 매장 수 1만3,000개 정도에서 정체한 사이 전 세계의 나머지 나라들에서는 1만688개 이상의 간판을 내걸면서 번창했다. 이는 10년 전보다 5,520개 상승한 것이다.

2004년 인터넷에 접속한 아시아 성인 소비자들을 상대로 한 설문조사에 따르면, 질문에 응한 사람 가운데 거의 3분의 1이 일주일에 한 번 패스트푸드 가게에 가는 것으로 나타났다. 이는 미국과 거의 비슷한 수준이다(미국은 인구 중 35퍼센트가 일주일에 한 번 패스트푸드 가게에 간다).[1] 그러나 인도인과 중국인은 일주일에 한 번 패스트푸드 가게에 가는 사람의 비율이 37~41퍼센트 사이로 미국인의 평균을 넘어서는 것으로 나타났다. 홍콩 시민의 경우는 거의 61퍼센트에 달한다! 물론 이 조사에서 패스트푸드 체인점과 전통적인 작은 좌판을 구별하지 않은 것은 명백해 보인다. 반면에 유럽인은 고작 10명 중 1명이 일주일에 한 번 패스트푸드를 먹는다.

맥도날드가 상품을 팔기 위한 장소로 병원을 이용하는 것에 대해 많은 비판을 받고 있다. 맥도날드는 로스앤젤레스와 필라델피아의 아동병원을 포함해서 미국의 30개 병원에 매장을 두고 있다. 영국에서는 비록 직원과 방문자들을 끌기 위한 전략으로 병원문 밖에 위치해 있지만, 7개의 병원에 매장을 두고 있다. 염려는 당연하다. 병원은 건강을 증진시키기 위한 상징으로 여겨져왔고, 병원 구내에서 패스트푸드를 파는 것은 이런 상징에 모순된다. 영국 런던시티대학교의 팀 랑 교수는 이 문제에 대해 간략하게 언급했다.

"솔직히 말하면 공공의 건강을 책임지는 장소에서 자기 구역 내에 햄버거 고기 덩어리, 설탕이 잔뜩 들어간 음식과 음료를 파는 것으로 유명한 브랜드가 들어오도록 허락한 것은 한심하다."
(Sweet, 2008)

더욱 음험한 일은 영국에서 매주 맥도날드 직원이 장난감, 풍선, 해피밀 상품권을 들고 병원의 유아실을 방문한다는 것이다. 병원 직원의 말에 따르면, 어린이들의 오락을 위해서라는 명목이다. 정말 효과적인 홍보전략이 아닐 수 없다. 맥도날드와 연계하여 어린이들을 낫게 하겠다니! 영국 정부는 비만을 예방하는 데 수십억을 쓰긴 하지만 이런 관행에 반대하지 않았다. 심지어 맥도날드가 (그리고 다른 패스트푸드 회사들도) 국립의료서비스(NHS) 산하 병동들을 후원하여 브랜드 인지도를 발전시키는 것까지 고려하고 있다.

가능한 모든 의심들을 뒤로하고, 패스트푸드를 먹는 것이 비만에 직접적으로 책임이 있는지는 과학적으로 증명되지 않았다. 그러나 모든 선진국에서 가족들이 맥도날드와 그 외 패스트푸드 가게에 가는 횟수가 늘어나는 것과 함께 비만이 유행하기 시작했다는 점은 사실이다. 아무리 좋게 말해도, 동시에 발생했다는 것은 문제다.

너무 바빠 요리를 해먹을 시간이 없다

건강에 나쁜 점심으로 입은 손상을 저녁식사로 만회할 수 있을까? 아마도 아닐 것이다. 왜냐하면 저녁식사도 그만큼 변했기 때문이다. 어떤 이는 만족하고 어떤 이는 후회하겠지만, 가족 안에서의 역할 분담(남자는 직장에 가고, 여자는 부엌에서 일을 하는)은 이미 한물간 일이 되었다. 여자들이 노동인력이 되어 회사에 나가고 출장을 가는 시간이 많아지자 멋진 식사를 준비할 시간이 없어졌다. 영양가 높은 수프에 넣을 채소를 구하기 위해 애쓰는 것도 잊고, 오븐에서 천천히 요리하는 복잡한 찜 요리도 작별을 고했다. 몹시 서둘러야 하기 때문에 우리의 식사는 이미 조리된 음식이나 즉석식품으로 대치되는 경우가 점점 더 많아지고 있다. 성분을 알 수 없는 냉동 파이나 무사카(저민 양고기나 쇠고기, 가지를 번갈아 얹고 치즈와 소스를 쳐서 구운 그리스·터키 요리—옮긴이), 정체를 알 수 없는 소스를 살짝 익힌 채소에 뿌려 봉지에 담은 것, 크림이 잔뜩 든 달콤한 푸딩…….

범유럽연합의 연구에 의하면, 시간의 부족이 음식의 선택에 가장 큰 영향을 끼친다고 한다. 불규칙한 노동시간이나 바쁜 생활 탓인 것이다(Gibney et al. 1997). 그러므로 더 빠를수록 더 좋은 것처럼 보인다. 우리가 무엇을 먹는지 완전히 확신할 수 없다는 사실은 정말 불행한 일이다.

저녁식사에 대한 우리의 사회적 접근 역시 달라졌다. 다시 한 번 미국이 먼저 길을 닦았다. 식탁에 가족들이 둘러앉는 전통이 처음으로 무너진 것이다. 모두가 냉장고에서 빠르고 쉽게 배를 채울 수 있는 것들을 뒤지기 시작했다. 당연하게도, 감자 껍질 벗기는 칼이 부엌 안에서 가장 이상한 도구가 되었으며, 피자 반죽을 미는 허튼 짓도 하지 않았다. 사람들이 늘 하는 일은 청량음료를 벌컥벌컥 마시면서 냉동식품을 전자레인지에 넣고 돌리는 것이다. 따라서 여러 코스로 나뉜 잘 짜인 식사(전채 요리, 메인 요리, 치즈 혹은 푸딩)는 도도새처럼 멸종해버렸다. 남은 아이스크림을 간단하게 해치우는 일이 너무나도 유혹적이었던 것이다.

영국과는 달리, 프랑스는 아직 상황이 그 정도로 나쁘지는 않다. 가족들이 모여앉아 하는 식사는 거의 신성불가침의 형태로 여전히 건재하며, 이것은 프랑스 사람들이 왜 (상대적으로) 건강한지 보여주는 단서다. 하루 종일 야금야금 외롭게 식사를 하는 것은 당연히 질병으로 이어진다. 그러나 프랑스인은 함께 음식을 나누는(얼마나 오래되었는지 아무도 모르는) 관습, 정해진 시간에 가족이 식탁에 둘러앉아 연달아 나오는 여러 가지 요리를 함께 먹는 전통을 유지하고 있다. 프랑스 인구의 10분의 9가 매일 자리에 앉아서 아침, 점심, 저녁, 세 번의 제대로 된 식사를 한다고 단언했다(Guilbert and Perrin-Escalon, 2004). 그리고 2명 중 1명이 현명하게도 세 끼만을 먹는다고 했고, 3명 중 1명이(대부분 여성이다) 오전의 중간쯤이나 티타임 무렵에 간단한 간식을 먹는다고 했다. 그리고 10명 가운데 1명만이 하루에 다섯 끼를 먹는다고 했다. 대체로 남성보다는 여성이 주로 식사와 식사 사이에 간식을 먹는다.

프랑스인의 식습관이 옳다고 할 수 있을까? 꼭 그렇지는 않다. 프랑스인의 식사도 점점 더 간소화되고 있다. 성인 인구 가운데 3분의 1이 두 코스의 점심만 먹는 것에 만족한다(예를 들어 감자튀김을 곁들인 스테이크와 거기에 따라오는 디저트). 저녁식사의 경우에는 이 비율이 거의 40퍼센트까지 올라간다. 코스 중 하나로 제공된 크림케이크를 건너뛴다면 반드시 나쁘다고 말할 수는 없다. 그러나 전통적인 식사를 마무리하는 과일 접시가 치워지는 것이라면, 또는 전통적인 '치즈와 과일' 대신 과일 한 조각을 먹으면서 치즈는 전과 같은 양으로 먹는 것이라면 문제가 크다. 이것은 결코 균형 잡힌 식단이라고 할 수 없다. 첫번째 코스의 요리를 간소화할 때도 보통 채소의 비율을 희생한다. 어떤 경우라도 우리가 먹는 음식의 다양함을 줄이는 것은 결코 좋은 생각이 아니다.

더 나아가서 사람들이 TV 앞에서 보내는 시간의 양도 우려되는 문제다. TV 앞에서 보내는 시간은 매번 조사를 할 때마다 점점 늘어난다(2002년 건강영양조사에 따르면, 12세 이상의 프랑스 남녀들은 하루에 2시간 정도 TV를 본다고 한다). TV를 보면서 식사하는 습관은 점점 더 확고하게 자리 잡고 있다. 5명 중 1명 이상(특히 어린 아이들)이 TV를 보면서 아침을 먹고, 거의 절반이나 되는 사람들(특히 젊은 성인들)이 TV를 보면서 점심을 먹고, 절반 이상의 사람들(특히 나이든 성인들)이 TV를 보면서 저녁을 먹는다. 1996년부터 TV를 보며 아침과 점심을 먹는 사람들이 눈에 띄게 증가했다. 연구 결과는 TV 앞에서 지내는 시간이 늘어날수록 허리둘레도 늘어난다는 사실을 보여준다. 물론 TV를 보며 식사를 하는 것 자체가 체중을 늘게 한다는 증거는 없다. 그러나 TV가 중심인 생활 습관과 비만 사이에 긴밀한 상관관계가 있다는 사실은 부정할 수 없을 것이다.

우리의 식습관을 바꾼 두 번의 혁명

모든 선진국에서 공통적으로 나타나는 이러한 변화는 심각하며 지속적이다. 그러나 그 변화들은 개발도상국에서 일어나는 격동에 비하면 상대적으로 왜소해 보인다. 불과 수년의 짧은 기간 동안 개발도상국들에서는 이러한 변화의 규모를 완전히 의식하지도 못하는 사이, 식단뿐만 아니라 식품을 생산하고, 배분하고, 소비하는 방법까지 완전히 변했다. 학자들은 그 엄청난 변화를 몇 년 전 개발도상국들에서 일어났고 여전히 진행되고 있는 인구통계학상의 전환에 비유해서 '영양상의 전환'이라고 불렀다.

 물론 이러한 변화가 인류가 경험한 최초의 대대적인 식습관 정비는 아니었다. 인류가 일찍이 사냥과 채집을 시작했을 때부터 몇 번의 역사적 전환점이 있었다. 초기의 생활방식은 상대적으로 균형 잡힌 식사에 자리를 내주었고, 어떤 지역에서는 음식도 상대적으로 풍부했다. 그리고 사냥꾼과 채집꾼들은 스스로 먹을 음식의 생산을 통제하고 편리하게 생활하기 위해 농사짓는 법을 생각해냈다. 그 뒤 수천 년 동안 사람들은 기본적으로 필요한 에너지와 단백질을 얻기 위해 곡물과 콩에 의존했고, 그와 더불어 어떤 곳에서는 가축을 키웠고, 다른 장소에서는 근채식물과 덩이줄기 식물을 재배했다. 이러한 적응은 대가를 치렀다. 초기의 농부들은 신체적으로 활동적이었던 조상들처럼 키가 크지 않았다. 왜냐하면 곡물에는 피트산이 풍부한데, 이것이 성장에 필요한 무기질인 칼슘, 아연, 철분에 달라붙어 흡수를 방해하기 때문이다. 무기질의 흡수가 부족하고 육류를 먹을 기회가 제한되자 사람들의 키는 점점 작아졌다.

그렇기는 해도 농업의 본격적인 시작은 첫번째 인구 폭발로 이어졌다. 생산할 수 있는 식량의 양과 먹어야 할 입의 균형이 맞을 때까지 인구가 증가했다. 그것은 유행병, 전쟁과 다른 재앙들에 의해 거듭 흔들리는 불안정한 균형이었다. 그 결과 우리는 궁핍과 기근이 상대적으로 풍족한 시대와 번갈아 나타난다는 사실을 발견했다. 전쟁의 시대를 제외하면, 마지막 기근은 19세기의 아일랜드에서 일어났으며, 이 기근으로 인해 많은 이들이 미국으로 이주했다.

이제 서양에 산업혁명이 도래했다. 우선 농업 기술의 급격한 발전과 기계화로 수확량이 급증했고, 덕분에 남아도는 노동자들이 도시로 향했다. 노동자들의 이동은 여러 나라들로 번져간 엄청난 산업화의 원동력이 되었다. 도시의 팽창은 식량 공급에 새로운 압박을 가했으므로 농업의 기계화가 한층 더 강화되었다. 그 결과는 생산성의 엄청난 증가였다. 이것은 모든 사람이 자신들의 배를 채우게 되었다는 의미가 아니며, 그것과는 거리가 멀다. 19세기 프랑스 작가 에밀 졸라의 소설들은 이 시기의 특정 계층 사람들이 얼마나 고통을 겪었는지 보여준다. 그래도 역시 열량과 기본 영양소의 생산이 증가한 덕분에, 음식에 대한 욕구를 이전보다는 더 넓게 충족할 수 있었다.

이런 성과는 도시의 직업들 대부분이 시골의 노동자들이 하는 일보다 육체적으로 덜 힘들다는 사실에 힘입은 바가 크며, 따라서 사람들에게 필요한 에너지의 총량도 줄어들었다. 음식 산업이 발전했고, 또 한편으로는 육체적 활동이 줄어들었으므로 균형이 완전히 맞게 된 것이다. 굶주림의 시대는 사라졌으며, 산업화 사회가 모든 시민들을 합리적인 선에서 먹여 살릴 수 있었다.

불행하게도 이야기는 그 지점에서 끝나지 않았다. 오늘날 우리가 대량 생산과 소비 체제의 한계를 깨달았음에도, 그것의 무절제함은 적절히 통제되지 않았다. 인구의 노령화 탓에 예전에는 흔하지 않던 만성병이 만연했으며, 동시에 불균형한 식단으로 인한 열량의 과잉 섭취는 젊은 나이에도 만성질환에 걸릴 수 있게 만들었다. 청소년기에, 또는 우리가 앞에서 논의했듯이 때로는 그보다 더 어린 나이에도 발병할 수 있다.

개발도상국에서 왜 비만 문제가 더 심각한가?

서구 여러 나라들에서는 산업화가 스스로 자리잡기까지 상대적으로 오랜 시간인 한 세기 이상이 걸렸다. 그 사회들은 전반적인 생활수준을 향상시키는 모든 또는 부분적인 변화들에 적응할 수 있는 충분한 시간을 지니고 있었다. 그러나 현재의 개발도상국들은 그런 행운을 갖지 못했다. 무역의 세계화로 인해 그 나라들은 위험할 정도로 빠른 속도의 변화를 강요당했다. 한 세대 혹은 두 세대의 시간 동안 그들은 영양실조와 영양 부족이 가장 긴급한 문제였던 상황에서 비만과 그로 인한 질병들이 주요 관심사인 상황으로 뛰어넘어가 버렸다.

    첫번째 경고는 태평양의 작은 섬들에서 날아왔다. 비교적 단절되었고, 외부의 영향이 미치지 않던 곳에 완전히 낯선 생활방식인 슈퍼마켓 문화가 갑자기 나타났다. 비만과 당뇨의 폭발적인 증가라는 즉각적인 파급효과와 함께 등장했다. 그러나 그 현상은 너무 외딴 곳에서 발생해서 주목을 받지 못했다. 다음 차례는 라틴아메리카였다. 칠레, 우루과이, 파라과이, 아르헨티나는 30년 전, 1960년대와 1970년대 사이에 영양상의 전환에 동참했다. 브라질과 멕시코가 그 뒤를 이었다. 오늘날 멕시코의 비만 인구 비율은 이웃한 북아메리카의 비율과 거의 쌍벽을 이룬다. 카리브해의 섬들도 곧 전 세계에서 수입해온 싼 가격의 상품들을 받아들였고, 원래의 자급적 생계 문화는 그들의 공격에 모두 초토화되었다. 위기에 처한 이 섬들에서도 곧 식단의 균형이라고 할 만한 것들이 변화를 일으켰다. 같은 상황에 처한 브라질과 멕시코보다 경제적으로 훨씬 뒤

떨어진 섬들 사회에 강제적인 영양상의 전환이 일어난 것이다.

당시 이 문제에 경각심을 느낀 의사는 거의 없었다. 건강과 영양에 관련된 프로그램들은 수단과 방법을 가리지 않고 영양 부족의 해결에만 대부분 초점을 맞추고 있었다. 과체중이나 비만에는 관심도 없었다. 제2형 당뇨병이 굶주리는 사람들 사이에 존재한다는 것은 상상조차 할 수 없었다. 그러나 점점 많은 사례들이 의사들의 진찰실에서 발견되었다. 동시에 심장병 전문의들은 개발도상국들에서 이전에는 없던 심장병이 나타나는 것을 발견했다. 그러나 다양한 전문 분야들이 분리된 탓에, 전문가들은 이러한 정보들과 전 세계로 조용히 퍼지고 있는 질병을 비교하지 못했다. 사례가 증가하면서 두 사실 사이의 관계가 명확해졌을 때야 비로소 확인되었다. 의사들은 갑자기 도처에 존재하는 심각한 문제와 맞닥뜨렸다는 것을 깨달았다. 그들이 과연 정치인들을 설득할 수 있을까?

1990년대 중반, 알렉산드리아에서 이집트 가정의 '영양적 위험'을 검토하기 위한 회의가 열렸다. 한 연구논문은 아무리 가난해도 합리적인 가격에 음식을 살 수 있게 안심시키고, 식품대란을 미연에 방지하기 위해 밀가루, 식물성기름, 설탕과 기타 고에너지 상품을 살 수 있는 보조금을 최대한 책정하도록 요구했다. 한편, 영양 전문가들은 경악스러울 정도로 거침없이 상승하는 비만율과 사람들로 붐비는 당뇨병 진료실을 지켜보고 있었다. 열량 공급에만 매달려 있는 식품정책과 전 세계적으로 일관되게 나타나고 있는 과체중이라는 진짜 비상 상황 사이에 절망적인 괴리가 생긴 것이다. 2000년 세계보건기구는 다음과 같이 경고했다.

사회경제적인 발전과 빠른 도시화로 인한 변화와 함께, 산업화된 나라의 인구 중 일부 흑인 여성들 사이에서 비만이 과도한 수준까지 퍼지게 되었다. 실제로, 1990년 케이프 반도에 사는 아프리카 여성들 중 44퍼센트에 가까운 숫자가 비만으로 추정되었다.

왜 가난한 나라에서 비만율이 매우 높게 나오는 것일까? 우선, 예전의 식단보다 열량과 설탕이 많고 살이 찌는 음식으로 배를 채우는 것이 값이 훨씬 싸다. 엄청난 농산물을 생산하는 미국과 유럽 연합의 생산성이 더욱 증가하면서 산더미처럼 쌓여가는 설탕, 곡물, 기름과 동물성지방을 처분할 길이 없어졌다. 해답은 수출이었다. 전 세계의 지역시장에 물밀듯이 쏟아부었다. 저항이 거의 없었다면, 부분적으로 그것은 한때 소작농으로 극심한 가난 속에 살았던 사람들, 특히 시골에서 도시로 이주한 사람들 덕분이었을 것이다. 그들 대부분은 예전에 먹던 식품과 같은 것을 먹기를 꺼려했다. 브라질의 많은 시골 마을 사람들은 주로 콩과 카사바를 먹으며 연명한다. 소득이 높아지면, 그들은 식단에 쌀을 추가할 것이다. 쌀은 요리하기도 쉽고 맛도 더 좋기 때문이다. 그들은 여유가 되기만 하면 곧 베이컨을 식단에 추가할 것이다. 베이컨은 그다지 비싸지 않으면서 만족스러운 음식이니까. 그리고 일단 그들이 완전히 도시화가 되면, 그들은 우리들처럼 빵, 밀, 육류 같은 음식을 먹을 것이다.

그러나 멕시코 같은 나라는 이미 그 상태를 넘어선 지 오래다. 멕시코에서 실시된 한 연구에 따르면, 시골에서도 과체중과 비만이 도시에서만큼이나 빈번하게 나타나고 있다. 유럽과 그밖에 다른 선진국들과 다를 바 없다. 농부들은 차를 몰거나 편안한 트랙터를 타고 움직인다. 그들의 집에는 현대적 설비가 갖춰져 있으며, 그들은 모퉁이의 미니 슈퍼마켓에서 식품들을 산다. 그밖에 다른 변화는 어떤가? 대부분의 서유럽과 마찬가지로 멕시코 농부들도 자신들이 생산한 것을 소비하지 않은 지 오래다. 대신 그들은 대기업을 위해 옥수수 같은 작물들을 재배하고, 정작 집에서는 포장된 가공식품을 먹는다.

뚱보들의 전성시대

이런 모든 변화들 탓에, 이제 세계는 매우 다른 양상들이 공존하는 조각보처럼 보인다. 여전히 아마조니아나 파푸아뉴기니처럼 수렵과 채취에 의존해 살아가는 주변사회가 있다. 세계 어딘가에는 배고픔과 기아의 위험에 시달리는 사람들, 땅 없는 소작농들, 혹은 인구가 너무 밀집해서 모두가 공평하게 먹을 수 없는 사람들이 있다. 르완다 부룬디가 그 예가 될 수 있을 것이다. 그곳의 농부들은 산꼭대기에 경작을 할 정도로 능숙한 기술을 지녔지만 벨기에처럼 인구 밀도가 높은 나라에 사는 사람들에게 음식을 제공하기 위해 힘겹게 일한다. 아프리카와 아시아의 몇몇 나라들은 전쟁으로 황폐화되어 여전히 굶주림에 시달린다. 마지막으로, 새롭게 산업화된 지역인 석유 왕국들과 북아프리카, 라틴아메리카, 태국, 다른 아시아의 호랑이들(홍콩, 한국, 대만, 싱가폴), 물론 중국까지, 이 모든 지역들은 기본적인 굶주림을 정복했으며 풍요로운 소비의 세계로 당당하게 나아가고 있다.

이런 나라들이 산업화되면서 그 나라의 도시들은 거대 도시로 성장했고, 세계화는 새로운 도시의 대중이 서양식 생활습관에 익숙해지도록 부추겼으며, 사람들이 가공식품을 선호하게 됨으로써 완성되었다. 대부분의 중국인들이 이제는 텔레비전을 소유하고 있다. 20년 전에는 거의 눈길조차 주지 않았던 물건이다. 그들은 사람들을 태우기 위해 크기를 확장한 공공 운송수단으로 일터에 가고 있지만, 얼마 안 있어 개인용 승용차를 타기 위해 그 운송수단을 버리게 될 것이다.

이런 발전을 통해 생기는 확실한 이익이 있다. 일상은 더 편해지며, 음식은 더 풍부하고 다양해진다. 얼마 전까지 거의 아무것도 없이 살아가던 사람들을 위해 수천 가지의 매력적인 상품들을 제공하는 슈퍼마켓들과 대형 할인점들이 우후죽순처럼 늘어났다. 그러나 동전에는 늘 양면이 있다. 새로운 식단은 의자에 앉아서 일하는 새로운 생활양식에 맞지 않는다는 게 매우 빨리 증명되었다. 사람들은 육류, 기름진 음식, 코카콜라 같이 달콤한 음료를 더 많이 소비하기 시작했다. 만약 10년 전이었다면, 전형적인 중국인 식단 칼로리의 10~20퍼센트가 지방이었겠지만, 오늘날 변화한 도시의 주민들은 칼로리의 30퍼센트를 지방으로 섭취한다. 반대로, 탄수화물과 섬유질의 섭취는 급락했다. 갑작스러운 식단의 변화가 곧바로 모든 주민들에게 폭넓게 나타난 것은 아니다. 그러나 그것은 중요한 공중보건의 문제로 서서히 받아들여지고 있다.

아직까지도 많은 사회에서 비만을 자랑스럽게 여긴다는 사실이 비만을 문제로 인식하는 데 장애물로 작용한다. 역사적으로 음식이 부족하고 궁핍한 나라들에서는 풍만함을 부, 사회적 명예, 사실상 건강함의 상징으로 받아들였다. 2000년에 세계보건기구는 다음과 같은 사실을 일깨웠다.

"아프리카에서 살진 여성이 매력적으로 인식된다. 푸에르토리코에서는 결혼 후에 여성이 살이 찌는 것은 남편의 능력 덕분이라고 생각하며, 살진 여성을 좋은 아내, 좋은 요리사, 좋은 엄마로 여긴다. 살이 빠지는 것은 사회적으로 실패한 것으로 본다."

비만은 태아 때 결정된다?

다른 조건이 똑같은데도 왜 어떤 사람은 다른 사람보다 살이 쉽게 찌고, 다른 사람보다 쉽게 만성 성인병에 걸릴까? 이 질문의 답을 찾던 데이비드 바커(1992) 교수의 영국 의료팀은 비만인 사람들 중 많은 이들이 엄마의 자궁에 있을 때와 태어난 첫 해에 제대로 영양섭취를 못했거나 보호를 받지 못했다는 사실을 밝혀냈다. 연구자들은 출산 전후의 좋지 않은 환경이 초기의 결핍을 만회하기 위해 신진대사 작용에서 지방을 축적하도록 적응시키는 것이라는 이론을 제시했다. 그러나 적응은 영원히 지속되기 때문에 만약 나중에 음식이 풍족해지면 좋지 않은 결과로 나타난다.

그 후 많은 연구를 통해 '태아의 프로그래밍' 이론을 지지하는 증거들을 발견했다. 그러한 증거들은, 예를 들어 '영양상의 전환'이 가져온 '비만을 발생시키거나 그럴 가능성이 있는'(obesogenic) 효과가 왜 태아 때나 유아기에 궁핍했던 나라들(최근에 비로소 열량이 풍부한 음식을 접한)의 성인 인구에서 뚜렷하게 나타나는지 설명할 수 있다. 그들의 몸은 생의 초반부에 겪은 결핍을 기억하기 때문에 지방을 축적하는 변경 불가능한 프로그램이 만들어진 것이다.

굶주림과 비만이 공존하는 이상한 세상

이러한 대변동은 우선 풍족한 자원과 함께 등장했으며 경제적으로 세계적인 무역 네트워크에 순조롭게 편입된 많은 신흥 국가들에게 영향을 끼쳤다. 한국, 브라질, 멕시코, 최근의 중국은 비록 모든 사회 계층이 동일한 정도의 혜택을 받은 것은 아니지만, 가난과 관련된 영양실조와 전염병 같은 최악의 현상들을 성공적으로 해결했다. 한편, 우리가 변화라고 부르는 것들이 저임금 국가에서 조금씩 퍼져나갔고, 가장 가난한 나라에서는 도시의 중심지로 유입되었다. 그 결과 당뇨병이나 고혈압 같은 만성병과 영양 부족이나 전염병과 같은 오래된 문제들이 공존하게 되었다.

방글라데시, 부르키나파소, 마다가스카르 같은 가난한 나라의 농촌 사람들은 계속 극단적인 저체중, 계절적인 기근, 흉작으로 인해 희생되고 있다. 우리는 전 세계 8억 5,000만의 사람들이 여전히 굶주림에 시달리고 있다는 사실을 잊지 말아야 한다. 농촌과 대부분의 사람들이 과체중인 도시 사이에는 경악스러운 차이가 있다. 10년 전 부르키나파소의 수도인 와가두구에서는 여자 5명 중 1명이 지나치게 뚱뚱했다. 오늘날 수치는 3명 중 1명으로 늘어났다. 그런데도 부르키나파소는 전 세계에서 가난한 나라로 손꼽힌다. 같은 불균형이 중국에서도 나타난다. 1억 3,000만 명의 농촌 거주자들이 만성적인 영양 부족에 고통받고 있는 반면에 도시의 주민들은 비만이 되어가고 있다. 개발도상국의 도시화와 비만에는 분명한 상관관계가 있다.

그러한 나라들의 도시 중심에서는 부유한 사람들이 가장 먼저 식습관을 바꾼다. 왜냐하면 슈퍼마켓의 선반에 진열된 신상품을 살 여유가 있기 때문이다. 같은 이유로 그들은 처음으로 과체중이 되거나 비만이 된다. 한편 그들은 교육받은 사람들이고 날씬한 체형을 이상적으로 보는 서구의 시각에 영향을 받았기 때문에, 소식과 균형 잡힌 식단의 중요성에 빨리 동화된다. 또한 그렇게 할 수 있는 돈이 있다. 따라서 그러한 현상은 중산층 사이에서 빠르게 퍼져나가고, 사회경제적으로 낮은 계층이 그 뒤를 따른다. 소박한 수준의 임금을 받는 사람들은 갑자기 싸고도 손쉽게 구할 수 있는 고열량 음식을 찾아내고, 가능한 한 빨리 최대한 많이 먹는다. 불행히도 이것은 채소나 과일처럼 영양 많은 음식을 희생한다는 것을 의미한다. 왜냐하면 채소나 과일 모두 더 비싸고 사람들이 그 중요성을 의식하지 못하는 음식이기 때문이다.

브라질에서 실행된 조사 결과를 보면 고혈압 문제나 비만의 결과로 발생하는 다른 만성병들이 도시의 빈민 지역에서 더욱 증가함을 알 수 있다. 빈민 계층에서 소비하는 음식들에는 만성 질병을 예방할 산화 방지 비타민과 무기질이 부족하다. 아르헨티나의 한 사회학자가 1990년대 후반 발견한 사실에 따르면, 빈곤층의 식단은 한 움큼 정도로 줄어들었고, 사람들은 비타민 보충보다는 배를 채우는 것에 더 중점을 두고 있었다(Fraser, 2005). 그들은 겨우 먹고 살 만큼 벌기 때문에 가난한 가정에서는 가장 싼 음식을 사야 했고, 결국 가장 뚱뚱해지고 말았다.

게다가 역학자들은 저체중과 과체중이 같은 가족 안에서 공존할 수 있다는 것을 발견했다. 이런 현상은 영양 부족의 이중부담이라고 알려져 있다(Garrett and Ruel, 2003). 만약 아이가 눈에 띄게 영양실조이고 성장이 지체되는 징후를 보인다면, 부모 가운데 한 사람(보통은 어머니)이 과체중이거나 비만이다. 가장 최근의 도움이 될 만한 자료를 보면, 브라질 같은 나라에서는 다섯 살 이하의 발육부진 아이가 있는 가정의 11퍼센트가 이런 현상을 보인다고 언급하고 있다. 이집트에서는 이 수치가 거의 50퍼센트에 이른다! 이런 발견을 어떻게 해석해야 할까? 식탁 위의 음식이 부족한 것인가? 물론 아니다. 엄마는 너무 뚱뚱하니까! 적어도 공급되는 열량의 양이 한 가정에서 필요한 에너지의 양보다 많았다는 가정은 성립한다. 그러나 비타민과 미량영양소가 풍부한 과일과 채소를 섭취하는 데 어려움이 있었을 것이다. 그런 어머니들은 빈혈이 있거나 육중한 몸집에도 불구하고 철분, 아연, 비타민A나 엽산 같은 기본적인 영양소들이 결핍된 경우가 많았다(de Souze elt al, 2007; Zimmermann et al, 2008).

혹은 아이들에게 필요한 영양에 대한 어머니들의 지식이 부족해서 아이들이 성장하려면 다양한 음식을 균형 있게 섭취해야 한다는 것을 모르고 날마다 전통적인 묽은 죽을 먹이는 것에 수수께끼의 열쇠가 있는지도 모른다. 자식을 20년 전에 성장이 지체되었던 자신들과 마찬가지로 영양이 부족한 아이로 재생산하는 것이다. 한편 부모가 지방과 설탕이 많은 음식을 먹였던 아이들은 나중에 성장하면 스스로 그런 음식을 선택할 것이고, 곧 과체중이 되리라는 것을 가정할 수 있다. 유아기에 영양이 결핍되었던 사람들은 나중에 성장하여 체중이 증가할 위험이 높다.

개발도상국에서는 이런 현상을 문제로 보기가 쉽지 않을 것이다. 같은 모순이 미국에서도 만연하고 있다. 1990년대 중반, 인구

조사국에서는 1,100만 명의 미국인이 항상 건강하고 활기찬 삶을 살기에 필요한 음식을 충분히 즐기지 못하는, 불안정한 상황에서 살고 있다고 추정했다. 그리고 이렇게 영양 부족의 위험에 처해 있는 1,100만 명의 시민들과 더불어 평소에는 먹을 게 충분하지만, 주기적으로 식품이 불안정한 상황에 처할 수도 있는 사람들 2,300만 명을 추가로 산정했다(Eisinger, 1998). 세계에서 가장 건강하다는 나라에서 어른과 아이의 건강 유지를 보장하는 데 실패한 것이다. 400만 명 이상의 12세 이하 어린이들이 굶주림을 겪었고, 조사를 하기 전해에는 최소 한 달 동안 1,000만 명 이상이 굶주림에 시달릴 위험에 처했다. 이와 관련하여, 2002년 미 농무부 산하 경제연구소는 미국 가정의 11퍼센트가 적어도 한 번 식품이 불안정한 상황을 경험했음을 알아냈다.

수십 년 전 미국과 다른 선진국에서 일어났던 영양상의 전환이 개발도상국에서 더 빠른 속도로 반복되는 것인가? 아마 그럴 것이다. 아동 비만의 파도가 모든 곳에서, 부유한 나라나 가난한 나라를 따지지 않고 놀라운 비율로 발생하고 있다. 여기에 다른 힘이 작용하고 있을지도 모른다는 것을 암시하고 있다. 왜 폴란드, 영국, 이집트, 중국, 미국의 어린이들이 모두 한순간에 비만과 과체중, 고혈압과 당뇨병의 희생자가 되는 유사한 문제에 시달릴까? 우리의 생활방식뿐 아니라 식단에도 영향을 미치는 전 세계적인 강력한 힘이 마치 현재를 지배하고 있는 것처럼 보일 정도다. 이제는 이런 사실들을 좀더 세밀히 들여다보아야 할 때다.

식량 원조의 함정

온 세상에 퍼진 굶주림과 싸우려 노력하다가 결국 모든 연령대의 사람들을 너무 많이 먹여서, 허리둘레 단체 부분 세계기록을 세우는 것은 아닐까? 이것이 필수 영양소 문제를 다루기 위해 설립된 국제비만특별조사위원회가 2005년 2월 런던에서 개최한 회의에서 제기된 주요 질문이었다. 세계보건기구와 식량농업기구는 지난 20년 동안 어린이들이 구조적으로 에너지를 과잉 섭취할 수밖에 없었음을 인지했다. 이것이 정말로 몇몇 나라의 비만 문제를 악화시킨 것은 아닐까? 어린이들에게 보조 식품을 전달하는 프로그램과 그것이 공급하는 영양의 균형을 넘어서는 여분의 에너지에 대해 동일한 의문이 제기되었다. 몇몇 칠레 과학자들은 그러한 개입이 비만의 증가를 가속화시킨다는 사실을 관찰했다고 보고했다. 프로그램의 대상이 된 어린이들은 개발도상국에서 가장 흔한 형태인 아동 영양 부족 탓에 성장이 지체된 어린이들이었다. 그러나 식품 프로그램으로 인해 과도한 에너지를 제공받은 어린이들은 몸집이 불어났으며, 지체된 성장을 바로잡는 데 실패한 반면, 체질량지수는 증가했다.

개발도상국의 또 다른 경제적 부담

비만과 관련된 질병의 치료에 믿을 수 있고 포괄적인 가격표를 붙이려는 시도가 몇 번 있었다. 그리고 국제기관들에서는 이미 이러한 질병의 진행 속도에 대해 불길한 예감을 표현해왔다. 많은 개발도상국들에서 도시 주민들과 급격히 늘어난 부유한 중산층의 도움 요청으로 현존하는 의료 자원들은 이미 바닥이 드러난 상태다. 국가 수익이 선진국에 비해 턱없이 낮은 나라에서, 어떻게 그 밖의 요구들에 대처할 수 있을까? 개발도상국에서는 이러한 질병들을 치료하는 비용이 상대적으로 더 든다. 필요한 장비와 약을 수입해야 하며, 특화된 의료 종사자들을 교육해야 하기 때문이다. 인도에서는 고혈압 치료에 들어가는 비용이 한 해 임금과 맞먹는다. 그러므로 과식하는 사람들이 낳는 약간의 이익보다는 비만 사회가 초래하는 경제적 부담이 훨씬 더 크다.

4
먹을거리는 어떻게 생산되는가?
—대량생산 시대의 농업

먹을거리 생산 역사의 4단계

더 많이 생산하라: 선진국의 식량 증산 프로젝트

농업보조금의 역기능: 남아도는 농산물을 어떻게 처리할까?

녹색혁명의 성공

여전히 굶주리는 사람들

10억 중국인이 고기 맛을 알게 된다면?

다가올 식량 위기: 음식 가격이 싸던 시대는 이제 끝났을까?

아무도 환경비용은 계산하지 않는다

날씬해지고 싶다면, 많이 먹지 말라. 안일하게 자주 반복되는 이 말은 매우 친숙하며, 그 해답은 지나치게 명백해서 비만은 오랜 시간 알코올 중독, 담배 중독과 함께 순수한 의료 문제로만 취급되었다. 의사는 환자를 치료해서 방종을 통제하도록 해야 했다! 이상적인 식단을 짜는 것은 영양사에게 달려 있고, 그러면 모두에게 적당한 몸매를 가져다줄 것이다!

능숙한 의료 전문가들이 최선을 다해 노력했음에도, 이러한 접근법이 실패한 것은 이해할 수 없는 일처럼 보였다. 더욱이 그 방법에 대한 기대가 크기도 했다. 왜냐하면 비만이란 나쁜 선택들에서 비롯된다는 가정에서 출발했으므로, 사람들의 실수를 바로잡기만 하면 당연히 옳은 길로 들어설 것이라고 믿었기 때문이다.

이것은 비극적인 오해였다. 모든 사회에서 비만은 가장 가난하고 가장 교육을 못 받은 사람들이 사는 지역에서 가장 빨리 퍼진다. 그 뒤에는 명백한 사회경제적 요인이 있으며, 영양 전문가들의 합리적인 논증도 이 명백한 사실을 부인할 수는 없다.

앞 장에서는 경제적으로 부유한 나라나 가난한 나라에서 일어난 우리 식습관의 근본적 변화에 대해 살펴보았다. 그러나 이런 변화들이 소비자의 의지에 의해서 일어난다고 생각하는 것은 순진한 일이다. 좋아하는 것을 원하는 방식대로 먹는다고 믿는 것은 음식을 먹기 전에 음식이 생산되고, 가공되고, 유통되고, 팔리고, 마침내 요리된다는 사실을 간과하는 것이다. 소비자는 그저 수없이 많은 경제적, 사회적, 문화적 관계들이 뒤얽혀 이어진 엄청나게 긴 사슬의 마지막 고리일 뿐이다.

우리가 (예를 들어 나폴리타노 피자 같은) 피자의 포장지를 풀어서 오븐에 집어넣는 순간에 이르려면, 무엇보다도 먼저 원재료를 생산해야만 한다. 밀, 토마토, 올리브, 안초비 몇 마리, 모차렐라 치즈를 만들기 위한 우유……. 이 모든 재료는 농부가 재배하고 수확한 다(어부가 잡은 안초비는 제외하고). 토마토는 음식 가공공장에서 퓌레가 되기 위해 트럭에 실려 간다. 피자 반죽은 피자 가게가 아닌 다른 곳에 있는 기계에서 반죽된다(우리는 시장 점유율에서 설 자리를 잃은 맛있는 수제 피자에 대한 이야기를 하는 게 아니다). 그리고 의심할 여지 없이 이 다양한 원재료들은 마침내 또 다른 공장 안에서 피자로 조합된다. 그런 다음 상품으로 포장되어 슈퍼마켓으로 운송되고, 직원들에 의해 신속하게 선반에 진열된다. 그곳에서 우리가 먹는 피자는 거의 마지막 목적지인, 시간에 쫓기는 구매자의 쇼핑카트로 이동한다. 물론 위의 내용은 요약된 문장일 뿐이다. 좀더 구체적으로 묘사하자면, 우리는 반드시 '주방장'과 마케팅 전문가가 자체적으로 조리법을 만든 다음, 홍보팀이 입맛을 돋우는 이름을 붙이거나,

브랜드명을 붙였음을 기억해야 한다. 누군가는 최근 소비자의 입맛을 조사했고, 누군가는 광고를 관리했으며, 누군가는 군침 돌게 하는 홍보를 하고 할인을 해주면서 소매업자와 거래를 성사시켰다.

핵심은 분명하다. 전 세계에 걸쳐서 어마어마한 숫자의 식품산업 종사자들이 있다. 프랑스만 놓고 보더라도 2003년 식품산업은 1조360억 프랑 규모였고, 42만1,000개의 일자리를 제공했다.[1] 무엇을 먹을 것인가의 문제는 우리의 사생활 이상의 의미를 지닌다!

이 체제가 돌아가는 방식에서 또 하나 주목해야 할 점은 자기 손으로 직접 치즈를 만들어 지역시장에서 판매하는 소규모 유제품 생산자들에 관한 것이다. 그들은 전 세계에 상품을 공급하는 다농(Danone, 프랑스의 세계적인 식품회사—옮긴이)처럼 다국적인 상품 거래에 참여한다.

식품산업은 모든 경제 부문에서 가장 복잡하지는 않지만 가장 많은 분야를 포괄하고 있는 산업임에는 틀림없다. 중앙아프리카의 카사바 생산자와, 콤바인을 운전하면서 수천 에이커의 옥수수 밭을 가로지르는 미국 중서부의 농부가 나란히 지속적으로 시카고의 증권거래소에 가격을 올린다는 것은 무엇을 의미할까? 말할 필요도 없이, 그것은 두 사람 모두 밭 위에서 일을 하며 살아간다는 사실을, 둘 다 세계 식품산업의 한 부분에 참여하고 있다는 사실을 의미한다.

먹을거리 생산 역사의 4단계

이러한 농업 경제는 간단히 말해 네 단계에 걸쳐 전 세계적인 규모로 진화했다.

첫번째는 '농경' 단계인데, 이 단계에서 농부들은 오직 자신이 재배한 농작물만을 소비한다. 식구들이 먹을 수 있을 만큼의 농작물을 가까스로 생산하는 정도지만, 명목상으로는 자급자족 체제다. 오늘날에도 부르키나파소, 볼리비아, 방글라데시, 그 밖의 다른 나라들에서는 20억 명에 달하는 극도로 가난한 농부들이 이렇게 살고 있다. 사하라 사막 주변의 평야에서는 남자가 재배한 수수를 여자가 으깨고 껍질을 벗겨 요리를 한다. 가공식품은 없다. 이 지역 사람들이 비만에 시달리는 일이 거의 없다는 것에 주목해야 한다. 그들의 가장 긴급한 문제는 충분한 열량을 섭취하는 것이다.

경제가 발전하면서 사회는 '장인들의 시대'로 불리는 단계에 이르렀다. 이 단계에서는 특정한 분야에 능숙한 노동자들이 등장했다. 농촌에서는 팽창하는 도시에 제공하기 위한 충분한 식량을 생산해냈다. 이렇게 도시가 발전하자 도시 거주자들은 점점 외식을 하는 일에 익숙해졌다. 모로코가 여기에 적합한 예다. 여전히 시골 인구의 대부분은 직접 생산한 것에만 의존하여 살아갔다.

이런 경향은 현재 전 세계적으로 굳건해진 '산업화' 단계로 들어서면서 더욱 심화되었다. 각 분야에 대한 전문화는 더욱 강화되었다. 농부들은 더는 농작물을 직접 판매하지 않으며 중간상인들을 통할 뿐이다. 그저 연결고리의 한 부분으로서 최종 상품을 만들고 포장하고 소비할 준비까지만 하면서, 산업 과정 안에서 농업 노동자가 발언할 기회는 더욱 줄어들었다. 식품산업은 그들의 가치를 향상시켜주는 광고, 시장조사와 그래픽 디자인 등 여러 서비스를 통해 더욱 팽창했다.

마침내 '제3의 농업'이라 알려진 마지막 단계에 이르면 농장 일 자체가 식품 생산에서 매우 낮은 비율을 차지하게 된다(대략 20퍼센트). 이 수치는 산업화로의 전환기에서의 비율(대략 35퍼센트)과 비교했을 때 매우 줄어든 것이다. 다양한 상품들에게 보이지 않는 '가치'를 보충해주는 서비스 덕분에 농장 일의 전체적인 역할이 줄어든 것이다. 이제는 특히 어린이들이 좋아할 끈적끈적한 치즈스틱의 세상, 또는 유명인들이 소유한 연예산업과 식품회사의 협력관계를 홍보에 이용하는 것이 우선이고 열량 문제는 두번째인 세상이 되었다. 물론 위에 언급한 비율은 평균에 불과하다. 그러한 수치는 식품의 종류만큼 다양하다. 1998년에 미국에서는 쇠고기, 달걀, 닭고기의 생산자가 소매가격의 50~60퍼센트를 가져갔지만 채소 생산자들은 고작 5퍼센트 정도를 가져갔을 뿐이다(슈퍼마켓의 채소가 10달러에 팔리면, 농부들의 주머니에는 고작 50센트가 들어간다).

경제발전의 마지막 단계에서는 집 밖에서 식사를 하는 것이 매우 일반적인 일이 되었다. 실제로 전체 지출의 반이 외식 비용으로 추정될 정도다. 현재는 오직 미국만이 경제발전의 네번째 단계에 이르렀다고 할 수 있다. 그리고 우연일지도 모르지만, 농촌의 비만 문제가 다른 곳보다도 더 빨리 감지된 곳이 미국이다. 우리는 식품산업의 앞날을 내다보아야만 하며, 식품산업 서비스가 전 세계적인 유행병의 출현과 증식에 공헌할 가능성에 대비해야 한다. 그때는 서유럽 사회가 산업화 단계에서 제3의 농업 단계로 가는 중간쯤에 서 있을 것이다. 그러나 모든 징후들이 미국과 같은 길을 가고 있음을 보여주므로, 미국형 모델을 되풀이하게 될 것이다.

더 많이 생산하라: 선진국의 식량 증산 프로젝트

산업화의 주류 안에서 원시적인 경작지로 남았거나 이미 제3의 농업 단계에 이르렀거나에 상관없이, 모든 식품산업은 오랫동안 공통의 목표를 근거로 하고 있었다. 즉 더 많은 칼로리를 생산하는 것과 가장 효율적이고 싼 방법으로 생산하는 것이었다.

1946년에 프랑스에서 국립농학연구소(INRA)가 창립되었을 때 식량 배급제도가 여전히 시행되고 있었지만, 출산율이 폭발하면서 배고픔을 해결해야 하는 입들이 늘어났다. 연구소의 목적은 농업의 일반적인 목표와 마찬가지로 명백했다. 과학과 기술을 동원하여 모두 충분한 음식을 먹게 하는 것이었다. 영국과 다른 서유럽 국가도 같은 방식을 취했다. 농업 연구는 다량 수확을 할 수 있는 품종과, 생산력이 강한 작물과 가축을 우선적으로 개발하는 임무를 수행했다. 그 결과 경작지는 증가했고 생산 방법은 기계화되었다.

미국에서도 오래전부터 비슷한 정책이 시행되었다. 1862년에 미국 농무부가 설립되었을 때 주요 임무는 국민에게 건강한 음식을 충분히 공급하고, 풍요롭고 다양한 식단을 권장하며, 또한 가장 가난한 사람들도 기준에 미달하지 않는 음식을 먹이는 것이었다. 미국의 산업적 효율성은 기계화, 비료, 농약, 그 외의 여러 원조를 제공하여 농업을 한층 더 발전시켰다.

프랑스에서 이러한 정책들은 기대 이상의 효과를 나타냈다. 1961년과 2002년 사이에 밀 수확량은 헥타르당 2.5톤에서 7.5톤으로 3배가 되었다. 1970년대 초반에 이미 프랑스는 식량을 자급자족할 수 있게 되었고, 많은 양의 잉여농산물을 수출했다. 말하자면 미국과 서유럽에서는 극빈의 시대가 과잉생산으로 가는 길을 열어주었다. 물론 가격이 떨어진 것은 소비자들에게 큰 이익이었다. 농부들은 경쟁을 위해 계속 생산을 늘릴 수밖에 없었지만, 그것은 또 다시 가격하락을 불러올 뿐이었다.

농업보조금의 역기능: 남아도는 농산물을 어떻게 처리할까?

농업 생산량의 엄청난 도약에서 중요한 역할을 했던 요소 하나가 작물과 가축을 키우는 농부들이 생산물을 시장가격보다 비싸게 팔도록 도와주는 보조금이었다. 이것은 안정적인 수입을 보장함으로써 농부들이 상업적인 가능성에 대해 지나친 걱정을 하지 않고 자유롭게 생산에 투자할 수 있도록 했다.

유럽의 공동농업정책(CAP)에서 나온 이 보조금 시스템은 생산량을 증가시키는 데 도움을 주었다. 생산자들이 시장의 변동성으로부터 보호받을 수 있었기 때문이다. 그러나 궁극적으로는 생산품 주위에 산과 호수의 장벽을 세워 아무도 뭐가 어떻게 돌아가는지 알 수 없게 되었다.

이런 작업은 1983년과 1984년 우유 할당량 위기와 함께 위험수위에 이르렀다. 1983년에 유럽은 너무 많은 우유에 잠겨버릴 지경이었다. 남아도는 우유의 양은 유럽농업지도보증기금(EAGGF)의 30퍼센트를 흡수해버렸고, 공동농업정책의 미래를 위험에 빠뜨렸다. 팔리지 않은 분유 100만 톤이 쌓였고, 엄청난 양의 샌드위치를 만들 만한 버터 85만 톤이 추가로 남았다. 할당량이라는 미명 아래 생산자들에게 생산량의 제한을 부과해야만 했다. 그러나 그것만으로 문제를 완전히 해결할 수 없었다. 왜냐하면 우유 가격이 여전히 매우 낮았으므로 사업을 유지하기 위해 빚에 허덕이던 생산자들은 충분한 할당량을 확보해야 살아남을 수 있었다. 이것은 과잉생산 문제를 해결하기 위해 더욱 과도하게 생산해야 하는 악순환이었다. 곧 논리적으로 피할 수 없는 결과들이 나타났고, 규모가 작은 업체들은 파산해버렸다. 1985년과 2003년 사이에 유제품 생산자의 숫자는 3분의 2로 줄어들었다.

오늘날 유럽과 미국에서 모두 보조금과 공급의 뒤틀린 논리에서 해방될 방법을 찾지 못했다. 잉여 생산품들은 거대 식품기업에 푼돈으로 팔려나가 냉동식품이나 통조림이나 가공식품으로 재활용된다. 유럽연합에서는 관련 업계로부터 50만 톤의 버터를 아주 싼 가격에 사들인 다음, 5억 유로를 들여 지역 빵집과 디저트 사업을 만드는 데 활용했다(Schaffer-Elinder, 2005). 값싸게 생산된 음식들의 엄청난 양을 줄이려면 답은 하나밖에 없다. 농업 생산 시스템이 소비자의 욕구를 자극하는 것이다. 감언이설에 넘어간 소비자들이 더 많은 상품을 사게─결국 더 많은 음식을 먹게─하는 것이다. 여기서 소비자들은 유럽인이나 미국인들만이 아니다. 개발도상국에게까지 소비에 대한 압력이 가해져 잉여 생산품들을 수출하게 된다. 스웨덴 국립보건연구소의 리젤로트 샤퍼 엘린더 부교수는 〈영국의학저널〉 2005년 12월호에 실린 기사에서 식품산업의 전체적인 구조를 규탄했다.

"선진국에서 농업 생산자들을 지원하는 제도를 폐지하는 것이 세계적인 비만, 가난, 굶주림에 맞서 싸우는 첫걸음이다."

이 문제에서 중요한 점은 곡물, 육류, 유제품과는 달리 채소나 과일은 무제한으로 생산해내는 산업 공정에 포함되지 않는다는 사실이다. 채소나 과일 생산자들은 매우 적은 보조금을 지원받는다. 왜냐하면 늘어나는 전 세계 인구에게 과일이나 채소를 먹이려는 시도가 전혀 없기 때문이다. 그러다 보니 상당한 양의 지원금이 곡물과 육류 식품으로 쏠리는 현상이 심화되고 있다. 우리의 식탁에 과일과 채소가 매우 드물게 올라오는 것, 또는 생산자들이 농산물을 파는 데 애를 먹는 것은 당연한 일이다.

유럽과 미국의 경우는, 지역이나 문화와 상관없이 전 세계적으로 나타나는 현상의 첫번째 사례에 불과하다. 사람들이 소비에 쓸 수 있는 여분의 돈을 벌게 되었을 때(1950년과 1980년 사이 경제적 호황 덕분에 그들은 빠른 속도로 부유해졌다), 사람들은 오직 육류만을 원했다. 한 번도 시금치나 콩을 원한 적이 없었다. 각 가정의 수입이 증가하자 대부분은 우선 더 많은 곡물을 샀고, 그 다음에는 더 많은 유제품을, 마침내는 육류를 사는 데 돈을 펑펑 썼다. 새로운 구매층에게 더 비싼 상품이 거부할 수 없는 매력으로 다가오는 것은 어쩔 수 없는 일이었다. 최근 중국에서 같은 현상이 일어나고 있다. 구매능력이 늘어난 중국인은 콩 대신 돼지고기를 사먹는다.

육류에 대한 수요 증가는 물론 사냥만으로는 충족될 수 없다. 돼지, 소, 닭을 집중적으로 사육할 필요가 높아지게 되었다. 선진국에서의 산업은 최소한 양적인 면으로 보면 수요와 균형이 맞아 떨어진다. 그러나 영양학적인 측면에서 보아 지방으로 가득 차 있다는 면에서는 사육된 가축의 고기는 사냥으로 잡은 고기와 비슷하지 않다. 사람들이 평소에 먹던 것보다 더 많은 육류를 소비했을 때 비만이 확산되었다는 충격적인 사실로 미루어볼 때, 비만과 육류 소비 현상 사이에 아무런 상관관계가 없다는 것은 믿기 힘들다.

육류식품에 대한 전 세계적인 수요는 또 다른 간접적인 피해를 유발했다. 소와 돼지를 먹여 살리기 위해서 농부들은 넓은 땅에 유채씨, 해바라기, 메주콩 같은 지방종자 작물을 심어서 길렀다. 이 곡물을 짜면 식물성 기름과 단백질이 풍부한 기름 찌꺼기 두 가지를 얻을 수 있는데, 둘 다 모두 동물사료의 원료로 쓰인다. 생산자들은 곧 자신들이 너무 많은 양의 식물성 기름이라는 부담을 지게 되었음을 알아차렸고, 그것들을 없애기 위해 최저 가격으로 팔아 버려야만 했다. 따라서 시장은 엄청나게 높은 에너지의 식품자원들로 넘쳐나게 되었다.

닭고기도 예전의 닭고기가 아니다

1970년대에 영국 의사들은 국민에게 닭고기를 저지방 대체식품으로 소개하면서 더 많이 섭취하도록 권유했다. 닭고기에 대한 높은 수요에 대처하기 위해 전국에 걸쳐서 집약적인 닭 사육장이 등장했다. 그러한 추세는 현재까지 이어져 우리는 1950년대보다 25배나 많은 닭고기를 먹어치우고 있으며 그와 함께 의료전문가들이 예상하지 못한 결과가 나타났다. 농가 마당에서 키운 닭과 양계장에서 키운 닭은 구성 영양소 면에서 좀 달랐다. 양계장의 닭은 상당히 많은 지방을 포함하고 있는데, 이것은 런던의 뇌화학인간영양연구소에서 진행된 연구를 통해 입증된 사실이다. 연구자들은 슈퍼마켓에서 산 닭고기 샘플을 분석해서 오늘날 많이 먹는 통통한 닭고기가 30년 전 닭고기보다 100그램당 100칼로리가 더 많다는 사실을 발견했다. 이와는 대조적으로, 요즘 닭고기에는 (특정 심혈관 질병을 막아주는 것으로 알려진) 오메가-3 형태의 지방산이 예전 닭고기의 8분의 3에 불과했고, 이것은 건강에 별로 이득을 주지 못하는 오메가6로 대체되어 있었다. 가격이 싼 닭고기는 맛있고 부드러울지 몰라도 건강을 위해서 선택할 음식은 아니다.

녹색혁명의 성공

현기증이 날 정도로 늘어난 수확량은 선진국만의 특권은 아니었다. 아시아에서 라틴아메리카에 이르기까지 전 세계에 걸쳐서 생산량은 계속 증가했다. 이것은 순수하게 전 세계적인 차원에서 노력한 결과였다. 불가항력적으로 순환되는 인류의 기아를 방지하기 위해 국제기관들이 수확량을 늘리는 것을 목적으로 삼아 박차를 가했기 때문이다.

1960년대에 국제기관들은 포드나 록펠러 같은 민간조직으로부터 지원을 받아, 개발도상국의 농업 연구를 진행하기 위한 돈을 쏟아부었다. 연구의 목표는 관개시설, 비료, 농약 같은 기술 영역과 더불어 다량으로 수확할 수 있는 여러 종류의 곡물(쌀, 밀, 옥수수)을 개발하여 개발도상국의 생산량을 끌어올리는 것이었다. 이 정책들은 '녹색혁명'이라고 알려진 서구의 정책들을 모델로 한 것이었다.

새로운 농업방식은 아시아, 중동, 라틴아메리카와 북아프리카에서 괄목한 만한 성공을 거두었고,[2] 쌀과 밀의 수확량은 2배로 늘어났다. 이 농업방식 덕분에 기근에 대한 공포가 현실로 나타나지 않았다. 게다가 1960년대에서 현재까지 1인당 먹을 수 있는 음식의 양은 놀라울 정도로 늘어났다. 새로운 방식은 농업을 현대화시켰고, 수백만의 소규모 자영농들을 가난에서 구했다. 그리고 많은 나라에서 국민이 먹고살 정도로 작물을 재배하게 되었고, 경제적인 발전을 위해 잉여 농산물을 수출하게 되었다.

그러나 모든 일들이 장밋빛은 아니었고, 논쟁적인 주제들은 여전히 남아 있었다. 녹색혁명의 비판자들은 새로운 방법들이 선진국에서 생산된 기계와 농약에 의존하고, 다국적기업에 대한 가난한 나라의 의존도를 강화했음을 지적했다. 또한 다국적기업은 농부들이 빚을 지게 만들고, 그런 방식으로 농부들은 커다란 타격을 입게 된다. 많은 소규모의 농부들은 버틸 수 없게 되고 가진 것을 모두 잃어 마침내 도시로 이주하여 빈민으로 살게 된다. 그리고 또한 기술적으로 발전된 농업은 땅을 황폐화하고, 생물 종의 다양성을 감소시키며, 작물이 해충과 질병에 시달릴 위험을 높이고(원래의 품종은 저항력이 강했다), 땅을 온갖 화학약품으로 오염함으로써(식량농업기구에 따르면, 1992년 중국에서는 헥타르당 300킬로그램의 비료를 사용했다!) 생태계 보호에 드는 비용을 높인다는 비판이 제기되었다.

농업경제학자들은 최근 농장의 현실과 실험실의 연구결과 사이의 거리를 좁힐 방법을 찾으면서, 한편으로는 환경파괴를 최소화할 방법도 찾고 있다. 이 연구는 농산물 재배에만 한정된 것이 아니다. 생물을 키우는 축산업과 수산업도 생산량이 엄청나게 증가

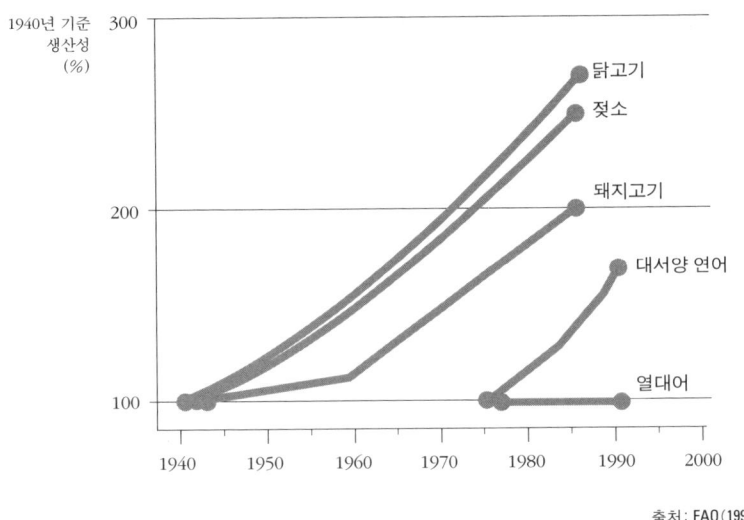

하고 있는데, 예를 들어 대서양 연어와 아프리카 틸라피아 같은 특정 물고기의 유전자 변형을 통해 45~75퍼센트 수익을 얻었다.

여전히 굶주리는 사람들

그러나 아직도 우리는 굶주림과의 전쟁에서 승리하지 못했다. 전 세계적으로 번져가는 비만의 문제는 여전히 8억5,000만 명의 인구가 굶주리고 있다는 사실에서 우리의 눈을 돌리게 하지는 못한다. 인구통계학자들은 현재 60억 명인 세계인구가 2050년에는 90억 명이 될 것으로 예측했고, 이러한 인구 증가는 주로 도시에서 일어

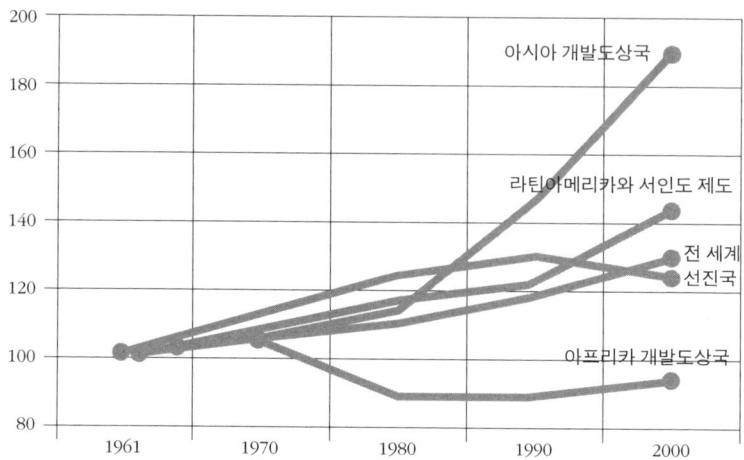

날 것으로 보았다. 이것은 특히 아프리카에서 태어날 수많은 부양 인구에 대한 우려를 낳게 한다. 전문가들은 아프리카의 거주자들에게 안정된 식품 확보가 제대로 이루어지지 않을 것으로 예상한다. 지금부터 2030년까지 영양 부족의 비율은 계속 하락할 것이며 개발도상국들 전체로서는 6퍼센트 정도가 되겠지만, 아프리카 내의 영양 부족 비율은 여전히 15퍼센트 정도일 것이라 예측한다.

전 세계가 굶주리지 않을 날이 올까?

음식을 더 많이 생산하면 마침내 굶주림을 뿌리 뽑을 수 있을까? 이 질문에 대답하기란 쉽지 않다. 전 세계 인구를 먹여살리는 일은 충분한 양의 음식을 생산하는 것만으로는 부족하기 때문이다. 2000년 식량농업기구에서 작성한 세계 식량과 농업에 관한 보고서는 세계 식량 생산량이 전 세계 인구를 먹여살릴 수 있는 양 이상인데도 '8억 명이 심각하게 굶주리며 에너지 보충을 못하고 있다'는 사실을 인정했다(식량농업기구, 2000). 이것은 농업 생산량이 상당히 증가했음에도 영양실조의 확산을 해결할 수 없음을 시사하고 있다. 사람들이 각자 스스로 음식을 살 수 있는 자원을 가지고 있어야 하며, 그렇게 마련한 음식으로 배고픔을 해결할 수 있어야 한다. 불행히도 주위의 나라들이 필요 이상으로 많은 식량을 보유하고 있는데도 몇몇 나라들, 특히 사하라 사막 남쪽에 있는 아프리카의 많은 나라들이 계속 기아에 고통받고 있다는 사실을 우리는 받아들여야 한다. 현재 드러난 문제는 세계의 총 생산량보다는 시장의 구조와 관련이 있다. 또한 전쟁이라는 잔혹한 요인 탓에 갑작스럽게 전 지역이 기아의 위험에 처하기도 하지만 평화로운 때와는 달리 국제기관의 개입도 불가능해진다. 식량농업기구는 최근 무력 갈등이 가난과 함께 세계의 특정 국가에서 기아가 지속되도록 하는 중요한 요인이라고 인정했다. 식량농업기구는 아프리카가 전쟁 때문에 2015년으로 정해놓은 밀레니엄 개발목표 (Millennium Development Summit, 2000년 유엔에서 채택된 의제로, 2015년까지 빈곤을 절반으로 감소시키자는 범세계인의 약속—옮긴이)에 분명히 도달하지 못할 것이라고 예측했다.

10억 중국인이 고기 맛을 알게 된다면?

미국과 유럽의 농업에서 생산된 산더미 같이 많은 양의 잉여 생산물을 볼 때, 상식적으로 전 세계의 식량 수요를 쉽게 충족할 수 있으리라고 생각할 수 있다. 그러나 확실한 것은 아무것도 없다. 정확히 설명하기 위해 인도와 중국의 사례를 들어보자. 표면적으로는 두 나라 모두 열량 면에서 국민들이 충분히 먹을 양의 곡물을 생산하고 있다. 정말 그러한가? 그렇다고 말하기 힘들다. 가게로 걸어 들어가 마치 달걀처럼 12개로 포장된 열량을 사는 사람은 없다. 소비자는 그런 식으로 생각하지 않는다. 소비자는 다양한 상품들을 사며, 항상 같은 것을 사지는 않는다. 그들은 특정한 요리를 하기 위해서 필요한 맛이나 질감을 찾는다. 따라서 어떤 사람이든 현실적인 수요는 순수한 생리적 욕구와는 일치하지 않는다. 그것은 식품과 식단의 문제를 매우 복잡하게 만든다.

이제까지 살펴보았듯이, 수요는 소득 수준에 따라 다양하다. 한 가정이 육류를 살 여유가 생기는 순간 육류는 열광적으로 인기 있는 상품이 된다. 이것은 곡물 생산을 가속하는 연쇄적인 영향을 가져온다. 왜냐하면 가축도 사료를 먹어야 하기 때문이다. 가축 한 마리의 열량은 보통 채소 7개가 지닌 열량을 필요로 한다. 다시 말해서, 가축 한 마리가 고기의 형태인 한 가지 열량을 생산하기 위해서는 사료의 형태로 7가지 열량을 소비해야만 한다. 집약적인 가축 사육장에서는 1킬로칼로리의 쇠고기를 만들기 위해 9킬로칼로리의 곡물을 소비한다. 돼지를 사육할 때는 그 비율이 4분의 1이며 닭을 사육할 때는 2분의 1이다. 그러므로 한 나라가 부유해져서 많은 사람들이 육류를 정기적으로 사먹게 되면 곡물은 사람들이 충분히 먹을 수 있는 열량 수준을 빠르게 추월해서 생산되어야만 한다. 그 대신에 도시인의 생활방식은 보통 육체적 활동량의 수준이 떨어지고, 그래서 점점 늘어나는 수많은 도시 거주자들은—이론적으로—생존을 위해 필요한 열량이 더 적어진다. 이 두 가지 경향 중 어느 쪽에 더 무게가 쏠려 있을까? 사람들의 현실적인 식품 수요를 정확하게 예측하고 계획을 짜는 것은 쉽게 건드리기 힘든 일이다. 확실한 것은 과거에 예측했던 기근, 기아에 대한 대재앙의 시나리오가 틀린 것으로 밝혀졌다는 것이다. 최소한 현재까지는 말이다.

현재 중국은 자국의 어마어마한 인구에게, 심지어 아직도 영양 부족 상태인 농촌지역 사람들에게까지 식량을 공급하는 데 크게 성공했다. 문제는 사람들이 도시화되고 더 넓은 다양성을 추구하면서 음식 수요가 빠르게 변한다는 것이다. 중국인들이 미국인이나 프랑스인만큼 육류를 먹어치우면 어떤 일이 벌어질까? 지구정책연구소의 레스터 브라운 소장은 최근 중국의 경제성장과 미국의 1인당 육류 소비량(1년에 125킬로그램)을 연결 지어서 2031년 중국의 1인당 육류 소비량을 계산해보았다. 총 육류 소비량은 3배가 되어서 1억8,000만 톤에 이를 것으로 예상되었다. 즉, 오늘날 생산되는 육류의 5분의 4에 달하는 양이다. 중국의 농업이 그 정도로 발전할 수 있을까? 세계의 곡물 시장은 어느 정도의 충격을 받게 될까? 우리는 아직 이 질문에 대답하지 못한다. 그러나 생산국들은 그러한 거대한 충격에 대해 단단히 대비해야 할 것이다. 아래에 요약해놓은 대로, 세계적인 식량 위기는 이미 우리에게 다가와 있는 것처럼 보인다. 앞으로 보게 되겠지만, 세계적으로 퍼져가는 비만으로 인해 상처를 입은 풍요로운 우리 사회는 부실한 토대 위에 세워져 있다. 비만과 기후변화를 다룰 11장에서는, 육류 소비에 따른 충격을 더 깊이 살펴볼 것이다.

다가올 식량 위기: 음식 가격이 싸던 시대는 이제 끝났을까?

2007년에서 2008년까지 밀, 쌀, 옥수수, 조리용 기름과 다른 요리 재료들의 가격이 오르기 시작했고, 이것은 지난 20년 동안 음식의 가격이 떨어지는 것만 경험했던 정부와 소비자들의 주된 관심사가 되었다.

식품 폭동은 넓게 퍼져나갔다. 건강과 영양학적인 관점에서 볼 때, 우려의 주된 원인은 가난한 나라들에서 기아와 영양 부족으로 고통받는 사람들이 늘어나고 있다는 것이다. 참으로 많은 이들이 한목소리로, 가장 취약한 부분에 안전 네트워크를 제공하는 것 같은 즉각적인 정책의 시행을 요구하고 있다. 그러나 이 위기가 비만의 확산에 영향을 줄 것인지는 아직 의문이다. 우리에게는 이 질문에 대답해줄 만한 자료가 별로 없다. 가장 잘 알려진 것은 쿠바의 경우인데, 경제와 식량 위기가 있던 1980년과 1990년 사이에 비만 인구가 눈에 띄게 줄어들었다. 그리고 그 후 경제 위기 전의 비만 인구의 비율을 회복했다(Franco et al, 2007). 콩고에서는 경제 위기의 시기와 구조적인 적응 프로그램에서 매우 다른 모습이 나타났다 (1986~1991). 도시 여성들 사이에서는 과체중이(비만을 포함해서) 계속 확산되었지만, 저체중인 사람들도 함께 증가했다(Cornu et al, 1995). 그러므로 경제 위기가 반드시 비만과 당뇨 같은 만성병의 확산을 억제하는 것은 아니다. 그런데도 사람들은 음식에 대한 지출이 소득의 상당 부분을 차지하는 나라에서는 경제 상황에 따라 비만의 확산이 조절될 수 있을 것이라 예상한다.

최근 식품 위기와 관련해서, 이 현상이 얼마나 지속될지 전혀 알 수 없다는 것이 가장 우려된다. 다시 원래의 상태로 돌아올 수 있을까? 빠르게 원래의 상황으로 변할까, 아니면 그렇지 않을까? 최근에는 모두가 위기 전 상태보다 가격이 높은 상태로 유지될 것이라는 데 동의했다. 심지어 어떤 사람들은 음식의 가격이 쌌던 시대의 종말이 중요한 역사적 사건으로 남을 것이라 예상하기도 했다. 그러므로 그 영향은 오랜 기간 남을 것처럼 느껴질 수도 있다. 그러나 그 결과가 나라마다 또는 인구 집단에 따라 다를 가능성도 있다. 부유한 나라에서 비만은 주로 빈곤한 집단에서 발생하며, 소비능력이 작은 사람들이 겪는 질병이다. 그런 사람들은 고지방에 당분이 많이 든 싸구려 가공식품을 사먹을 가능성이 높다. 국민의 소득 수준이 낮거나 중간 정도인 나라들의 경우, 비교적 높은 소득을 얻는 가족이 가장 많이 비만에 영향을 받는다. 만약 그 나라에서 향후에도 음식의 높은 가격이 유지된다면, 영양상의 전환과 저소득층 가정에서의 비만 확산 속도가 느려질 것이다.

일반적으로 말하면, 원유 값과 운송비 상승과 마찬가지로 식품 위기는 많은 나라들에서 자급자족의 정도를 부추기는 역할을 할 수 있다. 새로운 농업정책이 명백한 영양학적 목적을 지닌 보건정책과 통합된다면, 더 건강한 식품 시스템이 지역적으로 발달할 수 있을 것이다. 어떤 일이 일어나든지, 현재의 식품 위기가 불러올 사태의 불확실성은 사람들의 건강 상태(영양 부족이든 과체중이나 비만이든)를 모니터링하고 적절한 조치를 취할 전 세계적인 영양 감시 시스템을 개선할 필요가 있음을 다시 한 번 보여주고 있다.

아무도 환경비용은 계산하지 않는다

생산은 아직 이론적인 한계에 도달하지 않았으며, 따라서 여전히 생산을 늘릴 수 있다. 심지어 미국에는 농업경제학자들이 곡물 수확량을 2~3배까지 늘릴 수 있다고 주장하는 여유 공간도 있다. 그러나 우리는 재정과 환경 양쪽에서 비용이 얼마나 들어갈지 알 필요가 있다. 왜냐하면 이러한 매머드급의 수확량 증가는, 선진국에서는 이미 개발 중인 더 많은 비료, 농약, 관개시설, 생명공학으로 설계되고 만들어진 다량 수확 작물(GMO를 포함해서)의 투입을 통해서만 가능하기 때문이다.

지금까지는 생산량의 꾸준한 증가가 식품 가격을 낮추는 역할을 했고, 빈곤한 국가에서는 더 싼값으로 식품을 사먹게 했다. 그러나 이제 이런 시대는 끝난 것으로 보인다. 만약 생산을 계속 증가하게 하는 압박이 가해진다면, 우리는 상품을 추가 생산하는 데 필요한 연료 때문에 가격이 상승하는 것을 보게 될 것이다. 소비자들이 계속 버틸 수 있을까? 그리고 집약적인 농업의 끊임없는 갈증을 해소할 만한 물을 공급할 수 있을까?

'환경비용' 즉 우리의 생산방식에서 환경에 들어가는 비용 문제는 점점 커져서 발등의 불로 다가오고 있다. 1980년대로 거슬러 올라가서, 코넬 대학의 데이비드 피멘탈 교수는 500킬로칼로리의 열량을 지닌 1킬로그램의 옥수수 통조림을 만드는 데 6,500킬로칼로리 이상이 사용된다는 계산을 했다. 이것은 농작물을 재배하는 데 들어가는 에너지일 뿐만 아니라 수확을 하고 포장하고 운송, 유통, 진열, 저장하고 사서 먹는 데까지 드는 모든 에너지를 계산한 것이다. 아주 적은 수확에 엄청나게 많은 에너지가 투입된다는 사실은 충격적이었다. 그때부터 학자들은 소비를 위해 1칼로리를 생산하는 데 평균적으로 16칼로리(생물학적인 4칼로리와 기술적인 12칼로리)가 드는 것으로 계산했다. 그렇다면 작은 옥수수 알갱이 하나는 얼마나 싼 것인가? 왜냐하면 소매가격에는 환경에 들어가는 비용이 포함되지 않기 때문이다. 아무도 생태계에 끼친 피해에 대해 대가를 지불하지 않는다. 그러나 그런 식의 낭비가 지속된다면 가까운 미래에 거의 대부분의 사람들이 굶주리리라는 사실은 명백하다. 선택은 우리 앞에 놓여 있다. 산업화된 세계가 더 감당할 수 없는 환경비용에도 불구하고 고효율적인 농업을 밀어붙인다면, 지구는 오직 다른 모든 나라들이 개발되지 않은 상태로만 지탱해 나갈 수 있다. 그렇지 않다면 우리는 다른 방법을 찾아야 한다. 아무튼 생태계가 계속 악화된다면 지금의 수확량은 오래 유지되지 못할 것이다. 비만 인구는 심각한 곤경에 처한 지구의 생산품이 될지도 모른다.

> **푸드마일: 사과 하나가 우리 손안에 오기까지의 환경비용**
>
> 하루에 사과 하나를 먹으면 의사를 만날 필요가 없다. 그러나 사과의 생산지가 어디냐에 따라서 환경에는 그다지 건강하지 않을 수도 있다. 요크대학교의 생물학자 앤디 존스가 영국에서 구입할 수 있는 사과 뒤에 숨은 에너지 소비량을 조사한 결과 알려진 사실이다(Jones, 2000).
>
> 최근 영국에서 파는 사과의 5분의 4는 수입된 것이다. 프랑스, 스웨덴 또는 뉴질랜드에서 우리 동네의 가게로 오기 위해 과일 상자들은 바다와 하늘을 가

르며 건너와야만 하고, 소매상에게 팔리기 전에는 트럭에 실려와야 한다. 수십 년 전까지만 해도 이 나라에서 지배적인 방식이었던 지역 농산물을 현지에서 소비해야 하는 체제와 비교해보았을 때, 지금의 연쇄적인 공급 과정은 어떤 환경비용을 추가적으로 발생시킬까?

앤디 존스는 사과가 도착해야 하는 목적지인 두 곳의 시장을 비교하여 '푸드 마일(food miles, 식료품이 생산자의 손을 떠나 소비자 식탁에 이르기까지의 이동거리를 뜻하는 신조어—옮긴이)'을 계산하기 시작했다. 한 곳은 웨일즈 북부의 작은 시장 도시인 덴비였고, 다른 한 곳은 런던 근처의 브릭스턴이었다. 그의 발견은 매우 놀라웠다. 1킬로그램의 뉴질랜드 사과를 2만3,000킬로미터 떨어진 브릭스턴으로 운송하기 위해서 10메가줄의 에너지(2,390킬로칼로리)를 소비하는 것으로 밝혀졌다. 같은 양의 사과를 덴비로 운송하는 데는 거의 18메가줄, 100와트의 전구를 이틀 이상 켜놓는 것과 같은 양의 에너지가 소비된다. 그러므로 운송에 소비되는 에너지는 사과를 자라게 만드는 비료 에너지의 35배이며, 사과 자체에 포함된 에너지(칼로리)의 9배다.

물론 이것은 극단적인 예지만 사실이기도 하다. 만약 우리가 수입된 사과의 진짜 원산지를 토대로 계산한다면, 사과 하나를 운송할 때 평균적으로 덴비의 경우에는 4.6~6.5MJ/kg 정도, 브릭스턴의 경우에는 3.5~4.5MJ/kg 정도의 에너지가 소비될 것이다. 그러나 환경에 대한 부분을 고려한다면, 이것은 아주 적은 양에 불과하다. 앤디 존스는 현지 상품을 사용하면 브릭스턴의 경우에 온실가스 배출량은 87퍼센트, 덴비의 경우에는 96퍼센트를 줄일 수 있을 것이라고 예측했다. 또한 반경 40킬로미터 내에 있는 매장의 신선한 원재료를 산다면 상당히 많은 양의 환경비용을 줄일 수 있으리라는 결론을 내렸다. 덧붙여서, 다양한 종을 혼합하여 심는다면 일 년 내내 사과를 수확할 수도 있다. 이것은 영국의 농업정책이 의도적으로 거부한 안이다.

1980년에서 1990년 사이, 비행기로 수입된 과일과 채소의 양이 거의 2배로 늘어났으며 240퍼센트나 많은 수산물을 실어왔다. 항공운송은 지상으로 운송하는 것보다 10배의 에너지가 소비되며 지상으로 운송하는 것은 바다로 운송하는 것보다 6배 많은 에너지가 소비된다. 한편, 2002년도 영국의 신선 상품 77퍼센트의 영업을 담당한 대규모 유통업체들은 에너지를 마구 소비하는 도로 운송을 토대로 유통센터들의 네트워크를 형성했다. 그 결과 영국에서 개인이 한 해 동안 소비하는 에너지 총 소비량의 8퍼센트가 식품 운송에 들어가게 되었다. 1992년 하늘, 바다, 땅을 통해 들어오는 동물 사료의 수입과 관계된 상품은 16억 리터의 연료를 삼켜버렸다. 지구에 대한 최후의 심판은 결코 유쾌하지 않을 것이다.

5

먹을거리는 어떻게 가공·유통되는가?
—식품회사와 슈퍼마켓

거대 식품회사의 부속품이 된 농부들
개발도상국 농부들의 상황은 더 가혹하다
거대 유통업체들이 지배하는 세계
슈퍼마켓은 지금 개발도상국으로 무한확장 중
마트에 진열된 불량식품
획일화되는 조리문화: 사라지는 전통 조리법

2005년 7월 프랑스 언론은 미국 회사인 펩시가 거대 식품회사인 다농을 인수할 것이라는 소문을 일제히 보도했다. 모든 정치권에서는 국가 산업의 왕관에서 보석 하나가 떨어져나가는 것을 막기 위해 집결했다. 이번만은 다함께 정부와 힘을 합했고, 야당인 사회주의자들도 거세게 반대했다. 펩시의 주주들은 미국의 다국적 기업이 다농을 운영할 경우 "많은 프랑스인들이 자신들의 정체성에 공격을 받았다고 여겨"서 "가장 격렬한 저항"을 받게 될 것이라는 경고를 받았다. 놀랄 일도 아닌 것이, 2004년 다농의 총매출액은 130억 유로 이상이었고 9만 개의 일자리를 보장하고 있었기에 다농은 프랑스 경제와 국가 이미지 양쪽으로 매우 중요한 존재였다.¹

원래는 유제품 생산에 특화되어 있었지만 다농-BSN은 경쟁사인 스위스 네슬레의 행보, 즉 수십 년 동안 다른 브랜드를 흡수하면서 시장을 확장해나가는 방식을 따라갔다. 이제는 소비자에게 이

온 음료, 비스킷, 가공식품과 신선상품을 폭넓게 선택할 수 있는 기회를 제공하는 대기업이 되었다.

영국-네덜란드계 회사인 유니레버도 비슷한 행보를 걸었다. 1970년대 초에 이 회사는 비누와 식용 유지를 팔았지만, 현재는 수많은 종류의 식품, 디저트, 제과류, 식료품 그리고 많은 종류의 화장품과 개인 생활용품을 판매한다. 이러한 제품의 다양화에 의한 통합 전략은 미국뿐만 아니라 유럽에서도 자주 사용된다. 이것은 시장에서 곡물, 육류, 유제품, 다양한 종류의 식품을 독점할 수 있는 능력을 지닌 강력한 다국적기업을 만들기 위한 것이며, 또한 생산과 유통 과정을 조절하는 것으로 한 회사가 밭에서부터 슈퍼마켓에 이르기까지 모든 단계에 참여할 수 있게 하는 것이다.

거대 식품회사의 부속품이 된 농부들

이미 미국인은 소비자보다 농업에 더 가까이 있는 카길 사 같은 기업이 곡물 무역을 독점하고 있음을 우려하고 있는데, 이제 이 회사는 전 세계의 식료품 공급에 앞장서려 한다. 브라질의 설탕회사를 인수한 뒤로, 2005년 단 한 해 동안 유럽의 초콜릿 공장, 러시아의 식물성 기름 정제공장, 이탈리아의 올리브유 압착공장, 루마니아에 있는 세계에서 가장 큰 해바라기유 공장을 사들였다. 그 몇 달 전에 카길 사는 루마니아 전체 곡물 저장 공간의 10퍼센트를 차지하는 옥수수 시리얼 공장을 인수하기도 했다.

거대한 다국적기업들 주위에서 농업과 식품 부문을 재정비하고 있는 이 대규모 산업적 메카노(Meccano, 금속 또는 플라스틱 장난감 조립 세트 상표명—옮긴이) 세트의 일부분으로서, 선진국의 농부들은 노동의 방식을 완전히 바꿔야 했다. 그들은 처음에는 농부였지만, 이후에는 농산업 부문의 관리자가 되었고, 점진적으로 자율성을 상실하면서 산업 생산의 사슬에 얽매이게 되었다. 농부들 대부분은 이제 직접 재배한 채소나 자유롭게 놓아 키운 닭을 마을 시장에 팔지 못한다. 농부들이 하는 일은 비싸지는 않으나 완벽하게 규격화되고 등급이 결정된 상품들을 다국적기업에게, 더 정확히 말하자면 그들의 고용주들에게 공급하는 것이다. 농장은 원재료를 생산하는 사업장으로 변했으며, 산업과 금융의 논리에 의해 형성된 긴 사슬로 연결되어 있다.

이런 현상은 미국에서 극단적으로 퍼져나갔다. 1960년부터 농장의 수는 320만 개에서 190만 개로 줄어들었다. 그러나 농장의 평균 크기는 178헥타르로 늘어났고, 생산량은 약 80퍼센트 증가했다. 유럽 농부들은 비교적 적은 규모인 18헥타르의 농지로 힘들게 농사를 지었다.[2] 2005년 9월 아일랜드의 총리 버티 어헌은 공동농업정책을 지지할 것을 제의했다. 그는 보조금이 없다면 "생존 능력이 없는 유럽 농장들은 폐업을 하게 될 것이고, 유럽 농업은 빠르게 몰락할 것이다"라고 주장했다.

고수익이라는 명목 아래, 대체로 현대 미국 농부들은 제한된 범위 내의 작물과 가축을 기른다(주로 옥수수, 닭, 달걀, 콩, 쇠고기 등이다). 그리고 그들은 대기업과 동업 관계를 맺어 한 회사가 생산과 유통의 모든 단계를 감독하도록 한다. 기업은 비료, 씨앗을 제공하며(경쟁 회사의 상품은 허락되지 않는다), 수확물을 모두 가져가 가공식품을 만들고, 최종 수요자들에게까지 유통하기도 한다. 기업이 얻는 이익은 무엇일까? 비용을 줄이고, 각 단계의 모든 고리에서 생기는 이익을 곧바로 가져간다. 가공하지 않은 옥수수를 파는 것도 이미 좋은 돈벌이이긴 하지만, 시장이 무한히 확대되는 것은 아니다. 반면에 값이 더 비싼 전자레인지용 팝콘은 더 유리한 위치에 있다. 엄청난 양의 옥수수를 공급할 방법만 생긴다면 말이다. 이것은 기업들이 높은 부가가치를 창출하는 즉석식품 같은 가공식품들을 열성적으로 팔고 싶어하는 이유를 설명해준다.

　미국 농업의 양상을 재편성한 이런 산업적 통합의 모델이 전 세계로 퍼져나갔다. 이 모델은 특히 유럽과 미국에 기반을 둔 다국적 기업들의 직접적인 투자를 통해서 대부분의 개발도상국에 뿌리를 내렸다. 1980년대부터 점점 더 많은 자본이 개발도상국의 식품 생산과 유통에 투자되었다. 투자를 하는 것과 더불어 부가가치가 높은 상품을 고안해야 한다는 압력도 높아졌다. 비용을 낮추고, 효율성을 향상시키면서, 새로운 시장을 개척하기 위해서였다. 해외의 식품 생산 공장에 직접 투자하는 미국의 자본금은 1980년 90억 달러에서 2000년에는 360억 달러로 늘어났다. 같은 나라들에서 매출도 덩달아 껑충 뛰어 1982년에 390억 달러였던 것이 2000년에는 1,500억 달러나 되었다. 1990년대 후반부터 미국 회사들은 550억 달러에 가까운 돈을 해외의 식품 생산 및 유통 시스템에 투자했다. 이유는 명백하다. 빠르게 성장하는 시장에 발 디딜 곳을 마련하고, 동시에 현지 생산을 통한 저비용 효과를 얻기 위해서였다.

　이 투자의 절반 이상은 고도로 가공된 식품들에 집중되었다. 예를 들어 폴란드에서는 과자와 청량음료(1990년대에는 육류, 생선, 밀가루,

파스타, 빵, 설탕, 감자, 과일, 채소, 식물성 유지, 동물성 지방보다는 이 두 부분에 좀더 직접적인 투자가 이루어졌다), 중국에서는 인스턴트 면, 설탕이 들어간 음료, 과자, 비스킷, 즉석식품들이었다. 그 대신 투자자들은 현지의 식품 공급 체인점을 분석하고 재정비한 뒤 가공식품, 예를 들어 현지 식단에 맞는 즉석식품이나 포장식품 같은 것들의 점유율을 늘렸다. 임금 수준이 낮거나 중간 정도인 나라들에서는 가공식품의 인기가 상승 중이다. 1년 매출액 증가가 무려 30퍼센트에 이른다. 동유럽과 아시아에서 그렇듯이 탄산음료, 햄버거, 비스킷, 미리 조리된 디저트들이 브라질과 다른 라틴아메리카의 찬장을 차지하게 되었다. 엄청난 자본이 투자된 패스트푸드 체인점들은 수많은 감자튀김을 튀겨냈고, 전 세계의 사람들은 그것들을 게걸스럽게 먹어치웠으며, 대부분 젊은이들을 표적으로 하는 광고를 거침없이 쏟아냈다. 최대한 빨리 시장을 지배하기 위해서였다.

비만은 결국 물가의 문제인가?

왜 1980년대 미국에서 비만이 갑작스럽게 증가했을까? 어쨌든 1960년과 1980년 사이에 비만은 단지 2퍼센트 증가했고, 인구의 15퍼센트 정도를 차지하고 있었다(현재의 유럽과 비슷한 수치였다). 그런데 왜 그 후 25년 동안 비만율이 2배나 증가한 것일까? 미국의 한 조사기관에 따르면 그 이유는 기본적으로 경제적인 것이다(Finkelstein et al. 2005). 이 시기에 에너지가 많은 음식(설탕과 지방이 포함된)의 가격이 크게 떨어졌고 반면에 채소, 과일, 생선과 우유의 가격은 상승했다. 이런 가격의 차이는 에너지가 많이 들어간 음식을 싸게 대량으로 생산할 수 있게 해준 다양한 기술의 발전 덕분이었다. 결론적으로 비만은 단순히 건강에 관련된 주제가 아니다. 이것은 기술과 생산 조직이 '비만을 유발하는'

> 식품을 시장에서 팔고 소비하도록 만들면 더 많은 수익을 얻게 되는 (경제적 관점에서 엄밀히 말하면 더 '합리적인') 경제체제의 결과다.

개발도상국 농부들의 상황은 더 가혹하다

이러한 강력한 경향에 저항하여, 전 세계의 농부들은 작은 밭에서 괭이질을 하고, 가족 단위의 소규모 자영농 방식으로 일하면서 계속 땅을 일구었다. 그러나 세계적인 규모로 보았을 때, 그들은 전체 체제에 영향을 주기보다는 그것에 복종하게 되었다. 개발도상국들의 많은 '밭의 일꾼들'은 살아남기 위해, 모든 지역에서 경작할 수 있는 땅을 점점 더 많이 사들이는 다국적기업에 고용된 현장 노동자가 될 수밖에 없었다.

케냐에서 일어났던 일이 그 예가 될 수 있다. 1969년과 1999년 사이에 채소의 생산량은 2배가 되었고, 수출량은 6퍼센트 늘어났다. 수출품의 대부분은 대규모 슈퍼마켓들의 통제하에 영국 시장에 수출되기로 예정되어 있었다. 슈퍼마켓들은 상품 가격을 45퍼센트 올렸다. 그러나 케냐의 현지 농부들은 고작 17퍼센트만을 받았다(Millstone and Lang, 2003). 아프리카에서 매우 싼값으로 재배된 채소는 영국에서 비싼 가격에 팔렸고, 유통업자들의 잠재적 이윤은 엄청났다. 그러나 여기에는 무엇인가 꼬여 있다. 영양 전문가들은 같은 시기에 케냐의 채소 소비량이 거의 30퍼센트 가까이 줄어든 것을 발견했다. 수출 경제 탓에 집에서 쓰는 생필품의 가격이 올라서, 소규모의 농부들은 자기가 땅에서 기른 농산물도 살 여유가 없는 모순된 상황에 처한 것이다. 그러므로 개발도상국에서—선진국에서도—충분한 채소와 과일을 소비하지 못하는 것은 꼭 그것들을 생산하지 않기 때문만은 아니다.

거대 유통업체들이 지배하는 세계

케냐의 예는 이제 거대한 규모의 유통이 전 세계적인 식품체제에 엄청난 힘을 발휘하리라는 것을 보여준다. 식량농업기구에 따르면 2002년에 월마트, 까르푸, 테스코 같은 30개의 유통업체들이 세계 식품 공급의 3분의 1을 차지한다고 한다. 이들의 매출을 모두 합치면 9,300억 달러가 된다. 이것은 얼마 안 되는 거대 유통업체들의 손에 경이적인 힘을 부여한다. 대여섯 개 정도의 거대한 다국적기업들끼리 세계적인 식품 거래를 할 날이 다가오고 있다. 유럽에서는 10개의 주요 기업이 차지한 시장 점유율이 2000년에 37퍼센트에서 2010년에는 60퍼센트로 올랐다(Lang and Heasman, 2004). 이런 경향이 급증하면 전체 식품산업에서 같은 일들이 점점 더 많이 일어나는 도탄효과(ricochet effect)가 일어난다. 프랑스의 까르푸나 오샹 같은 거대 유통사들은 패배하지 않는 비장의 무기가 있다. 바로 소비자와 직접 접촉하는 것이다. 그리고 상품을 팔 수 없으면 생산할 필요가 없다. 사슬의 마지막 고리를 통제하는 이가 어떤 방식으로든 상품을 만들거나 없애버릴 힘을 갖는다. 이것이 거대 규모의 유통업체들끼리 벌이는 싸움을 격렬하게 만든다. 전 세계라는 경기장 안에서 괴물 같은 기업들이 다른 기업들과 맞서 싸우는 것이다.

2005년 6월에 프랑스 회사 까르푸는 전 세계에 6,680개의 매장이 있었으며(805개의 대형 슈퍼마켓, 1,499개의 슈퍼마켓, 4,013개의 할인점), 100만 명 이상의 직원들을 고용하고 있었다. 그런데도 이 규모는 유통업체들 지분 중 두번째 정도이며, 가장 큰 유통업체에 비해서는 아주 작은 규모다. 전 세계적인 승자는 바로 월마트다. 세계에서 가장 큰 백화점 사업을 운영하는 다국적기업이자 현재 세계에서 가장 큰 공기업이다. 심지어 월마트는 지난 세기 미국의 상징적 산업체이자 거대 자동차 사업의 거인인 제너럴 모터스도 추월했다.

월마트의 역사는 미국인이 좋아하는 고전적인 성공담인 무일푼에서 거부가 되는 이야기다. 1962년 샘 월턴(2005년 사망)은 아칸소 주 벤턴빌에서 첫번째 잡화점을 열었다. 사업이 번창하자 월턴은 여러 주로 사업을 확장했다. 그는 캔자스에 할인점을 열었고 1971년에 루이지애나, 미주리, 오클라호마에 더 많은 점포를 열었으며, 계속해서 테네시에도 할인점을 열어 미국 전역에 작은 월마트들이 생겨났다. 월마트는 1991년에 멕시코에 처음 진출한 뒤 푸에르토리코, 아르헨티나, 브라질, 캐나다, 중국, 한국, 영국과 독일로 사업을 확장했다. 오늘날 월마트는 고용 직원이 130만 명이고 세계적으로 5,000개 이상의 매장을 운영하며(그중 대부분은 미국에 있다) 2,650억 달러의 매출을 올린다(이것은 프랑스 국가 예산의 4분의 3과 맞먹는다!). 미국 인구의 3분의 1 정도 되는 1억 명 이상이 매주 월마트에서 쇼핑을 한다.

샘 월턴의 비결은 단순했다. 그는 물건 값을 깎았다. 옷, 장난감, 식품 등 다양한 상품을 많이 팔기 위해 낮은 가격표를 붙였다.

그는 구매력이 별로 크지 않은 미국 농촌에 투자했는데, 1960년대 들어 경제가 호전되어도 사람들의 소비 패턴은 그대로였다. 월마트의 오랜 슬로건을 요약하면 다음과 같다. '언제나 낮은 가격'(최근에는 '돈을 아끼자. 삶이 나아진다'로 바뀌었다). 월마트는 상품 가격을 깎아주었고, 모두에게 그 사실을 알렸다. 소비자들은 기뻐했다. 그러나 이 전략은 전체 체제에 거대한 충격을 주었다. 우선 공급자들은 더 나은 거래를 하기 위해 월마트를 중심으로 상품을 제공했다. 그리고 기업은 시장에서 최적의 거래를 하고 이윤을 높이기 위해 거리낌 없이 외부에 주문 제작했다(특히 중국에서). 둘째로 월마트의 직원들은 악명 높게도 낮은 임금을 받았다. 마지막으로 월마트의 전략은 경쟁자들을 심하게 압박했으므로 다른 큰 유통업체들은 살아남기 위해서 가격을 월마트 수준으로 낮출 수밖에 없었다.

슈퍼마켓은 지금 개발도상국으로 무한확장 중

자기 나라에 새로운 매장들을 열 기회가 사라지자, 거대 슈퍼마켓 회사들은 요 몇 년 사이 해외시장으로 관심을 돌렸다. 그들은 중국이나 브라질처럼 인구가 많고 소비욕구가 높아지고 있는 나라에 새로운 매장을 열었다.

까르푸는 1995년 첫 중국 매장을 열었다. 그때부터 이 프랑스 회사는 60개 이상의 매장을 중국에 설립했고, 2008년까지 수도인 베이징에 10~12개의 매장을 짓기로 예정하고 있다. 브라질에서는 까르푸 브랜드가 이미 승자가 되었으며, 시장의 12.6퍼센트를 차지하고 있다. 2005년에 까르푸는 17개의 새로운 대형슈퍼에 2억 유로를 투자하기로 결정했고, 이미 브라질의 상위 84개 매장을 소유했다. 다음 계획은 가까운 미래에 매년 15개 매장을 확장하는 것이다.

중국과 브라질은 과도한 소비지상주의의 엘도라도일 뿐만 아니라 빈곤 지역이기도 하다. 물론 소비지상주의적 매장들은 요즘 세계 어디에서나 쉽게 찾아볼 수 있다. 2000년 라틴아메리카에서는 음식 쇼핑의 50~60퍼센트가 슈퍼마켓에서 이루어졌다(2001년 브라질에서는 75퍼센트에 이른다)(Reardon and Berdegue, 2002). 이것은 10년 전에 10~20퍼센트였던 것과 비교했을 때 매우 높아진 비율이다. 10년이라는 기간 동안, 유통의 힘은 상상을 초월하는 수준으로 변하여 전통적인 잡화점과 노점시장을 집어삼키면서 식품체제 전체를 다국적기업의 요구에 적응하게 만들었다. 중앙아메리카에서 가장 가난한 나라인 니카라과에는 이미 2002년 말에 60개의 슈퍼마켓이 들어섰다.

1960~1980년 사이 대도시에 국한해서 확장했던 체인점들이 이제는 작은 도시와 마을, 심지어 외진 지역에까지 진출하고 있다(칠레의 소도시 가운데 3분의 1에 체인점이 생겼고, 코스타리카의 소도시 40퍼센트에 슈퍼마켓이 하나씩 있고, 가끔 2개가 있을 때도 있다). 그 다음 그들은 이웃의 저소득 국가로 이동했다. 1990년대 초에 코스타리카에서 온두라스와 엘살바도르로, 칠레에서 페루, 에콰도르, 파라과이로 옮겨갔다. 그들의 할인매장이 처음에는 부유한 동네에 자리를 잡았다면, 세기가 바뀔 때쯤에는 공격적인 할인 전략으로 노동 계층이 사는 곳을 공략했다.

미국과 유럽에서는 이 슈퍼마켓들이 대중의 진짜 요구에 대한 응답이었다. 결국 서구의 국가들처럼 라틴아메리카도 광범위하게 도시화되었다(칠레의 인구 중 도시 거주자의 비율은 1970년과 2001년 사이에 75퍼센트에서 86퍼센트로 늘어났다). 점점 더 많은 여성들이 노동인구에 포함되었고, 그들 또한 시간에 쫓기게 되었으며 더는 부엌에서 세월을 보내려 하지 않았다. 이러한 양상은 모든 개발도상국에서 반복되었다. 한편, 가처분 소득이 증가하면서 가공식품에 대한 구매욕구가 높아졌다. 냉장고가 흔해지면서(1987년에는 칠레 가정 중 50퍼센트에 냉장고가 있었으며, 2000년에는 82퍼센트가 냉장고를 갖게 되었다), 부패하기 쉬운 식품도 대량으로 팔렸고 몇 주 동안 신선하게 보관할 수 있게 되었다. 예전에는 불가능한 일이었다(케냐의 연구를 보면 슈퍼마켓에서 과일과 채소를 살 수 있게 된 주된 요인은 냉장고를 보유하게 된 것이라고 한다). 우리가 선진국의 사례에서 보았듯이, 마침내 외식이 일상적인 일이 되었다. 예를 들어 아르헨티나에서는, 1970년에는 집 밖에서 호화롭게 식사하는 데 쓰는 비용이 총지출의 8퍼센트였던 것에 비해, 1996년에는 18퍼센트가 되었다(Ghezan et al, 2002).

공급 측면에서는, 1990년대 초반에 남아메리카에서 무역자유화가 시작되면서 수입이 촉진되었으며, 거대 유통업자들의 이익을 위해 대규모로 수입품을 들여올 수 있게 되었다.

큰 물고기가 작은 물고기를 하나둘 차례로 삼켜버리면 곧 상어 한 마리만 남는다. 이러한 과정은 1980년대 후반에 시작되었으며, 그 무렵은 국내의 거대 체인점들이 독립적인 소매상들을 삼키려 할 때였다. 예를 들어 아르헨티나와 우루과이의 체인점인 디스코는 아르헨티나의 여러 유통업체들을 흡수했고, 칠레의 식료품 체인점인 산타 이사벨을 사들였다. 그런 다음 디스코는 네덜란드의 유력업체인 로열 아홀드와 동업관계를 맺은 뒤, 마침내 디스코와 디스코의 자회사들을 로열 아홀드에 팔았다.

1990년대로 접어들어 미국과 유럽의 회사들이 상륙하면서 더욱 공격적인 두번째 파도가 들이닥쳤다. 더 빈곤한 지역인 내륙 시장에서 서로 긴밀하게 협력하는 소규모의 유통업체들과 독립적인 소매상들로 관심을 돌리기 전, 서구 회사들은 성공한 현지의 체인점들을 수없이 사들였다. 과테말라의 대표적인 슈퍼마켓인 라프라과는 1999년 아홀드에 강제로 합병되었다. 2년 뒤, 코스타리카의 대표적인 유통업체 CSU는 라프라과에 합병되었고 아홀드는 중앙아메리카소매지주회사(CARHCO)를 설립했다. 이 회사는 2004년 중앙아메리카를 통틀어 20억 달러에 달하는 매출을 올리는 363개의 매장을 운영하게 되었다.

이 모든 일의 결과는 다음과 같다. 2001년 아르헨티나에는 5개의 주요 슈퍼마켓이 식료품 분야의 4분의 3을 통제했다. 멕시코에서는 같은 회사들이 시장의 80퍼센트를, 엘살바도르에서는 85퍼센트를, 코스타리카에서는 96퍼센트 그리고 과테말라에서는 무려 99퍼센트라는 막대한 점유율을 시장에서 차지했다. 소규모 상인들에게는 고작 부스러기 정도만 남았다.

아프리카에도 수많은 슈퍼마켓들이 확산되고 있다. 1990년대 케냐에서는 식품 무역 네트워크에서 슈퍼마켓들을 무시해도 좋을 정도로 중요하지 않았다. 그러나 2003년에 슈퍼마켓들은 수도에서 20퍼센트 가까운 소매업을 장악했다. 그 뒤 곧바로 그들은 나이로비에서 중소도시로 사업을 확장했다. 이것은 케냐가 부유해졌다는 의미가 아니다. 대다수가 추측하는 것과는 반대로, 나이로비의 슈퍼마켓 손님의 절반 이상은 저임금 노동자들이다. 그리고 그들이 소비하는 금액이 전체 매출의 36퍼센트 정도다.

마트에 진열된 불량식품

슈퍼마켓과 대형 슈퍼의 확산은 음식의 가격을 낮추는 데 공헌했다. 어쨌든 원래 목적은 생산자와 소비자 사이에 있는 중간상인들을 없애서 가격을 낮추는 것이었다. 그렇다면 이것은 모두 소비자의 이득으로 돌아가는가? 늘 그렇지는 않다. 사실은 슈퍼마켓은 소비를 권장하기 위해서 많은 일을 했다. 예를 들어, 라틴아메리카에서 유제품 소비를 늘리기 위해 장기 보존 우유, 요구르트, 디저트를 제공하는 식이었다. 그리고 미국 북부의 디트로이트에서 시행된 연구에 따르면, 슈퍼마켓에서 쇼핑하는 미국 흑인 여성들은 다른 곳에서 쇼핑을 하는 이들보다 더 많은 과일과 채소를 먹는다 (Zenk et al, 2005).

또한 대형 가게에 있는 상품들의 다양함은 처음 봤을 때 깜짝 놀랄 정도이며, 마치 전보다 더 많은 선택의 기회를 제공하는 것처럼 보인다. 그러나 이런 엄청난 다양함 뒤에, 소비자들에게 음식에 무엇이 들어가는지 알려주는 정보는 거의 없다. 예를 들어 어린이들을 대상으로 하는 새롭고 매력적인 시리얼들 중에서, 균형 잡힌 식단을 위해 어떤 것이 가장 좋을까? 상품설명서를 유심히 살펴보아도 알기 어렵다. 게다가 제품 종류가 다양하다는 것이 반드시 영양상의 다양함을 의미하지는 않는다. 진열대 위에 놓인 수많은 상품들에는 지방, 설탕, 소금이 동일하게 많이 들어 있으며, 이것은 선택의 기회가 다양한 것처럼 보이지만 본질적으로 같은 상품들임을 의미한다. 바삭바삭한 과자 대신 튀김 과자를 먹거나, 케이크 대신 푸딩을 먹는 것은 식단을 다양하게 하는 게 아니다. 영양학적으로 볼 때, 겉으로 보기에는 다른 상품들을 사지만 결과적으로는 언제나 한 가지 음식만 먹는 것과 같은 상황이 가능하다.

우리가 먹는 식사의 영양적 가치에 슈퍼마켓과 대형 슈퍼가 미치는 실제적인 영향을 설명하는 연구는 최근까지 거의 없었다. 사실 최저 가격으로 공급을 받을 수 있도록 대형 유통업자들이 무자비하게 밀어붙이는 상황에서 생산자들이 자신의 생산품의 영양적 가치에 대해 고려할 여유가 없다고 봐야 할 것이다. 예를 들어 지방이 적은 여윈 소를 기르는 것은 농부들에게 이득이 없다. 오히려 경쟁력을 잃어버리는 위험을 무릅써야 한다.

슈퍼마켓들이 점점 더 저임금 노동자인 소비자들을 목표로 삼고 있음을 잊지말아야 한다. 어떤 이들은 슈퍼마켓에서도 건강하고 다양한 메뉴를 쉽게 선택할 수 있는 기회를 제공받는 반면에, 생활에 쪼들리는 사람들은 그렇게 할 수 없는 경우가 대부분이다. 그들은 영양적 가치에 대한 생각을 점점 잊어버리면서 습관적으로 계속 같은 상품을 산다. 이런 경향 때문에 우리는 슈퍼마켓이 비만에 직접적인 원인인지 의문을 갖게 된다. 아니면 그저 비만을 유지하게 만드는 것인가? 이것은 질문을 던져볼 만한 문제다.

획일화되는 조리문화: 사라지는 전통 조리법

전 세계로 퍼져가는 슈퍼마켓과 패스트푸드 체인점의 무분별한 개발은 확실히 한 가지 변화를 일으키고 있다. 바로 음식문화의 균질화다. 당신이 파리, 카이로, 혹은 브라질리아에 있다고 해도 쇼핑센터에서는 언제나 똑같은 빅맥과 콜라를 발견할 수 있다. 그리고 그 쇼핑센터와 나란히 붙어 있는 슈퍼마켓에서 거의 세계 어느 곳에서나 동일한 상품들, 혹은 약간의 차이가 있지만 거의 같은 상품들로 카트를 채울 수 있다.

그 결과, 지역마다의 요리 전통은 위험에 빠진 생물들처럼 빠르게 사라져가고 있다. 현재까지 수세기에 걸쳐서, 각각의 문화들은 현지의 환경과 역사적 혹은 문화적 요소들의 균형과 생활 속 경험을 통해서 나름대로의 식생활 방식을 발전시켜왔다. 북아프리카에서는 콩과 곡식을 섞고 양고기를 얹은 쿠스쿠스라는 요리를 만들었다. 크레타 섬에서는 풍부한 과일과 채소, 곡물과 올리브유에 약간의 와인을 곁들인 유명한 '지중해 식단'을 발전시켰다. 네팔에서는 구할 수 있는 재료들이 제한되어 있기 때문에 에너지의 80퍼센트가 곡물인 단순한 식단이 생겨났다(미국은 20퍼센트 정도). 일본 요리는 주로 날 생선에 의존하는 반면, 중국은 쌀과 콩을 주식으로 한다.

거의 모든 개발도상국에서 일어나는 식품의 전환은 사람들이 원래의 요리법을 버리고 설탕과 지방이 포함된 포장음식을 선호하게 한다. 전 세계의 모든 대도시들에서 똑같이 표준화된 상품을 적당한 가격으로 공급할 수 있는 슈퍼마켓과 패스트푸드 할인점들이 이러한 상황에 유일하게 책임이 있는 요인은 분명히 아니다.

그러나 그들이 어떤 역할을 했음은 명백하다.

　마찬가지로 텔레비전은 특히 광고를 통해 동일한 영향력을 행사했다. 1970년대 세네갈에 처음으로 텔레비전이 등장했을 때, 겨우 하루에 몇 시간만 방송을 했다. 프로그램에는 뉴스와 현지 보도가 섞여 있었고, 사이사이에 광고가 나왔다. 그런 다음 네스카페 사가 주말 영화의 스폰서가 되어서, 영화가 시작하기 전과 끝난 뒤에 몇 분 동안 네스카페 광고를 보여주었다. 세네갈 전국에 있는 텔레비전들은 주로 수십 명의 마을사람들이 함께 감상했으므로, 곧 상표를 알리는 강력한 매개체가 되었다. 10년 뒤, 세네갈의 텔레비전은 낮과 저녁에 방영되었으며, 인스턴트 커피나 고형 수프 원료 같은 즉석식품 광고가 끊이지 않고 흘러나왔다. 이 광고들은 코트디부아르의 수도인 아비장에서 기획·제작되었는데, 아비장의 넓은 단독주택에 사는 부유한 가족을 모델로 하여 소비지상주의적인 가족의 화려한 이미지를 홍보했다(의심할 여지없이 모든 아프리카인들이 열망하는 모습이었다). 오늘날, 같은 채널에서는 전 세계에서 볼 수 있는 프로그램과 광고를 반복해서 방영하면서 모두 서구의 소비지상주의와 같은 내용을 전파하고 있다.

　위에 언급된 사실에 비추어, 세계화의 부정적인 면만을 느끼고 싶을지도 모른다. 한편에서는 다국적기업의 유혹에 넘어가 별 볼일 없는 상품이 전 세계로 팔리고 있을 것이고, 다른 한편에서는 현지 테루아(terroir)의 품격 있는 상품이 팔리고 있을 것이다. 그러나 상황은 그렇게 흑 아니면 백으로 간단하지 않다.

　우선, 세계화는 원래의 지역에만 있던 맛있는 음식들이 국경을 넘어 해외에서 명성을 얻게 되어 많은 사람들이 전에는 몰랐던 맛과 요리를 즐길 수 있게 해주었다. 멕시코에서 슈크르트(프랑스 알자스에서 즐겨 먹는 식초에 절인 양배추 요리—옮긴이)를 먹을 수 있는 것처럼, 런던에서 생선회와 타코를 먹을 수 있다. 이것은 요즘에만 볼 수 있는 현상이 아니다. 다른 종류의 음식들은 언제나 탐험가와 정복자의 어깨 위에서 세계를 여행했다. 그리고 칭찬받는 '현지 상품'들은 때때로 다른 곳에서 왔다고 소개되거나, 또는 외지의 재료를 이용해서 새롭게 만들어진 것이었다. 아무도 후추가 유럽에서 자라는 식물이라고 주장하지 않았다. 다른 '전통' 음식들도 만들어진 지 100년도 안 되었음이 밝혀지기도 했다. 마침내, 역설적으로 최근에 생긴 음식이 미국의 가장 전통적인 간식으로 여겨지기도 한다. 패스트푸드를 먹는 습관 때문에 말이다. 고전적인 프랑스식 감자튀김인 프렌치 프리테에서 유래된 프렌치프라이는 제2차 세계대전 후 집으로 돌아가던 미군 병사의 짐 속에 있었던 것이다!

요리 문화를 상기시켜주기 위한 역사는 돌에 새겨져 있지 않다. 각 사회에서 끊임없이 요리법을 다시 개발하기 때문이며, 아마도 동시대의 식품산업이 가하는 변화의 압력이 몇 세기 전보다 무겁지 않기 때문일 것이다. 예를 들어서 크리올 음식은 아프리카, 유럽, 인도, 극동지방의 음식의 결합을 통해 만들어졌다. 우리에게 친숙한 아침 음료인 차, 커피, 코코아도 먼 곳에서 온 것이다.

중앙아메리카와 남아메리카의 고대 문명에서 주식으로 삼았던 옥수수는 신대륙이 발견된 뒤 유럽에 소개되었다. 그것은 원래 '스페인 밀' 혹은 '터키 밀'이라는 별명으로 불렸고, 오랫동안 진짜 밀빵을 사지 못하는 극빈자의 음식이라는 오명을 달고 있었다. 이탈리아인이 이것을 폴렌타(옥수수·보리가루 따위로 만든 죽—옮긴이)로 만들었고, 루마니아인은 마마리가로 만들었다. 이 새로운 농작물은 16세기에 포르투갈 상인들에 의해서 콩고와 앙골라로 들어갔다. 콩고어를 쓰는 사람들은 이것을 '백인의 곡식'이라는 뜻의 마사마푸토라고 불렀다(McCann, 2005). 현지 부족들은 빠르게 옥수수를 식단에 넣기 시작했다. 오늘날 아프리카에서는 옥수수를 다양하게 사용하는데, 발효된 옥수수 가루인 마웨 또는 오기, 발효된 밀가루를 나뭇잎과 함께 구워 짓이긴 아카사, 효모와 옥수수를 섞어 공 모양으로 익힌 아블로, 옥수수로 만든 쿠스쿠스를 죽에 넣어 끓인 아클루이 등이 있다.

오늘날 세계화와 거대한 도시화의 틀 안에서 일어나는 진화는 다른 질서에 속해 있다는 사실이 남는다. 최초의 범세계적인 교류는 개발도상국과 동양에서 자란 농작물과 식물이 서구사회에 소개되면서 시작되었다. 그러나 이제 바람은 반대 방향으로 불고 있다. 즉, 준비되지 않은 개발도상국을 향해 가공식품과 선진국의 기업 브랜드가 움직여가는 지배적인 경향이 전 세계에 가득 차 있다. 이런 의미에서, 패스트푸드와 청량음료의 확산은 새로운 식품체제의 가장 강력한 상징이다. 공장에서 생산된 간편 식품, 언제 어디에서나 먹을 수 있는 식품이 등장하면서 현대의 식습관은 집에서 요리하는 전통을 약화시켰다. 따라서 각 지역의 사람들은 새로운 재료를 사용하여 자신만의 요리법을 개발할 기회가 점점 적어진다. 전 세계에서 가장 인기 있는 음식으로 등장한 피자는 뉴욕의 피자헛에서 내놓는 것과 홍콩의 자기 집에서 배달해서 먹는 것을 사실상 구분하기 힘들다!

그러므로 역사가 있는 소중한 요리 기술들이 잠재적으로 위협

받고 있다. 이를 테면, 카사바를 안전하게 먹게 하는 아마존 사람들의 소독 기술이나 감자를 효율적으로 보존할 수 있도록 안데스 산맥에서 개발된 추뇨(Chuño) 과정 같은 것들 말이다(농부들이 감자를 밤 동안 서리에 노출시킨 뒤 물을 빼내기 위해서 발로 밟고, 그런 다음 그것들을 말려서 저장하는 것을 말한다). 아시아에서는 다양한 콩 발효 기술이 몇 세기에 걸쳐서 개선되었고, 인도네시아와 말레이시아의 템페, 일본의 미소 등 각각 완전히 다른 결과물을 만들어냈다. 천년 이상의 시간 동안 개선되어 완벽해진 낫토는 일본의 또 다른 인기 있는 콩 음식이다. 낫토는 콩을 요리하고 낫토균(Bacillus natto)을 약간 넣어 발효하면 완성된다. 이 박테리아는 낫토를 끈적끈적하게 만들어준다. 서아프리카에서는 여성들이 짭짤한 조미료를 얻기 위해 아프리카메뚜기콩이라고 알려진 콩과의 나무, 파키아 비글로보사(Parkia biglobosa)에서 나온 네레 씨앗을 발효한다. 이 음식은 세네갈에서는 '네테토우'라 불리고, 나이지리아에서는 '이리' 혹은 '다다와'라 불리며, 말리에서는 '숨발라'라고 불린다. 육류를 연상시키는 향미가 나는 이 음식은 매년 수만 톤이 소비된다.

그러나 이 발효식품들이 다양한 맛으로만 발전한 것은 아니다. 그것들은 콩과의 식물들을 소화가 잘 되게 만들고, 유용한 영양소인 아미노산(낫토와 네테토우는 40퍼센트가 단백질로 이루어져 있다), 비타민(티아민과 리보플라빈), 필수 지방산을 제공함으로써 영양학적으로도 중요한 기능을 수행한다. 이런 특산물들이 패스트푸드와 슈퍼마켓의 거침없는 발전 속에서 얼마나 많이 살아남을 수 있을까?

요리문화의 다양성이 사라지는 것과 비만의 확산은 직접적인 관련이 있을까? 우리는 그렇다고 추측한다. 왜냐하면 건강은 자연

환경과, 지금은 사라져가지만 그 지역의 조건과 밀접하게 적응해 온 요리의 전통 사이에서 균형을 잡는 문제이기도 하기 때문이다. 지구 위에 다양한 인간사회가 존재하고, 그만큼 다양하고 차별화된 식단이 있다는 것은 사람들이 다양한 기후와 환경에 적응해왔다는 사실을 의미한다. 최근까지, 마야의 농부들은 절대로 이누이트 사냥꾼들과 같은 음식을 먹지 않았다. 부적합한 새로운 형태의 식습관을 받아들이는 것은 이런 전통을 무시하는 짓이다. 특히 전 세계 거의 모든 사람들의 에너지 필요량이 자유낙하하는 이때, 그런 식습관에 지방과 설탕이 잔뜩 들어간 음식이 포함되어 있다면 문제는 심각하다.

6
비만을 초래한 범인은 식품산업인가?

그들은 이윤을 추구할 뿐이다
맥도날드의 유레카: 많이 주면 많이 먹는다
광고의 힘: 소비자의 합리적 선택이란 망상이다
광고계의 빅 5: 패스트푸드, 시리얼, 청량음료, 과자, 스낵
재미있는 광고가 전하는 그릇된 메시지
어린이를 타깃으로 한 광고의 악영향
공권력의 반격: 어린이 대상 식품광고를 규제하라!
식품업계의 강력한 로비
금융사와 보험사, 식품회사를 압박하다
비만의 원인은 유전자인가?

모건 스펄록 감독이 만든 논쟁적인 다큐멘터리 〈슈퍼 사이즈 미〉는 간단한 주장을 제기한다. 맥도날드의 음식들 때문에 미국에서 비만이 늘고 있다는 것이다. 이것도 어느 정도 극단적으로 단순화된 주장이다. 이러한 식당들은 비난할 대상을 찾고자 하는 사람들에게 명백한 희생양이 된다. 그래도 역시 영양 전문가들은 식품산업이 지난 수십 년 동안 소비자들을 열량의 홍수 속에 빠뜨리는 데 중요한 역할을 했음을 강조한다. 식품산업은 정말로 세계로 퍼져가는 비만에 어느 정도의 책임이 있는 것일까? 이제까지 우리는 미국과 프랑스 같은 나라에서 식품산업의 가치를 살펴보았다. 식품산업이 고도로 집약되고, 도시화되고, 거대한 규모의 유통으로 재조직되어 발달해온 과정을 추적해보기도 했다. 이러한 거대 기업과 금융회사들의 다양한 책임을 분류해내는 일이 과학적으로 가능할까? 비만이라는 유행성 질병을 생산과 유통 시스템의 거침없는 발전에 따른 결과라고 여길 수 있을까?

그들은 이윤을 추구할 뿐이다

이제 매우 자명한 일을 떠올릴 때다. 식품산업은 결코 고의로 사람들을 살찌게 하지는 않는다. 담배회사들이 흡연을 하는 일부 사람들이 암에 걸리도록 일부러 유도한 것은 아니라는 게 합리적인 가설인 것처럼 말이다. 그러나 두 경우 모두 결과는 재앙이었으며, 담배회사는 보상금으로 수십억 달러를 지불해야만 했다.

담배산업과 마찬가지로 식품산업은 분명히 돈을 벌기 위한 목적으로 기업을 만들었다. 좋든 싫든, 그것은 우리가 사는 자본주의 사회에서 게임의 법칙이다. 그러므로 식품회사들은 생산과 판매, 그 외에 합법적으로 이윤을 남길 수 있는 모든 일을 하려고 한다. 장기적으로 소비자의 건강에 미치는 영향은 그것이 기업의 이윤에 위협이 될 때에만 현실적인 우려로 변한다.

냉정하게 말하면, 식품회사가 새로운 상품 즉 지방과 설탕으로 뒤범벅이 된 것이지만 쉽게 만들어 잘 팔 수 있는 상품을 기획할 때마다, 그들의 첫 반응은 그 상품이 영양상의 필요를 충족하는지 묻는 게 아니다. 결국 식품회사는 소비자가 원하는 것을 만들어낼 뿐이다. 그리고 사람들이 원하는 것은 새롭고, 가격이 적당하고, 맛있고, 매력적인 겉모양을 지닌 안전한 상품이다.

만약 사람들이 영양적인 가치에 별로 신경 쓰지 않는다면, 그것은 기업의 수익에도 영향을 미치지 않는다. 격렬한 경쟁체계의 시장경제에서 기업의 일은 자기 회사 상품을 살 소비자들을 끌어 모으는 것이며, 적어도 다른 상표보다는 자기 회사의 상표를 더 좋아하게 만드는 것이다. 만약 이 의무를 등한시한다면 주주들은 곧 솔직한 태도를 표명할 것이다.

맥도날드의 유레카: 많이 주면 많이 먹는다

그러면 어떻게 소비자가 더 많이 사게 만들 수 있을까? 선진국에서 식품산업은 초기에 한 가지 문제에 부딪쳤다. 즉 양껏 먹은 사람들은 더 음식을 사지 않는다는 것이다. 왜냐하면 배가 부르기 때문이다. 오, 이럴 수가! 그런 경제적으로 유감스러운 행동을 바로잡을 수 있는 방법이 필요했다. 유레카의 순간은 배부른 느낌이 사실상 대단히 주관적인 감정이라는 깨달음에서 비롯되었다.

왜 1960년대 맥도날드의 손님들은 적은 양의 감자튀김에도 만족했을까? 왜 좀처럼 다른 것을 주문하지 않았을까? 이 수수께끼가 홍보 전략가들을 괴롭혔다. 단추 하나만 정확하게 누르면, 사람들이 허기를 채우는 양 이상으로 먹게 할 수도 있었다. 그런데 그 단추가 무엇일까? 단추 하나가 1970년대에 발견되었고, 그 결과로 만들어진 전략이 1980년대에 시행되었다. 그것은 단지 더 많은 양을 제공하는 것이었다. 어리석은 것 같지만, 누군가는 생각해내야만 했던 것이다.

그리고 소비자가 이런 특대 사이즈를 사도록 유도하기 위해, 더 싼값에 산다고 느끼도록 만들었다. 실제로 같은 가격으로 더 많은 양의 음식을 제공한 것이다. 그러나 생산자가 손해를 보는 게 아닌 것이, 제품 가격에서 실제 음식 가격의 비율은 매우 낮은 편이다. 5퍼센트밖에 안 될 때도 있다! 그러므로 감자튀김의 양을 2배로 늘린다고 해도 비용이 2배가 들지는 않는다. 그리고 양을 2배로 했을 때 수익이 2배로 늘어나지 않는다고 해도, 여전히 전과 같은 양으로 했을 때보다 많은 이익을 얻게 된다(왜냐하면 가격 인상은 언제나 늘어난 음식에 들어가는 순비용보다 조금 높기 때문이다). 소비자 입장에서는 같은 돈으로 더 많은 양을 먹었다고 말할 수 있어 체면치레를 할 수 있다. '특대' 사이즈를 선택해서 2배의 프렌치프라이를 먹어치우는 돼지처럼 보이는 게 아니라 똑똑하고 요령 있는 소비자로 보일 수 있었던 것이다. 얼마나 절묘한 홍보인가!

제공되는 음식의 양은 점점 더 많아졌다. 처음에는 주저했지만 나중에는 거침이 없었다. 오늘날에는 그 양이 엄청나게 많아져서, 미국의 패스트푸드점에서 파는 음식의 양은 20년 전에 팔던 양보다 2~5배나 더 많다(Ledikwe et all, 2005). 상점에서 팔지만 그러한 경향에 영향을 받는 상품들에게도 같은 일이 일어났다. 미국에서 청량음료와 설탕이 첨가된 다른 음료의 표준 양이 1950년대에는 190밀리리터였지만 1970년대에는 표준 사이즈가 350밀리리터로 늘어났다. 2000년에는 표준 사이즈가 590밀리리터에 이르렀다. 감자칩도 수십 년 전에 비해 3배나 큰 크기로 팔려나간다. 동시에 '당신은 이것들을 모두 ○달러에 먹을 수 있습니다'라는 판에 박힌 홍보들이 레스토랑들과 뷔페들에서 폭발적으로 나타났다. 이 문구는 접시를 채우는 즐거움에 저항할 의지력을 빼앗았고, 그것들이 모두 같은 가격처럼 보이게 만들었다.

가격을 지불하고 접시에 올려놓은 이런 음식들을 정말로 다 먹는 걸까? 슬프게도 그렇다. 여러 연구들은 유아기 이후에 우리의 식욕은 접시 위의 음식 양에 적응한다는 사실을 밝혀냈다. 예를 들어, 성인들이 네 가지 다른 양의 마카로니치즈를 받았다고 하자. 그들이 그것을 1킬로그램 먹을 때의 칼로리 섭취량은 절반인 500그램을 먹을 때보다 30퍼센트 증가한다. 사실은 500그램도 충분히 많은 양이다(Ledikwe et al, 2005). 다른 말로 하면, 꽉 찬 위는 계속해서 채워질 수 있으며, 얼마나 더 채워질 수 있는지는 알 수 없다. 실험자가 피험자에게 음식을 제공하든 피험자들이 자신이 먹을 양을 자유롭게 선택하든 상관없이 같은 현상이 관찰되었다.

좋지 않은 것은 더 많이 먹는다고 해서 사람들이 더욱 포만감을 느끼지는 않는다는 사실이다. 여기에 모순이 있다. 가장 많은 양을 먹은 피험자가 가장 적게 먹은 피험자보다 포만감을 더 느끼지는 않았다. 이 현상은 반 이상의 참가자들이 각자 다른 양의 음식을 받았다는 것을 모르는 상태에서 행한 연구의 막바지에 밝혀졌다.

이것은 생각보다 흔한 일이다. 상당히 많은 실험들이, 소비자가 파스타나 밥처럼 형태가 미리 정해지지 않은 음식 양을 제대로 가늠하지 못한다는 것을 보여준다. 그리고 양이 많을수록 사람들은 양을 파악하기 힘들어 했고, 자신들이 얼마나 먹었는지 판단하지 못했다. 그들은 제공자가 얼마나 많은 양이 그들에게 적당하다고 판단하는지에 상관없이 먹을 준비가 되어 있다. 크기가 다른 샌드위치, 크기가 다른 봉지에 담긴 감자칩, 크기가 다른 통에 담긴 팝콘 등을 사용하여 비슷한 연구들이 행해졌다. 모든 실험들은 한 가지 예측이 사실임을 확인했다. 더 많은 음식이 제공될수록 더 많이 먹는다는 것이다.

그러므로 먹을 수 있는 음식의 양과 열량의 계산은 별개다. 다시 말해서, 당신은 큰 그릇에 담긴 감자칩을 같은 크기의 그릇에 담긴 샐러드처럼 먹어치울 수 있다. 여러 실험 결과에 따르면, 우리는 앞에 놓인 음식이 아무리 많아도 모두 먹을 수 있다. 외식하는 습관이 점점 늘어나는 미국인은, 식당에 앉아서 자기 앞에 놓인 엄청나게 많은 양의 달고 기름진 가공식품이 얼마나 많은지 알지 못한 채, 남김없이 깨끗하게 먹어치운다. 그러므로 언제나 칼로리를 최대한으로 섭취할 수 있는 상황에 놓여 있다. 이와 대조적으로 집에서 가족 식사를 하는 전통이 남아 있는 프랑스인은 이런 현상으로부터 상대적으로 안전한 편이다.

상황을 좀 지나치게 밀어붙였다는 자각과 고액 소송의 위험을 피하기 위해, 최소한 미국의 식품산업에서는 '많을수록 좋다'라는 논리를 조정하고 있다. 예를 들어서 펩시는 최근 미국 학교에서 파는 상품의 크기와 총 열량을 줄이기로 결정했다고 발표했다.

광고의 힘: 소비자의 합리적 선택이란 망상이다

상당수의 식품들이 '비만을 일으킨다'는 사실은 이미 오래된 뉴스다. 영양 전문가들은 수십 년 동안 경종을 울렸다. 그러나 1980년대 초부터 주도적이 된 경제모델과 발을 맞추어, 제조업체들은—물론 그들 중 몇몇은 굳은 신념으로—시장이 문제를 해결해주기를 기대했다. 결국은 소비자들이 분명히 건강한 상품을 선택할 것이고, 아무도 사지 않는 상품은 상업적으로 사망할 것이라고 믿었다. 책임은 확고하게 구매자들의 법정에 놓이게 되었다. 합리적인 선택은 구매자들에게 달린 것이다! 그리고 구매자들이 합리적인 선택을 한다면 유해한 상품들은 대부분 자동적으로 탈락이라는 판결을 받을 것이다. 이 낙관적인 상상은 순진하게도 광고와 홍보의 설득력을 완전히 간과해버린 견해였다.

아직도 의심스럽다면 세계보건기구가 영국의 광고에 대해 언급한 내용을 읽어보라(2000).

"1992년 영국에서는 초콜릿 과자를 홍보하기 위해 8,620만 파운드(약 1억3,000만 달러)를 쓴 반면, 신선한 과일, 채소, 견과류에는 고작 400만 파운드(약 600만 달러)를 썼다."

다른 말로 하면, 영국에서는 과일과 채소를 홍보하는 데 쓴 돈보다 20배 많은 돈을 초콜릿 과자를 홍보하는 데 썼다는 것이다. 몸에 좋은 음식과 그렇지 않은 음식이 공정한 경쟁을 벌이고 있다고 진지하게 말할 수는 없다.

광고계의 빅 5: 패스트푸드, 시리얼, 청량음료, 과자, 스낵

텔레비전은 이 게임에서 결정적인 역할을 한다. 텔레비전은 특히 어린이들에게 영향을 주는데, 어린이들은 어른들보다 식품 광고에 더 많이 노출되기 때문이다. 그 다음으로 어린이들에게 직접적으로 끈질기게 광고 공세를 하는 것은 장난감이다. 한 연구는 어린이들이 많이 시청하는 시간에 내보내는 광고 10편 가운데 7편이 음식 광고라는 사실을 밝혔다(Dibb and Castell, 1995). 이러한 음식 광고들은 모두 지방, 설탕, 소금이 많이 들어간 상품을 홍보하고 있었다. 세계보건기구에서도 같은 현상에 관심을 가져서 다음과 같이 보고했다(2000).

"미국에서 어린이 시청률이 높은 시간의 음식 광고 91퍼센트가 지방, 설탕, 소금이 많이 들어간 제품을 선전하고 있다. 영국에서도 비율은 비슷하다."

그러한 광고의 많은 부분이 업계에서 '빅 4'라 불리는 상품들이다. 설탕이 많이 함유된 아침용 시리얼, 청량음료, 과자류, 짭짤한 스낵. 이 무시무시한 네 개의 상품들은 최근 몇 년 새 타의 추종을 불허하는 선두가 된 다섯번째 악당에게 완전히 압도당했다. 그것은 바로 지속적으로 광고비용이 급증하고 있는 패스트푸드다. 1990년에 이미 맥도날드는 세계에서 다섯번째로 큰 광고주가 되었고, 겨우 2년 뒤에는 두번째로 올라섰으며, 1997년에는 유럽에서 가장 큰 광고주가 되었다(Horgen et al. 2001). 이 일당들은 이제 영양전문가들에 의해 '빅 5'라 불린다.

이러한 다섯 가지 식품에 대한 광고는 처음에 미국에서 빵, 과일, 채소 같은 기본적인 식품에 대한 광고를 밀어냈고, 그 다음에는 전 세계로 퍼져나갔다. 영국에서는 특히 1990년대 후반부터 어린이들이 보는 방송을 건강에 나쁜 식품 광고로 도배해버리는 극단적인 사례들이 나타났다. 이때부터 10년 동안 유아 비만이 감당할 수 없을 만큼 증가한 것은 단지 우연의 일치일까?

재미있는 광고가 전하는 그릇된 메시지

상품에 대한 최선의 이미지를 전달하기 위해서 빅5는 유익함과 영양적인 가치보다는 즐거움과 맛에 중점을 두었다. 아주 짧은 시간에 이런 내용을 전달하기 위해, 가장 중요한 판매상의 강조점이 '재미'가 되었다. 멋지고 유쾌한 캐릭터들이 시대의 풍조가 되었다. 그리고 이상하게도 아역 배우들은 항상 날씬하고 건강이 좋아 보이고 에너지로 가득 차 있으나 그들이 먹는 음식들은, 순화해서 말하자면 '영양이 매우 부족한 것들'이다(Byrd-Bredbenner and Grasso, 2000).

정말 그런 광고들이 건강한 음식에 대한 어린이들의 생각에 영향을 미칠까? 이 점에 대해서는 각기 다른 연구들이 각각의 결론을 내놓았다. 예를 들어서, 청량음료 광고는 아주 어린 아이들이 특정 상품에 진짜 과일이 함유되었는지 아닌지를 판단하는 능력에 손상을 줄 수도 있다는 연구 결과가 있었다.

물론, 광고는 말을 조심스럽게 선택해서 사용한다. 시리얼 광고는 보통 그 제품이 균형 잡힌 아침식사의 '한 부분으로서' 도움이 된다고 말하지, 그것 자체가 균형 잡힌 아침식사라고 주장하지는 않는다. 나쁜 것은 매우 세세한 부분 속에 숨어 있다. 그러나 시청자가 그런 미묘한 차이를 알아차릴 수 있을까?

다시 한 번 말하지만, 상품들은 보통 "에너지가 많다"라고 말하지 "설탕이 많다"라고 하지 않는다. 그리고 "이것은 살을 찌게 합니다!"라고 하는 것보다는 "이것은 맛있습니다!"라고 말하는 게 확실히 더 좋게 들린다. "천연섬유가 함유되었습니다"라는 문장은 이도저도 아닌 애매함 때문에 좀더 유리하지만(소비자가 이런 것들을 찾아내기란 매우 힘들다), 반면에 그것이 매우 건강한 음식이라는 인상을 준다. 그런 용어들은 자유롭게 뒤섞여 있다.

식품과 음료 광고들 중 절반에 가까운 것들이 의도적으로 모호한 정보를 보여주거나 완전히 잘못된 정보를 포함하고 있다(Byrd-Bredbenner and Grasso, 2000). 가끔씩 오해의 소지가 있는 비교를 하기도 한다. "○○초콜릿 바는 우유 한 잔만큼 좋다" 혹은 "과일 한 조각만큼 많은 비타민을 포함하고 있다." 그러나 이 광고들은 비타민에 대해서만 자랑을 할 뿐, 과일과 초콜릿의 열량과 다른 영양소에 대해서는 언급하지 않는다. 이것만은 틀림없다. 한 조각의 과일과 진짜로 동등한 것은 오직 다른 과일 한 조각뿐이다.

텔레비전 광고는 고의적으로 의미의 혼란만 주는 것은 아니다. 유명한 스테이크 체인점의 메뉴에는 2004년부터 쇠고기 대신 먹을 수 있고 지방이 연어를 포함한 어떤 생선들보다도 적은 들소 고기가 포함되어 있다. 그렇게 따지고 보면 사실인 것 같기도 하다. 그러나 무의식으로 전달되는 메시지인 '쇠고기가 물고기보다 몸에 좋다'가 사실인지는 의문으로 남는다. 평지에서 자유롭게 풀을 뜯으며 자란 들소는 집약적으로 사육된 소와는 공통점이 별로 없다. 들소의 식단은 일반 소와는 완전히 다르며, 살점에 포함된 지방도 마찬가지다. 게다가 메뉴의 내용은 연어가 특히 기름진 생선이라는 것, 다양한 지방산들의 비율이 완전히 달라서 '좋은' 콜레스테롤과 '나쁜' 콜레스테롤 사이에서 올바른 균형을 잡기에는 너무 치우쳐 있다는 언급을 생략한다. 우리는 쇠고기에 대해서 같은 말을 할 수는 없다.

비슷한 혼란이 유제품에서도 교묘하게 이어진다. '칼슘이 많다'는 것은 맞는 말이지만, 지방이 많다는 것을 알려주는 게 더욱 사려 깊은 것이다.

어린이를 타깃으로 한 광고의 악영향

그런 광고들이 정말로 어린이들의 식습관에 영향을 미칠까? 불행히도 그런 것처럼 보인다(결국 그것이 그들의 목표니까 말이다). 그러나 단도직입적인 방법을 사용하는 광고가 다른 요인들보다 더 많이 또는 더 적게 영향을 미치는지 구별하기는 힘들다. 이런 요인들 가운데는 어린이들이 실제로 먹는 것에 절대적인 영향을 미치는 부모들의 선택과 행동을 고려해야 한다. 만약 밤마다 아빠가 커다란 감자칩 봉지를 들고 텔레비전 앞에 앉아 있다면, 혹은 엄마가 정기적으로 아이스크림 한 통을 먹어치운다면 어린이들은 똑같은 행동을 할 가능성이 높다.

그런데도 여러 연구들은 초등학생들에게 어떤 음식을 가장 좋아하는지, 혹은 쉬는 시간에 어떤 간식을 먹는지 물어봤을 때 광고가 어린이들에게 많은 영향을 주고 있음을 보여준다. 그 연구들은 또한 어떤 방식으로든, 어린이들의 선택에 영향을 줄 수 있는 자동판매기의 판매 촉진용 문구에 대한 내용도 밝혔다. 마찬가지로 적절한 문구를 사용하면 어린이들이 건강한 간식을 사도록 설득할 수도 있다. 어느 쪽이든 광고인들은 시간 낭비를 하지 않는다.

1990년 캐나다에서 실시한 한 연구는 몬트리올에서 영어를 사용하는 어린이들과 프랑스어를 사용하는 어린이들의 시리얼 소비량을 비교해보았다. 그 무렵 퀘벡에서 영어를 사용하는 어린이들 대부분은 미국 TV를 시청했고, 반면에 프랑스어를 사용하는 어린이들은 1980년부터 어린이들 대상 광고가 금지된 퀘벡의 TV를 시청했다. 결과적으로 프랑스어를 사용하는 어린이들은 시리얼 광고에 덜 노출된 셈이었다. 연구에서 밝힌 바에 따르면 가계소득이나 집에서 쓰는 언어와는 상관없이, 미국 TV를 주로 시청하는 어린이들 대부분이 시리얼을 먹고 있었다. 다른 실험들에서는 어린이들이 음식 광고를 자주 보면 부모에게 특정 제품을 사달라고 조른다는 사실을 밝혀냈다. 대체로 그 제품들은 지방, 설탕, 소금이 많이 들어간 것이었다.

어린이들을 목표로 삼는 광고는 두 가지 강력한 영향을 미친다. 첫째는 상표 효과다. 이것은 어린이들이 한 가지 상표만 사달라고 조르게 만드는데, 왜냐하면 그 상표를 텔레비전에서 봤기 때문이다. 둘째는 특정 식품 효과다. 이것은 어린이들이 특정한 형태의 제품을 더 먹고 싶어하도록 만든다(예를 들면 초콜릿). 상표가 무엇이든 광고가 다른 음식을 살 수 있는 비용으로 어린이들에게 더 많은 불량식품을 사먹도록 부추기는 것은 틀림없다. 그러므로 어린이들이 보는 광고에서 채소와 과일이 거의 사라졌다는 사실은 녹색 음식에 대한 어린이들의 관심 부족을 어느 정도 설명해준다.

마지막으로, 비만의 증가를 광고 탓으로 돌리는 게 타당한가? 텔레비전 보기와, 콜레스테롤과 체중 문제를 불러오는 불균형한 식사 사이의 관계는 분명히 입증되었다. 예를 들어서, 2005년에 진행된 한 연구는 미국, 호주, 유럽의 여러 국가에 있는 과체중 어린이들의 비율이 텔레비전에서 방영되는 지방, 설탕이 많은 제품의 광고 횟수와 직접적인 상관관계가 있음을 보여주었다(Lobstein and Dibb, 2005). 반대로, 과체중 어린이들에게 텔레비전 보는 시간을 제한하자 몇 달 안에 상당히 많은 양의 살이 빠졌다.

텔레비전과 과체중 사이를 연결하는 고리의 정확한 본질은 무엇일까? 광고가 어린이들을 살찌게 하는 것일까? 어린이들이 텔레비전을 보는 동안 계속 군것질을 해서일까? 아니면 편한 의자에 앉아 있는 것이 열량을 소모하는 최선의 방법이 아니기 때문일까? 분명히 해답은 이 모든 요인들 근처에서 그 비율이 결정되지 않은 채 남아 있을 것이다. 몇몇 연구들은 어린이들이 광고를 많이 보면 볼수록 군것질을 더 많이 할 것이고 더욱 낮은 품질의 제품을 먹고 싶어할 것이라고 주장했다.

그러나 다른 이들은 광고보다는 부모의 태도가 중요하다고 말한다. 어린이들에게 미치는 텔레비전 광고의 직접적인 영향에 초점을 맞출수록 간접적인 영향을 더욱 무시하게 된다는 것을 기억해야 한다. 예를 들어, 패스트푸드 광고는 어린이들은 움직일 수 없지만 부모가 가족을 데리고 맥도날드에 가도록 부추기는 것일지도 모른다. 이런 식으로 패스트푸드 식당에서 점심을 먹는 것이 바람직한 일은 아니지만 일상적인 일이라는 생각을 어린이들 머릿속에 심어준다.

공권력의 반격 : 어린이 대상 식품광고를 규제하라!

현실적인 영향력과 상관없이, 광고는 여러 지역에서 공식적인 걱정거리로 부상했다. 2003년이 시작되면서, 영국 하원 의회의 건강위원회는 비만 문제의 해결을 위한 다양한 대책을 마련하기 위해 광고의 역할을 시험해보기로 했다고 발표했다. 몇 달 후에 나온 위원회의 연간보고서에서는 이 문제를 예방할 수 있는 원칙을 채택하도록 권고했다. 식품 광고가 비만 인구의 증가에 책임이 있음을 의심해볼 수 있다는 정도 이상의 증명이 불가능함에도 불구하고, 광고가 비만에 책임이 있을 가능성이 높다는 시각에서 강력한 규제를 요청한 것이다.

세계보건기구와 식량농업기구를 포함한 여러 국제기구들도 같은 결론에 도달했다. 식품 광고가 어떤 수준에서 비만에 관련이 있다는 게 명백해진 뒤부터, 광고 공세에 어린이들이 노출되는 걸 절제하는 노력이 문제될 것은 없었다. 10년 동안의 뜨거운 논란 뒤에, 1991년 스웨덴에서는 12세 이하를 대상으로 한 TV 광고를 모두 금지했다. 또한 그리스는 광고 내용을 더욱 엄격하게 규제하기로 결정했다.

프랑스식품안전국도 같은 생각을 했다. 그들은 광고가 비만의 증가에 기여했다는 사실을 과학자들이 증명하기 힘들 것이라고 판단했다. 왜냐하면 문제가 극히 복잡한데다 영향을 주는 요인이 다양하기 때문이다. 그래서 그들은 다른 각도에서 문제를 제기했다. 아동 비만이 위협적인 문제가 된 세상에서, 에너지가 풍부한 음식을 게걸스럽게 먹도록 부추기는 광고에 어린이들을 노출시키는 것이 현명한 일인가? 예방 원칙은 안전을 위해 지나치다 싶은 충고를 했다.

여기서 더 나아가 2003년에는, 프랑스의 국회의원이 결코 균형 잡힌 식단의 일부가 될 수 없는 모든 음식의 광고를 금지하는 법안을 발의했다. 또한 그 법안은 제조업체들에게 어린이를 대상으로 한 모든 식품 광고에 영양에 대한 공익적인 문구(공공의 건강 전문가들에게 허가된)를 반드시 넣도록 했다. 그러나 이 법안은 정부의 압력에 의해 무효로 돌아갔다. 그 결과 프랑스식품안전국의 권고에 따라, 광고업체들은 단순히 영양에 관련된 문구를 만들고, 문구를 이전과 같은 시간대의 광고에 집어넣어 방송하기 위한 기금을 조성하라는 요구를 받았다. 이것은 그들 제품의 홍보 예산에서 세금의 형식으로 떼어낼 예정이었다. 이 법안은 완화된 형식을 갖췄음에도, 광고업체와 함께 완벽하게 적법한 광고를 만들었다고 생각한 식품회사를 격분하게 만들었으며, 이 문제와 관련된 판사와 배심원 모두에게 거부당했다.

추가 부담금의 원칙은 지금도 여전히 유효하지만, 징세 액수가 광고비의 1.5퍼센트라는 매우 적은 수치로 축소되었으며, 식품 광고주들은 현재 두 가지 선택안을 가지고 있다. 국립비만예방건강교육기관(INPES)에서 주관하는 비만 예방을 위한 모금 캠페인에 1.5퍼센트의 세금을 내거나, 아니면 식품 광고에 건강에 관한 정보를 함께 내보내는 것이다. 건강 관련 문구는 텔레비전에서는 움직이는 배너의 형식으로 나가고, 신문과 잡지에서는 담뱃갑에 쓰여 있는 경고 문구와 비슷한 형태로 나간다. 주요 문구의 예는 다음과 같다.

- 건강을 위해서 하루에 최소한 다섯 개의 과일과 채소를 드세요.
- 건강을 위해서 규칙적으로 운동을 하세요.
- 건강을 위해서 지방, 설탕, 소금을 너무 많이 먹지 마세요.
- 건강을 위해서 식사 전에 군것질을 하지 마세요.

모금한 금액이 '좋지 않은 식습관이 일으키는 위험에 관한 공익

정보의 현실적인 정책을 시행'하고, 그 법안의 원래 야심을 상기시키기에 충분할지는 지켜봐야 할 일이다.

식품업계의 강력한 로비

국회의원이 발의한 법안으로 촉발된 격렬한 항의가 조금씩 누그러들면서 다음과 같은 사실이 명백해졌다. 법안이 자신들의 이익을 위협한다고 인식하자마자 식품산업은 이빨과 발톱을 세우고 반격했다. 그들의 입장을 방어하기 위해서는 강력한 로비를 하는 것이 가장 효과적이었다. 특히 영국, 프랑스, 쿠바 혹은 브라질의 설탕 산업은 경계를 게을리하지 않았으며, 설탕 섭취와 비만의 상관관계를 다룬 보고서들의 출판과 특정 제품에 들어가는 설탕 함유량의 최대치를 정하려는 시도를 막기 위해 동분서주했다. 2005년 가을에 프랑스 텔레비전에서 방영된 요란한 캠페인 광고는 설탕 소비를 통제하려는 공권력의 간섭이 쾌락을 억누르려는 전체주의적인 욕망과 유사하다고 비유하면서 자신들의 관점을 멋지게 드러내는 것이었다. 식품산업의 몇몇 부서들은 계산대의 벨소리가 계속 울리게 하기 위해서라면 무슨 짓이라도 할 것이다.

이러한 목적을 위해 기업들이 의지할 수 있는 편리한 도구들이 많이 있다. 정치적 정당과 입법자들에게 정치자금을 기부하는 일, 학술대회와 학술지를 위해 기금을 만드는 일은 '친절하게도' 먹이를 줬던 손을 물지 않으려 망설이게 만든다. 영국과 다른 나라들에서 많은 영양학자들의 연구가 농산물과 식품 회사의 지원에 의해서 진행된 것은 비밀도 아니다.

    2005년 5월에 이런 로비들이 가치가 있었음이 입증되었다. 소비자연합이 식품설명서에 대한 규정을 만들고자 했을 때, 유럽 의회는 그것에 반대하며 식품산업을 강력하게 지지했다. 예를 들어, 유럽연합 집행위원회는 90퍼센트가 설탕으로 구성된 롤리팝을 '무지방'이라고 광고하는 것을 금지하는 법안을 상정했다. 그러한 서술의 애매모호함(마치 걱정 없이 즐길 수 있는 '저칼로리' 상품이라고 암시하지 않았다는 말인가?)에 반대하는 소비자 단체들이 엄중한 단속을 요구했다. 법안은 '저칼로리'와 같은 설명서 문구들은 문제의 상품에 과도한 양의 지방이나 설탕, 소금이 들어 있지 않을 때만 사용할 수 있도록 제안하고 있었다. 그러나 유럽의회 의원들은 아무도 이 법안을 승인하지 않았고, 5월 26일에는 법안을 거부했다. 일부 의원들은 "좋은 상품과 나쁜 상품은 없고, 오직 좋은 식단과 나쁜 식단이 있을 뿐"이라고 말하며 자신들의 행동을 정당화했다. 그러나 다른 이들은 유럽연합 집행위원회의 조치가 '반자유주의적'이며 기업들에게 '과도한 규제'를 가하는 것이며, 특히 중소 규모의 기업들을 번거롭게 하는 것이라고 주장하면서 자신들의 결정에 대한 진짜 동기를 암시했다. 그들은 소비자들의 건강보다 산업의 건강을 더 우선으로 생각한다는 것을 솔직하게 인정하지 않으려 했다.

    문제를 간단하게 말하자면 이렇다. 공공의 건강에 얼마나 중요한가는 상관없이, 모든 규제는 기업의 단기적인 이익에 위협을 가하는 것이다. 우리는 명백한 선택 앞에 직면했다. 더 효율적인 경제를 택할 것인가, 아니면 더 나은 시민의 건강을 택할 것인가?

금융사와 보험사, 식품회사를 압박하다

산업체들의 다양한 로비 활동들은 이미 많은 연구자들에 의해 남김없이 분석되었다. 그러나 최근에는 기존의 로비 활동 못지않은 새로운 종류의 강력한 압력이 다른 방향에서 경기장 안으로 들어온 것처럼 보인다. 금융과 보험회사로부터의 압력이다. 금융의 세계는 통제 불능으로 돌아가는 식품산업 체제의 위험성을 깨달았다. 새로운 분노의 물결이 기소로 이어져 결국은 그 비용을 금융에서 떠맡게 될 반격을(담배회사들의 경우에서처럼) 예상하고 초조해했다. 그것이 금융회사들에서 거대 식품회사들에게 사태가 위급해지고 있음을 깨닫도록 경고하는 이유다. 미국의 주요 투자은행들은 식품산업이 그들 제품의 구성성분에 아무 조치도 취하지 않는다면, 그들이 자초할 수 있는 매우 현실적인 위험들을 상세하게 기록한 보고서들을 자주 내놓고 있다. 그 내용은 많은 기업들에게 전해져, 해당 기업들은 불균형한 식단으로 인한 문제를 강조하는 새로운 '건강식' 제품 출시를 앞두고 있다.

  수사슴끼리 맞붙게 하는 것과 같은 이러한 반격이 도덕성에 대한 호소나 공공의 건강에 대한 논의보다 더 효과가 좋았다. 투자은행은 식품산업에 막대한 자본을 투자해왔으므로 그것이 파산하지 않기를 바랐다. 보험회사들은 비용을 떠맡아야 하기에 더욱 곤란한 입장에 처했다. 그러므로 생산자와 유통업자 모두를 포함한 시스템 전체로 압력이 증가되었다. 무엇보다도 패스트푸드 체인점(가장 직접적인 범죄자)들이 생산과 홍보 관행을 심층적으로 검토하라는 재촉을 받았다.

비만의 원인은 유전자인가?

하고자 하는 말은 다했지만, 혹시 이것이 그저 유전자 문제라면 어떨까? 그런 견해는 확실히 모두의 죄책감을 완화시켜준다! 이 문제는 생물학적인 질문과 더불어 뜨거운 논쟁의 대상이다. 유전자의 역할에 대한 최근의 생각은 어떠한가? 본성의 문제인가, 양육의 문제인가?

양육의 문제라는 주장은 현재 우리 눈에 보이는 급증하는 비만율의 원인이 될 만큼 인간의 유전자가 그토록 빨리 변하지 않는다는 사실을 근거로 할 것이다. 그러므로 비만은 분명히 우리가 살고 있는 환경과 생활방식 때문이라는 것이다. 그러나 본성이라는 측면에서 보면, 일반적인 생물학자들은 그 반대가 진실이라고 확신한다. 즉 비만은 오직 유전체의 취약성 때문에 발생한다는 것이다. 미국 배턴루지에 있는 인간유전체학연구소의 클로드 부샤르가 "일반적으로 정반대의 주장이 계속 유지될 때, 진실은 두 주장 사이 어디쯤에 있다"라고 말했을 때, 아마도 본성 대 양육 논쟁의 결론에 가장 근접했을 것이다. 그에게 '비만을 유발하는' 환경과 행동이 최근의 전 세계적인 비만과 과체중을 가속시켰음은 자명한 이야기다. 그러나 그는 또한 생물학적인 측면도 관계가 있다고 주장한다.

다양한 증거들은 개인이 얼마나 여러 경로로 쉽게 체중이 늘어나는지 보여준다. 그리고 비만, 때로는 매우 극단적인 비만에 걸릴 위험과 유전적 다양성은 매우 관계가 깊은 것처럼 보인다. 사실 모든 사람들이 알맞은 환경에서는 비만에 걸릴 확률이 높으며, 이것은 우리의 에너지 균형이 긍정적인 상태를 유지하도록 진화한 다양한 층위의 유전자 형태가 존재하기 때문인 것 같다(Bellisari, 2008).

- 낮은 대사율과 불충분한 열 발생을 유도하는 '절약하는' 유전자형
- 잘 통제되지 않는 식욕과 관련이 있는 '식욕이상항진증' 유전자형
- 육체적으로 활발하지 않은 성향으로 이끄는 '좌식' 유전자형
- 몸이 지방을 축적시키는 능력을 향상시켜 지방세포의 확산을 촉진하는 '낮은 지방 산화작용' 혹은 '지방 형성' 유전자형

이러한 유전자는 인간이 진화하는 오랜 시간 동안 우리의 유전자군과 결합되어, 우리의 조상과 현재의 인류가 식량 부족 문제에 직면했을 때 살아남고 높은 강도의 신체활동(사냥 같은)을 할 수 있도록 도왔다. 이것은 불운한 몇몇 사람들이 다른 사람들보다 더 쉽게 뚱뚱해지는 이유를 설명해줄지도 모른다. 즉 그들은 조상의 효율성 높은(그러나 치명적인!) 에너지 저장 유전자 복합체를 물려받은 것이다. 여전히 이 분야를 탐구하고 있는 연구들이 아마도 새로운 사실들을 밝혀낼 것이다.

그 밖에도 다양한 생물학적 설명이 제시되고 있다. 예를 들어 몇몇 과학자들은 세포 안에서 지방질 조직을 확대하는 데 바이러스가 중요한 역할을 할지도 모른다고 주장했다(Rogers et al, 2008). 최근에는 스웨덴 카롤린스카 연구소의 커스티 스폴딩이 〈네이처〉에 지방세포의 이동에 관한 내용을 발표했다(2008). 체중에 상관없이 태어난 순간부터 스무 살이 될 때까지 지방세포의 숫자는 꾸준히 증가하지만, 그 뒤로는 살이 빠진다고 해도 지방세포의 숫자는 변

하지 않는데, 이것은 엄격한 유전적 통제 때문이라는 사실을 시사한다.

그렇다면 이 모든 것은 무엇을 의미할까? 성장하면서 이미 지방세포를 많이 축적해서 비만이 된 사람들이 체중을 줄이기 위해 할 수 있는 일이 있을까? 그렇다. 다행스럽게도 그들은 세포의 크기를 줄일 수 있다. 그러나 숫자를 줄일 수 있는 것은 아니다(Shadan, 2008). 그렇다면 마른 사람들은 어떨까? 만약 지방세포의 숫자가 적어도 무엇을 먹어야 할지 걱정할 필요가 있을까? 불행히도 그렇다. 지방세포는 많은 양의 지방을 저장할 수 있다. 세포의 숫자가 많지 않더라도 말이다.

유전적 연관성에 대한 더욱 진전된 증거가 영국에서 진행된 쌍둥이에 대한 대규모 연구에서 밝혀졌다(Wardle et al. 2008). 체질량지수는 유전자에 의해 대부분 결정되며 오직 4분의 1 정도만이 환경의 차이 때문이라는 것이다. 이 모든 연구들은 같은 방향을 가리키는 것처럼 보인다. 본성과 양육 둘 다 누가 살이 찌고 누가 날씬함을 유지할지를 결정하는 데 기여한다는 것이다.

7
비만은 단지 운동 부족 탓인가?

비만의 기본 해결책: 몸을 움직여 지방을 태워 없애자!

운동의 일석이조 효과: 날씬한 몸매에다 건강까지

당신의 신체활동수준은 얼마인가?

안락의자 권하는 사회

신체활동은 문화의 문제인가?

맥도날드 매장에 앉아 있는 운동선수를 생각하면 미소를 짓지 않을 수 없을 것이다. 그러나 맥도날드는 1976년부터 올림픽 게임의 공식 후원사였다. 이런 발상은 단순히 이목을 끌려는 광고만은 아니다. 끊임없이 비난받는 이미지를 가진 회사로서 전 세계를 향해 세운 전략의 일부이자, 계속 공격적으로 나가기로 한 결정이었다. 2004년에 맥도날드는 새로운 선전문구를 공개하고, 미국과 다른 여러 나라에서 시험해보았다. '활동하라!(Go Active!)'라는 말 속에는 햄버거와 감자튀김을 사라고 부추기는 내용이 담겨 있지 않으며, 오히려 이제 맥도날드가 우리의 운동코치가 되기를 자처하고 있다. '활동하라' 세트는 샐러드 한 접시, 물 한 잔, 하루 동안의 걸음 횟수를 합산하여 주행 거리를 알려주는 만보기로 구성되어 있다. 이 세트는 운동과 관련된 조언을 담은 작은 책과 함께 제공된다. 그리고 맥도날드의 이미지를 더 좋게 하기 위하여, 대중매체에 어울리는 스포츠 자문위원을 여러 명 고용했고, 야오밍 같은 몇몇 유명 운동선수에게서 추천서를 받았다.

　이 모든 것 뒤에 있는 전략은 간단한 것이었다. 공급 열량을 줄일 수는 없었으므로, 회사는 비만이 너무 많은 음식 양 탓이 아니라는 걸 강조했다. 즉 비만은 모두 운동부족 탓이다. 식품산업은 이 논리를 덥석 거머쥐고 전체 사업을 위해 이 편리한 핑계를 대기 시작했다. 근본적으로, 운동을 충분히 한다면 먹고 싶은 만큼 먹어도 된다는 것이다.

　물론 그 말에도 어느 정도 진실이 있다. 왜냐하면 비만은 사람이 섭취하고 소비하는 열량 사이에서 오랜 기간 동안 지속된 불균형의 결과이기 때문이다. 열역학적인 관점에서 문제에 접근하는 두 가지 명백한 방법이 있다. 너무 많은 열량이 공급되거나, 그것을 충분히 소모하지 않거나 둘 중 하나다.

비만의 기본 해결책: 몸을 움직여 지방을 태워 없애자!

여기서 잠시 기초적인 생리학을 살펴보자. 몸은 다양한 방식으로 열량을 소비한다. 심장을 뛰게 하고, 뇌가 활동하게 하는 것 같은 기본적인 기능을 위한 에너지로 사용한다. 이것을 기초신진대사라고 한다. 또 다른 소량의 열량은 음식을 소화시킬 때(우리는 에너지를 저장하기 위해서도 에너지를 사용해야 한다), 또는 추위로부터 몸을 보호할 때 열로 소비된다. 그리고 나머지는 우리가 움직일 때 근육에 의해서 소비된다. 보통의 성인들은 기초대사량이 하루에 소비하는 에너지의 반 이상(개개인이 움직이지 않고 앉아서 일하는 정도에 따라 60~70퍼센트)

정도를 차지한다. 소화와 열의 생산량은 필요하다면 총 에너지 양의 10퍼센트까지 차지하기도 한다. 그러므로 개인의 신체활동이 총 에너지 소비량의 30퍼센트 정도를 차지하는데, 말하자면 간신히 3분의 1 정도다. 결국 그렇게 많은 양은 아니다(힘든 육체노동을 한다면 이 비율은 50퍼센트까지 올라갈 수 있다). 그러나 기초신진대사가 의미 있는 수준까지 변하는 것은 실제로 불가능하기 때문에, 에너지 소비 문제에서 몸의 활동은 여전히 중요한 변수로 남는다. 우리가 실제로 영향을 줄 수 있는 유일한 변수인 것이다.

이런 관점에서, 직관은 통계로 확인되었다. 일반적으로 과체중인 사람들이 운동을 적게 하는 것도 사실이다. 그러나 여전히 우리는 사람들의 과체중이 비활동적인 것 때문이라고 가정할 수는 없다. 인과관계는 반대로 작용할 수도 있다. 즉 몸이 무거워져서, 움직이려면 육체적인 노력이 특별히 더 요구되기 때문에 비활동적이 될 수도 있다. 그런데도 다양한 연구들은 몸의 활동이 줄어드는 것이 체중이 늘어나는 주요한 이유라는 것을 밝혔다. 따라서 여가시간에 운동하는 것을 멈춘 성인은 5년 안에 체중이 5킬로그램 정도까지 늘 수 있다(Rissanen et al, 1991). 또한 정상에서 내려온 운동선수들이 비만이 되는 것은 눈에 잘 띄는 일이며 우연으로 볼 수도 없다. 그들은 은퇴한 뒤나 예전처럼 강도 높은 훈련을 하지 않을 때 체중이 는다. 마지막으로, 오늘날에도 활동을 많이 하는 전통적인 사회에서는 비만율이 매우 낮다. 요약하면, 활동을 많이 하면 과체중과 그 부작용에서 우리 자신을 보호할 수 있다. 저 유명한 크레타식 식단이(전체적인 지중해의 식단이 그랬듯이) 건강에 유익하다는 사실이 처음으로 언급되었던 시대에, 그 식단은 규칙적이고 지속적인 신체활동과 분리될 수 없었다는 사실을 기억해야 한다.

　이것은 순전히 생리적인 이유 때문이다. 규칙적으로 운동을 하면 몸은 포도당을 쓰기 전에 먼저 축적된 지방을 끌어와서 쓴다. 단 운동이 적정 수준일 때 한해서다(원칙적으로 몸은 격렬한 활동이 20분 이하로 지속될 때는 포도당을 사용하며, 40분 뒤에는 축적된 지방을 끌어온다). 따라서 운동선수들은 같은 육체적 노력을 하는 동안 다른 사람들보다 더 많은 지방을 '태워버린다.' 같은 이유에서 그들은 우리들보다 더 많은 열량을 섭취해도 된다.

운동의 일석이조 효과: 날씬한 몸매에다 건강까지

군살과의 싸움에 도움을 주는 것이 육체적 활동의 오직 한 가지 장점은 아니다. 현명하게 실행한다면, 운동은 다른 많은 면에서 건강상의 이득을 가져다준다. 세계보건기구에 따르면, 체중과 상관없이 주로 앉아서 지내는 사람들은 적당량의 운동을 하는 사람들보다 제2형 당뇨병에 걸릴 확률이 2~4배까지 더 높다. 다른 말로 하면, 몸의 크기에도 불구하고 끊임없이 움직이는 뚱뚱한 사람이 거의 움직이지 않는 날씬한 사람보다 건강할 확률이 더 높다는 것이다.

　하루에 최소 30분 정도 적당한 운동을 하라는 공식적인 의학적 권고는 사실 사람들을 날씬하게 만들려고 하기보다는 심혈관 문제가 생길 위험을 줄이기 위한 것이다. 한 사람이 체중을 줄이기 위해 평균적으로 얼마나 운동을 많이 해야 하는지는 아무도 모른다. 그러나 30분 이상 운동을 해야 한다는 것은 의심할 여지가 없다. 몇몇 전문가들은 하루에 90분이 눈에 띄게 날씬해지기 위해 필요한 최소한의 운동시간이라고 생각했다. 우리의 식습관을 고려할 때 일반적으로 일치된 의견은 한 시간 정도 운동을 하면 몇 파운드쯤 살이 찌는 것을 막을 수 있다는 것이다. 이런 정도의 운동이 정말 사람들 사이에 널리 실행될 수 있을까?

당신의 신체활동수준은 얼마인가?

한 개인의 활동 정도를 재기 위한 척도가 있다. 신체활동수준(PAL)은 몸이 휴식을 취하고 있을 때의 기초대사량을 단위로 해서 개인의 하루 에너지 총 소비량을 표현한다. 예를 들어서, 어떤 사람의 신체활동수준이 2라면, 완전히 아무것도 하지 않고 있을 때 소모하는 에너지인 기초대사량의 2배를 소비한다는 의미다.

세계보건기구는 안정적인 체중을 유지하기 위해서는 약 1.8 정도의 신체활동수준을 유지해야 한다고 권고했다. 이 등급을 얻는 것은 결코 쉬운 일이 아니다. 대도시에 살면서, 주로 앉아서 일하는 사람들이 1.6 이상을 기록하는 것은 드문 일이다. 이것을 넘어서는 일은 정말로 힘든 도전이다. 체중이 70킬로그램인 성인 남성이 수치를 1.7로 끌어올리기 위해서는 하루에 20분 동안 격렬한 운동을 하거나 한 시간 동안 걸어야 한다(Ferro-Luzzi and Martino, 1996). 살을 빼고자 단호한 결심을 한 이들이 권장 수치인 1.8이 되기 위해서는 하루에 90분 이상을 걸어야 한다. 물론 이런 노력은 겨우 1.6

을 얻기 위해 필요한 24분의 '활동적인 여가'(12분 동안의 격렬한 운동과 더불어 12분 동안의 걷기 운동)에 뒤이어 해야 하는 것이다. 슬프게도, 책상 앞에서 보낸 하루 동안의 위험한 안락을 만회하려면 일이 끝난 뒤에는 공원에서 녹초가 될 때까지 조깅을 해야 하는 것이다!

안락의자 권하는 사회

도대체 어떻게 우리가 이 지경에 이르렀을까? 우리 사회는 점점 되도록 몸을 움직이지 않으려는 것 같다. 물론 예전부터 용의자로 지목된 것은 텔레비전이고, 그 혐의가 확인도 되었다. 우리가 텔레비전을 많이 보면 볼수록, 몇 년 안에 허리둘레가 불어날 위험이 더욱 더 커진다. 대체로 사회적 배경이 어떻든 텔레비전을 자주 보고 비디오게임을 자주 하는 어린이들은 활동적인 또래 어린이들보다 콜레스테롤 수치가 높고 뚱뚱해질 가능성이 크다. 불행하게도 텔레비전 시청은 어른들과 마찬가지로 어린이들도 선호하는 여가활동이 되었다. 1994년에 영국 시민들의 주당 평균 텔레비전 시청 시간은 26시간이었고, 이것은 1960년대의 13시간과 대비되는 수치다 (Office of Population Censuses and Surveys, 1994). 그리고 미국의 보통 어린이들이 학교보다 텔레비전 화면 앞에서 시간을 더 많이 보낸다고 말하는 것은 하나 마나 한 이야기가 되었다. 어린이들은 지칠 줄 모르고 웹서핑과 게임을 한다. 또한 독서를 하거나 친구들과 전화를 할 수도 있다. 그러나 어디론가 걸어가는 일은 거의 하지 않는다.

가구당 자가용 숫자는 지난 수십 년간 엄청나게 증가했다. 이제는 한 가족이 차 2대, 심지어는 3대를 가지고 있는 게 이상한 일이 아니다. 그러므로 아무리 짧은 거리라도 외출할 때 걷거나 자전거를 타는 것이 아니라 차를 타는 것도 놀랄 일이 아니다. 많은 사람들이 모퉁이에 있는 가게에서 빵을 사기 위해 차를 몰고 나간다.

1992년 영국에서는 14세 이하의 어린이들 중에서 걸어다니는 어린이들의 비율이 1985년보다 20퍼센트 감소했다(DiGuiseppi et al, 1997). 자전거를 타고 다니는 거리도 26퍼센트 줄었으나, 반면에 차 뒷좌석에 앉아서 가는 거리는 40퍼센트 증가했다. 프랑스에서도 상황은 매우 유사하다. 교통망도시계획연구센터(CERTU)에 따르면, 1976년에는 다섯 살에서 아홉 살 사이의 어린이들 가운데 80퍼센트 이상이 걸어서 학교에 갔다. 1988년에는 65퍼센트 정도로 급락했고, 1990년대에는 50퍼센트 이하가 되었다. 그리고 학교가 끝나면, 예전에 비해 턱없이 적은 숫자의 어린이들만이 거리와 공공장소에서 논다. 부모가 자동차, 낯선 이들, 그 밖의 위험에 아이들이 노출되지 않을까 걱정하기 때문이다. 도시의 많은 지역에서, 특히 어두워진 다음에는 어린이들뿐만 아니라 여자들이나 노인들도 밖에 혼자 나가기를 꺼려한다. 활동적이 될 수 있는 기회를 하나 더 잃은 것이다.

간단히 말해서, 모든 것들이 공모해서 우리의 열량을 축적하고 있다. 집에서는 훈훈한 중앙난방장치가 몸이 자체적으로 지방과 당분을 태워 열을 내는 것을 막는다. 직장에서는 기계, 컴퓨터, 기타 노동 절약 장치들이 거의 움직일 필요가 없게 만든다. 직장인들이 할 수 있는 가장 긴 여행은 컴퓨터에서 몇 발자국 떨어진 프린터로 걸어가는 것이다. 오직 소수의 사람들만이 지속적으로 몸을 움

7. 비만은 단지 운동 부족 탓인가? · **175**

직여야 하는 일을 한다.¹

쇼핑센터와 같은 공공장소에서는 승강기와 에스컬레이터가 시간과 에너지를 절약해준다. 문도 자동으로 열려서, 사소한 수고조차 할 기회가 사라져버렸다. 그러한 시설들은 선의로 설치되었지만 우리의 건강에 손해를 끼치고 있다.

도시는 보행자보다는 승용차를 고려하여 설계되었다. 놀이터는 찾아보기 힘들고, 많은 나라에서 자전거 전용도로는 아직 초기 단계다. 전 세계적으로, 현지 가게와 사업장이 모여 있어 중심을 이루는 번화가가 있는 도시에서 빌딩들이 조밀하고 넓게 들어서서 중심이 사라진 미국식 도시로 빠르게 변했다. 이런 도시들은 오직 자동차로만 통과할 수 있으며, 그곳에서는 걸어다니는 사람들을 좋게 말하면 호기심으로, 나쁘게 말하면 의심스런 눈길로 바라본다. 미국—미국뿐만은 아니다—의 많은 거리들에는 그 이름에 어울리는 도보조차도 없다. 게다가 그것을 아무도 개의치 않는 것처럼 보인다. 만약 사람들이 거리에서 안전하다고 느끼지 못한다면 어떻게 육체적 활동을 권장할 수 있을까?

2008년에, 잉글랜드와 웨일즈의 국립임상보건연구소(NICE)에서는 환경을 개선하여 비만을 예방하자는 보고서(《신체활동과 환경》)를 펴내 도시계획 설계자들에게 이 문제를 강조하려고 노력했다(NICE, 2008). 그들은 새로운 개발을 위한 도시계획은 사람들이 활동적으로 움직일 수 있는 방법에 우선순위를 두어야만 한다고 제안했다. 또한 교통계획자들에게 넓은 도보와 더 나은 자전거 전용도로를 만들어야 하며, 동시에 도로에 대한 접근성을 줄여 교통량을 줄이고, 2003년 런던에서 시행된 교통혼잡부담금처럼 도로를 사용하는 운전자들에게 세금을 걷으라고 권유했다.

> **낙서가 사람들을 살찌게 한다**
>
> 낙서가 많은 곳에서 살면 비만이 될 위험이 높아지는가? 2005년에 글래스고 대학 사회학과와 공공보건학과의 앤 엘러웨이와 샐리 매킨타이어, 세계보건기구 유럽환경보건센터의 자비에르 보네포이가 발견한 바에 따르면 간접적으로는 그렇다. 세 연구원은 동네 환경이 제대로 관리가 되고 있고 녹지대가 있으면 정말로 동네 주민들이 운동을 하기 위해 더 자주 밖으로 나가서 체중 조절을 하는지 질문했다. 유럽 8개 국가들이 포함된 조사에서 응답자들은 자신들이 사는 집 근방의 환경(낙서, 쓰레기, 시끄러운 개는 부정적인 표시로 사용되었고, 녹지는 긍정적인 표시로 사용되었다)과 신체활동 정도를 비교했다. 그 결과 동등한 사회적 지위와 수입을 가진 사람들 중 녹지 근처에 사는 사람들이 평균 이상 운동을 할 확률이 3배 높고, 과체중과 비만의 위험에 시달릴 위험이 40퍼센트 낮은 것으로 나타났다. 이와 대조적으로 낙서와 반사회적인 행동이 빈번한 지역에 사는 사람들은 신체적으로 비활동적일 확률이 50퍼센트 더 많으며, 비만과 과체중의 위험에 시달릴 확률도 50퍼센트 더 많다.

신체활동은 문화의 문제인가?

사람들에게 활동적이 되거나 운동을 할 필요가 있다는 것을 절실히 느끼게 하는 것은 언제나 쉽지 않다. 특히 사람들이 수십 년 동안 또는 수백 년 동안 궁핍한 시간이 닥쳐올 것을 대비해서 몸의 에너지를 효율적으로 사용하고 육체적 수고를 최소화하려 노력했다면 더욱 그렇다. 개발도상국에서는 여성이 물을 길러 가기 위해 최소 30분, 때로는 90분 정도를 걸어야 하는 곳도 있다. 평범한 가사일을 하기 위해서 또 다른 90분 동안 발을 바쁘게 움직이는 것이다(세계보건기구, 2000). 그렇지만 하루 동안 소비한 에너지의 양은 위의 숫자들이 보여주는 것처럼 많지는 않다. 왜냐하면 개발도상국의 성인들은 언제라도 그들이 원할 때마다 일을 쉬는 것으로 피로를 보상받을 수 있기 때문이다. 음식이 부족할 때 사람들이 보이는 첫번째 반응은 쉬는 것이다. 그러므로 여가시간에 뛰어다닌다는 것은 곡물이 부족한 상황에 위배되는 것이다. 이제 식량 공급이 나아져 열량이 훨씬 풍부해졌음에도 심리적 태도는 전혀 변하지 않았다. 현재는 개발도상국 사람들 대부분이 소비할 수 있는 여분의 열량이 더 많아졌음에도 여전히 되도록 적게 움직이려고 한다. 그러한 상황에서는 영양상의 불균형을 피할 수가 없는 반면, 선진국에서는 스포츠 문화가 활발하고 날씨도 시원하기 때문에 그만큼 문제가 심하지는 않다.

스포츠와 일상적 신체활동에 참여하도록 권장하는 것이 어려워지면서, 많은 사회들이 약을 통한 해결책을 찾는 것으로 퇴보했다. 생활 습관을 바꾸지 않고도 우리가 소비하는 에너지의 양을 늘릴 수 있는 놀라운 약들을 만들기 위해 치열한 경쟁이 시작되었다. 약으로 비만을 해결하겠다는 이런 접근법은 의학 분야와 윤리학 분야에서 많은 의문을 제기했다.

8
약으로 비만을 해결할 수 있을까?

개발 중인 비만 퇴치 백신들
의사들은 비만이라는 질병에 무지하다
부작용에도 불구하고 왜 모두 살빼는 약을 찾는가?
무리한 체중 감량은 왜 역효과를 낳는가?
가장 효과적인 다이어트 방법
의심스러운 건강기능식품들
웰빙식품으로의 바람직한 변화

1994년에 연구자들은 유전자 조작으로 비만이 된 쥐들에게 렙틴이라는 호르몬을 주입하면 기적적으로 살이 빠지는 것을 발견했다. 그러자 이 약품에 대한 열기가 급속도로 뜨거워졌다. 이 약품이 작용하는 방식은 간단했다. 렙틴은 지방 조직에서 분비되는 호르몬으로 우리에게 포만감을 느끼게 해준다. 몸이 충분한 음식물을 축적했으므로 더 섭취할 필요가 없다고 뇌에게 신호를 보내는 것이다. 이러한 사실로부터 어쩌면 비만인 사람들은 렙틴 분비가 불충분할지도 모른다는 발상이 떠올랐다. 이미 몸에 지방의 양이 충분한데도 뇌가 계속 지방을 비축하려는 것이다. 부족한 렙틴을 충분히 주입하면, 고삐 풀린 식욕은 다시 제자리로 돌아갈 것이다.

이러한 약이 잠재적인 금광일지도 모른다는 사실이 알려지자, 개인 소유의 생명공학 관련 기업인 암젠이 즉시 특허권을 낚아채 갔다. 그러나 연구자들은 곧 인간의 비만은 설치류의 비만보다 훨씬 복잡하다는 사실을 알고는 실망했다. 렙틴은 기대에 부응하지 못했다. 렙틴이 식욕을 억제하는 경우도 있었지만, 심층 실험에서는 뚱뚱한 사람들이 이 호르몬을 불충분하게 생산하는 것이 아니라, 반대로 날씬한 사람들보다 더 많이 분비한다는 사실이 밝혀졌다. 문제는 렙틴이 충분함에도 몸에 쌓인 지방이 너무 많아 그들의 뇌가 아무 신호도 느끼지 못한다는 사실에 있었다. 뇌가 렙틴에게 '저항력'이 생긴 것이다. 결국 더 많은 렙틴을 생산해도 소용없는 일이 된다.

그 뒤에 렙틴에 걸었던 반짝이는 희망은 이별을 고했다. 그러나 약으로 하는 비만 치료는 결국 진행되었다. 비만이 어쩌면 생물학적인 문제 때문일지도 모른다는 생각과, 반드시 의지의 부족 때문이 아닐지도 모른다는 생각이 현실화되었다. 그리고 과학자들을 수십 년 동안 바쁘게 만든 실험이 진행되었다.

아직까지는 특별히 두드러진 연구 결과는 없다. 유럽 국가들 대부분에서 오직 2가지 약품만 시장에 공개되었다. 하나는 비만 방지약(상품명 제니칼)이다. 이 약은 최근 미국 식품의약국(FDA)의 승인을 받았으며 소화관 내에서 지방을 소화하는 데 필요한 효소를 차단한다. 섭취한 지방의 3분의 1까지 몸에 흡수되지 않고 배설된다. 거대 제약회사 로슈의 주력 상품이기도 한 이 약은 체중의 3~8퍼센트 정도만 감소시킬 정도로 효과가 너무 적었다(즉 체중이 100킬로그램인 사람의 경우 3~8킬로그램 정도 준다). 기름 섞인 대변, 설사, 위경련, 배에 가스가 차는 부작용도 일어났다. 2009년 유럽연합은 미국과 호주에서처럼 비만 방지약을 처방전 없이 팔 수 있도록 승인했다.

또 다른 약은 시부트라민이라는 약으로, 뇌에서 두 가지 신경전

달물질(세로토닌과 노르아드레날린 혹은 노르에피네프린)이 재흡수되는 것을 억제하는 새로운 식욕억제제다. 그러나 이 약의 안전성에 의사들이 만장일치의 의견을 보인 적은 없으며, 최근 이탈리아에서는 판매가 금지되기도 했다. 이 약은 부작용으로 혈압이 올라가거나 심장박동수가 빨라지는데, 이것은 면밀한 관찰이 필요한 증상들이다. 물론 식욕억제제는 오랫동안 평판이 나빴다. 그러한 약품의 1세대이자 암페타민을 주성분으로 한 제품은 투약을 중단한 다음 몇 년 뒤에 나타나는 위험한 부작용 때문에 2002년 프랑스에서 판매가 금지되었다. 이런 부작용뿐만 아니라 날씬해지는 효과가 크지 않았음에도, 미국에서는 2003년 내내 이런 약품 가운데 가장 인기 있는 버전인 에페드린이 30억 개나 팔려나갔다. 이 약들은 강한 플라시보 효과가 있는데, 그것이 바로 이 약들이 왜 장기적으로는 효력을 발휘하지 못하는지를 설명해준다.

체중 감소를 위한 약물치료에 대해 세계보건기구는 "정보가 부족하기 때문에 어떤 방법이나 약도 아직은 일상적인 사용을 추천할 수 없다"라고 신중한 의견을 표했다. 그리고 세계보건기구(2000)는 우리에게 다음과 같이 상기시켰다. "체중 조절 약은 비만을 치료할 수 없다. 투약을 중단하면 다시 체중이 증가한다." 이 내용은 2007년 12월 〈영국의학저널〉에서 발표한 심도 깊은 보고서에서도 반복된다. 이 보고서는 비만 방지약이 약간이나마 체중을 줄여준다고 하더라도, 문제는 위험한 부작용이라고 했다. 보고서의 저자들은 약을 복용할 때 감수해야 하는 위험보다 그 효용이 더 큰지 장기적으로 연구해야 한다고 말했다.

상황이 이런데도 새로운 약을 찾는 일이 진행되고 있다. 식욕을 조절하고 체중을 증가시키는 생물학적 기제와 그것에 관련된 유전적인 특질이 점점 더 밝혀지고 있다. 신약을 개발하기 위한 몇 가지 방법이 연구되고 있으며, 그 가운데 몇몇 약은 곧 시장에 나올 것이다.

개발 중인 비만 퇴치 백신들

2005년 5월, 스위스는 비만 퇴치 백신을 시험하기 위해 사이토스 생명공학이라는 회사를 설립한다고 발표했다. 발상은 그렐린(ghrelin)에 대항하는 항체를 생산해야 한다는 것이었다. 그렐린은 위에서 생산되는 28개의 아미노산으로 구성된 작은 호르몬 분자로, 뇌가 배고픔을 느끼도록 자극한다. 비만인 사람들은 다이어트를 한 다음에 그렐린이 비정상적으로 많이 분비되는데, 이것을 요요현상이라고 하며 비만인 사람들이 다시 살이 찌는 원인이다. 만약 백신이 효과가 있다면, 자가면역체계가 그렐린을 파괴하도록 유도하여 식욕이 감소할 것이다. 효과적인 백신은 쥐를 통해 실험되었지만, 아직까지 인간에게 사용해도 좋다는 승인을 받지 못했다. 이 방법의 잠재적 부작용에 대해 아직 의문의 여지가 있기 때문이다. 몇 가지 대안도 연구 중이다(예를 들어 그렐린의 분비를 억제하거나, 그렐린을 활성화하는 대사작용을 차단하는 것). 그러나 아직까지는 그렐린과 대항해서 인간의 비만과 싸울 효과적인 방법은 없다.

 투자자들은 굉장한 관심을 가지고 지방 제거 백신의 가능성에 대해 따져볼 것이 확실하다. 최근 유럽연합에서 회수를 결정한 제약회사 사노피 아벤티스의 리모나밴트(상표명 아컴플리아)처럼 말이다(2008년 10월). 미국 시장에 그 약을 내놓겠다는 계획은 불안, 우울증, 자살 충동 같은 정신적 부작용으로 인해 2007년 미국 식품의약국에 의해 거부당하면서 실패로 돌아갔다. 사실 아컴플리아는 (식욕을 부진하게 만드는 성분 때문에) 살을 빼는 데 효과적일 뿐만 아니라 금연을 하는 데도 도움이 된다.[1]

사노피 아벤티스는 자신들의 새로운 자식이 10억 달러의 수익을 창출해낼 가능성을 지닌 '블록버스터'가 되길 희망했다. 그러나 안전성에 대한 우려가 상품의 성공을 방해했다. 영국에서는 2008년에 이미 10만 명 이상의 아컴플리아 사용자들이 등록되어 있었다. 비록 그 사례들이 아컴플리아와 관계 있다고 100퍼센트 확신할 순 없지만, 다섯 명의 죽음을 포함해 720건의 부작용 사례가 보고되었다.

그렇기는 하지만, 여러 제약회사에는 현재 2단계에서 3단계의 개발과정에 있는 또 다른 카나비노이드 수용체 대항제(타라나밴트, 수리나밴트)가 있다(아컴플리아와 유사한 작용을 한다). 이 약들은 복부비만과 신진대사 이상을 치료할 수 있을 것으로 기대된다. 최근에 임상실험 센터들은 항우울제(부프로피온)와 간질 대항제(조니사미드)의 효과를 따로 또는 섞어서 시험하고 있다.

선택적인 도파민 D1 대항제인 에코피팜을 포함하여, 다른 잠재적인 비만 대항제들이 자살에 대한 생각을 발전시켰을 뿐만 아니라 자살 시도나 실제 죽음에까지 이르게 했기 때문에 3단계에서 회수되었음을 알아야만 한다.

미국 제약 시장의 발전을 감시하는 비즈니스정보센터는 현재 비만 관련 제약 분야의 시장 개발과 과학적 돌파구 마련에 공헌해 온 비만약품개발회의를 운영하고 있다. 어쨌든 과체중 문제에 대한 근본적인 해결책이 빠른 시일 안에 발견될 것 같지는 않다.

설문조사를 보면, 체중 감량에 성공한 사람들이 삶의 모든 면에서 발전을 경험했다고 한다. 그들이 어떤 체중 감량 방법을 사용했든, 사회적 관계가 쉬워졌고 불안과 우울은 사라졌으며, 반면에 행복감은 상승했다. 위 수술로 50킬로그램을 감량한 몇몇 환자들은 귀가 먹먹해지고, 난독증과 당뇨병을 앓고, 심장 기능이 약화되고, 끔찍한 여드름이 생긴다고 해도 수술 전의 예전 몸으로 돌아가지 않을 것이라고 말했다. 그리고 200만 달러를 받고 원래의 체중으로 되돌리겠느냐는 제안을 받았을 때—순전히 호기심에 의한 제안이었지만—예외 없이 모든 이들이 돈을 거절하고 지금의 몸을 유지하겠다고 대답했다(Rand and MacGregor, 1991).

가장 손쉬운 해결책—위 절제수술

수술로 위의 용량을 줄이는 비만 치료법은 가장 극단적인 해결 방법이다. 세계보건기구는 이 수술이 병적인 비만(체질량지수가 40 이상인 경우)을 해결하고 줄어든 체중을 영구히 유지하는 가장 효과적인 방법으로 간주했다. 미국에서는 이 수술의 횟수가 기하급수적으로 증가했다. 1995년에는 수천 명의 환자들이 수술을 받았지만, 2000년까지 수술을 받은 환자 수는 3만 명이나 더 늘어났으며, 2005년에는 수술 횟수가 5배 이상 늘어난 17만 건이나 되었다! 모든 것을 고려할 때 수술이 가장 값싼 치료법일 수 있다. 이 수술이 프랑스의 사회보장제도와 영국의 국민보건서비스에 포함되기 때문이다. 수직 차단 위 성형술, 위·담도췌장 우회술, 위 주머니를 조이는 고리 삽입 수술 등 다양한 기술이 있다. 10년 전에는 희귀한 수술이었지만, 현재 프랑스에서는 큰 인기를 얻고 있으며(1995년 2,000건에서 2001년에는 1만6,000건으로 늘었다), 정부당국은 가장 이익을 얻을 수 있는 환자의 선정부터 사후관리 제공까지 좀더 밀접하게 전체 과정을 감독하고 있다.

수술 뒤에 환자는 보통 12개월에 걸쳐서 20킬로그램 이상의 체중을 감량한다. 그리고 5년에서 15년 사이에 다시 원래의 체중으로 돌아오기도 한다. 스웨덴비만연구회의 조사 결과에 따르면 수술의 종류에 따라서 10년 뒤에 30~40킬로그램 정도를 감량했다면 안정된 수치라고 한다. 스웨덴에서는 그러한 수술의 장기적인 효과에서 처음으로 전체적인 사망자 수가 감소하는 결과가 나타났다(Sjostrom et al, 2007). 그러나 이 수술은 여전히 안전하다고는 할 수 없다. 수술 중 사망률이 매우 낮긴 하지만(스웨덴에서는 0.16퍼센트) 위 절제술은 미량영양소 결핍을 초래하므로 환자는 수술 후 합병증이나 우울증에 시달릴 수도 있다. 미국에서는 비만 치료 수술과 관련해서 절약되는 금전적 효과가 2~4년 뒤에는 초기에 지출된 비용을 상쇄시켜줌을 입증했다(Cremieux et al, 2008).

최근 프랑스에서는 위 수술이 다른 방향으로 발전했다. 과학자들은 돼지의 위에 조율기를 심어서 식욕이 자극될 때마다 식욕을 다시 떨어뜨리게 만든다. 아무런 부작용도 없이 말이다. 이 새로운 기술이 인간에게 적용될지는 아직 알 수 없다.

만능약 대 만능음식

2003년 6월에 〈영국의학저널〉은 독자들에게 앞으로 50년간 가장 중요한 연구 결과로 입증될 내용을 소개했다(Wald and Law, 2003). 화제의 중심은 6개의 성분—아스피린, 스타틴, 엽산과 3개의 항고혈압 약품—이 포함되어 있으며, 심장마비와 관상동맥질환의 80퍼센트를 막아주는 용도로 하루 한 알 복용하는 약이었다. 이 마법과도 같은 '폴리필'은 '나쁜' 콜레스테롤의 형성과 혈관이 얇아지는 것을 억제하고, 저혈압을 완화시키기 위해 복용하는 것으로 알려져 있다. 신뢰할 수 있는 과학자들의 말에 따르면, 위험인자가 보이거나 또는 55세 이상인 사람들이 이 약을 하루에 한 알 복용하면, 서구의 공중보건에 긍정적인 영향을 끼쳐서 이전에 행해졌던 시도들이 쓸모없어 보일 것이라고 한다. 더욱이 그 약의 성분들은 특허가 없거나 특허가 곧 만료되기에, 약의 가격이 몹시 낮을 거라는 달콤한 이야기도 흘러나왔다. 그러나 약의 효능은 아직 증명되지 않았으며, 현재 인도에서 의학적 시도들이 이루어지고 있다. 이 약은 우리가 계속 기다려왔던 기적일까? 유럽 언론에 의하면, 균형 잡힌 식단, 적은 흡연과 규칙적인 운동이 같은 결과를 낳는다는 것을 모두들 알고 있는데, 건강한 사람들에게 이 약을 투약하는 것이 타당한지 의사들이 의문을 표했다고 한다.

일 년 반 뒤에는, 다른 연구원들이 원재료와 똑같은 효능을 지녔다고 주장하는 천연원료 혼합물을 들고 나타났다. 더 맛있고 인체에 무해하다는 이 혼합물의 이름은 '폴리밀'이었다(Franco et al, 2004). 이 속에는 400그램의 과일과 채소, 100그램의 다크 초콜릿, 각기 다른 양의 생선, 아몬드, 마늘, 와인 150밀리리터(작은 잔)가 들어 있다. 또한 기대 수명을 평균 6.6년 늘리고 싶거나, 심장질환이 일어나는 시기를 약 9년 뒤로 미루려면 이것을 매일 먹어야 한다고 했다. 어느 것을 해야만 할 것인가? 하루에 작은 알약 하나 먹기, 식사 습관 재고해보기, 부분적으로라도 생활 습관 바꾸기? 모든 선택은 식탁 위에 있다.

의사들은 비만이라는 질병에 무지하다

전문가들은 한 가지 사실에 동의한다. 한번 비만이 되면 치료가 매우 어렵다는 것이다. 그러나 이상하게도 비만 환자들이 통상 지역 보건의들에게 '질병'으로 고통받는다고 여겨지는 경우는 드물다. 미국의 질병통제센터에 따르면, 58퍼센트의 비만 환자들은 1차 진료를 한 의사들에게—그들이 환자들의 장기적인 건강의 위험을 확실하게 의식하고 있어야 함에도—체중 감량에 관해 한 마디 충고도 들은 적이 없다고 했다. 의사들은 고혈압 같은 더 구체적인 위험 요소가 나타났을 때 비로소 자세를 고쳐 앉아 주의를 기울인다. 그것이 의사들에게 친숙한 영역이다. 고혈압은 질병으로 명확히 분류되며, 의사들은 그 병에 어떻게 대처해야 할지 알고 있다.

이 부분에 관련하여 세계보건기구는 1차 진료를 담당한 의사들이 불충분한 훈련을 받았다고 비판했다. 그들은 비만에 대해 모호한 지식을 가지고 있거나 완전히 잘못 이해하고 있다는 것이다. 그들은 특히 환자들을 보살피거나 일반 대중에게 충고하는 최선의 방법에 대해 혼란을 겪고 있다. 다시 세계보건기구에 따르면, 의료 교과서는 유전학적 요인과 신진대사 장애로 인해 발생하는 몇몇 비만의 사례에만 너무 많은 부분을 할애하며, 비만으로 고통받는 수많은 사람들에 대해서는 너무 적게 다루고 있다.

의사들의 훈련과정에 있는 이러한 빈틈 때문에, 대부분의 의사들은 환자들의 체중 감량에 도움을 주는 데 스스로 부적합하다고 생각하며, 환자들의 생활 습관을 바꾸는 일을 중요하게 생각하지 않는다. 비만 치료는 아주 오랜 시간이 걸리지만 성공률은 매우 낮다. 이 주제에 관한 몇몇 설문조사는 의사들이 비만 다루기를 꺼린다고 솔직하게 밝혔다고 세계보건기구에 보고했다. 유감스럽게도 그들 중 몇몇은 비만 환자들에게 매정한 표현이나 적대적인 편견을 드러내며 치료를 포기하고 있다.

전문적인 의료인들이 보여주는 그러한 무관심은 적절한 진단과 예방의 가장 큰 장애물이다. 환자들은 흔히 자신의 문제를 인식하지 못한다. 2005년 영국암연구소에서 발간한 설문조사에서는 영국 남자의 65퍼센트가 전문적인 진단으로 보자면 비만이지만,

그중에서 고작 40퍼센트만 그 사실을 안다고 보고했다. 그리고 결과적으로, 이 중에서 오직 절반 정도(전체에서 20퍼센트)만 식단과 운동요법을 바꾸었다. 과체중을 본격적인 건강 문제로 제대로 다루었다면, 많은 사례의 당뇨병과 셀 수 없이 많은 심장과 혈관 문제들은 충분히 피할 수 있었을 것이다. 그렇다면 이것을 해결하는 가장 현명한 방법은 무엇인가?

부작용에도 불구하고 왜 모두 살빼는 약을 찾는가?

비만과 식품이 관련된 다른 문제들에 대해 진실을 이야기하자면, 놀라운 알약을 먹는 해결책이 100퍼센트 안전하지는 않을지 모른다는 것이다. 의심스러운 처방은 언제나 필요한 경고 없이 넓게 퍼져나간다. 스타틴이 바로 그런 예다. 전 세계적인 판매고를 기록한 이 약은 원래 심장질환의 증상이 있는 사람들을 위해 처방되었다. 이 약이 콜레스테롤의 형성을 억제하기 때문이다. 그러나 유럽연합의 많은 나라들에서처럼, 의사들이 심혈관질환 예방의 필요성을 인식하고 있던 프랑스에서 이 약의 효과가 입증되었다. 그러자 콜레스테롤이 조금이라도 높은 사람들에게 이 약이 높은 용량으로 처방되었다. 이런 처방은 환자의 식습관에 대한 검토도 없이 이루어졌다. 그 결과 프랑스는 영국이나 독일보다 과체중, 비만이 적은데도 현재 유럽에서 스타틴을 가장 많이 소비하는 나라가 되었다. 500만 명의 프랑스 사람들이 스타틴을 복용하고 있다!

확실히 이 약은 콜레스테롤을 줄여준다. 그러나 치료는 평생 동안 지속되어야 하고, 좋지 않은 부작용의 위험이 있다는 것이 알려져 있다(특히 간과 신장에). 그리고 연구에 따르면 환자들의 약 4분의 1에게만 확실한 효과가 나타난다고 한다. 이것은 4번 처방할 때 1번은 성공적이지만 다른 3명의 환자들은 건강에 아무런 실제적 이득이 없는데도 평생 스타틴을 복용해야만 한다는 것이다. 당연히 우선 회복 가능성이 있는 환자들의 생활방식과 식단을 확인해야 하며, 더 나은 생활방식과 식단을 제안해야 한다. 불포화 지방산, 식이섬유, 피토스테롤(Phytosterol)이 많이 함유된 식단은 약을 먹지 않아도 콜레스테롤을 안전한 수치까지 줄여줄 가능성이 높다. 스타틴은 생활방식의 변화가 영향을 줄 수 없는 영역을 위해 존재하는 것이다. 이 성분은 콜레스테롤의 천적이기는 하지만 당뇨병에는 전혀 효과가 없다. 그러므로 이 약은 우리 몸 전체의 복잡한 문제에 오직 한 가지 제한적인 영향을 줄 뿐이다.

다양한 형태의 위 수술도 마찬가지다. 이 수술은 극단적인 비만과, 다른 방법이 성공하기 힘든 경우에만 적용되어야 함에도, 심하지 않은 과체중인 사람들이 그저 원래의 몸매를 되찾고 싶어서 요구하는 경우가 너무 많다. 마치 기계적으로 문제를 해결하는 방법밖에 없는 것처럼 말이다!

공정하게 따져보면, 이러한 착각은 그런 문제를 반사적으로 의료화하는 경향이 있는 의사들이 심어준 것임을 잊지 말아야 한다. 결국 의사들은 그런 방식으로 생계를 꾸려간다. 또한 이것은 문화의 문제이기도 하다. 대부분의 의사들은 약이 신진대사에 미치는 영향을 잘 알고 있다. 그러나 영양 문제에서는 정보가 모자란 편이다. 유럽연합의 많은 나라들에서 영양학이 최근에 비로소 의료 훈련에 포함되었기 때문이다. 게다가 의사로 일하면서 제약산업으로부터 정보의 대부분을 얻는 경우가 많다. 제약산업은 약을 파는 사업이지, 대중의 식습관을 바꾸는 사업이 아니다.

약으로 비만을 공격하는 일은 여러 방식으로 모든 당사자들을 만족시켰다. 환자들은 이 마법의 약이 생활방식을 바꾸는 힘든 노력을 하지 않게 해주리라고 기대한다. 제약회사들은 이 약으로 상당한 이익을 얻는다. 또한 그 사이에 끼어 있는 의사들은 환자가 좀 더 통합적으로 접근하도록 유도할 시간과 권위, 능력이 부족하다. 약이 특정한 문제들을 막는 데 도움이 되는 걸 부정할 수 없지만, 건강한 식단도 의료적 수단의 중요한 부분이 되어야 한다.

무리한 체중 감량은 왜 역효과를 낳는가?

사람들이 얻고자 하는 결과에도 조금 혼란이 있었다. 오랫동안 마치 신화처럼 '이상적인 체중'이라 불려왔던 개념은 대중매체가 갑자기 퍼뜨린 것이었으며, 쓸데없이 가혹하게 비만 환자들을 괴롭힌 것이기도 했다. 그 이후로 대부분의 전문가들은 '이상적인' 체중을 목표로 삼는 것이 유용한 접근법이 아니라고 인정했다. 그 이유는 첫째, 건강에 상당한 도움이 되려면 상대적으로 적절한 체중 감량, 즉 1년에 걸쳐서 대략 5~10킬로그램을 감량하는 것이 안전하기 때문이다. 둘째, 우리의 몸은 체중이 너무 빨리 감소되는 것을 피하기 위해 여러 가지 기제를 동원하기 때문이다. 그러므로 식욕을 무자비하게 억누르는 것 외에는 방법이 없는 비만 환자들에게

'평균' 체중으로 감량을 시도하는 일은 매우 힘들 수 있다. '비만을 유발하는' 환경에서 살면서 이러한 자기 통제가 성공할 가능성은 적다. 임상실험들을 보면, 대부분의 사람들이 12~16주간의 자기 억제(거의 4~8킬로그램을 뺀 상태) 기간 뒤에는 체중 감소가 멈추었으며, 이러한 감량 효과로 기분은 한결 나아졌지만 6개월 뒤에는 더 이상 체중이 감소되지 않았다(National Task Force on the Prevention and Treatment of Obesity, 1996). 이런 정도의 체중 감량은 종종 환자의 가족과 친구들에게 하찮게 취급되며 무시되곤 하지만, 이것은 초인적인 노력이 필요하며 진정한 건강상의 성과를 얻는 일이기도 하다.

어떤 경우든 이제 대부분의 다이어트 전문가들은 식욕이상항진증과 거식증 같은 갑작스러운 장애를 유발하는 고통스러운 자기억제를 권하지 않는다. 지나치게 엄격한 다이어트 계획은 필연적으로 실패할 수밖에 없으며, 자존감이 낮아지고 우울증에 시달리며 궁극적으로는 감소되었던 체중이 복수를 하기 위해 다시 돌아올 수도 있다.

가장 효과적인 다이어트 방법

이런 증거에도 불구하고, 대중 잡지들은 봄이 오자마자 다이어트에 관한 온갖 기사들을 내놓는다. 진짜 의사의 처방, 행동 패턴, 비만의 정도, 생활방식과 환경을 소상히 설명하며 단기간에 정말 효과적이라는 방법, 여름에 해변에서 멋지게 보이고 싶은 이들을 위한 완벽한 방법 같은 기사들을 쏟아낸다. 그러나 장기적인 전망은 그렇게 장밋빛이 아니다.

세계보건기구는 하루에 1,200킬로칼로리 이하를 소비하면, 분명히 10~20주 사이에 체중의 15퍼센트까지 줄일 수 있다고 보고했다. 그러나 그것을 계속 유지할 대책이 없다면 감소된 체중 대부분은 재빨리 원래대로 돌아올 것이다. 우리가 살이 찌는 이유 가운데 하나는 몸이 과도한 지방질을 저장했다가 더 많은 에너지가 필요할 때 방출하는 지방세포를 만들기 때문이다. 문제는 이 세포가 텅 비어버려도 사라지지 않는다는 데 있다. 베이컨샌드위치의 냄새를 맡는 순간, 지방세포는 다시 채워질 준비를 한다. 이것은 전에 비만이었던 사람이 왜 날씬한 상태를 유지하기 힘든지 설명해준다. 80킬로그램의 체중에서는 절대로 100킬로그램까지 가게 하지 말고, 90킬로그램을 상한선으로 해서 70킬로그램을 목표로 하는 게 현명하다. 왜냐하면 몸이 한 번 90킬로그램에 이르면, 너무나도 쉽게 100킬로그램이 되고 심지어 120킬로그램이 되어버리기 때문이다.

연구 결과들을 보면 다이어트를 했던 사람들의 90퍼센트 이상이 약 1년 반이 지난 뒤 감량했던 만큼 다시 체중이 늘어난다고 한다. 이런 연구들은 몇 가지 기본적인 요인들을 어설프게 건드려보는 것이 아니라 환자의 전체적인 식단과 생활방식을 분석해서 심도 있게 시행하는 권위 있는 체중 감량 프로그램만을 대상으로 했다. 대중 잡지가 제공하는 '이런저런 음식을 먹지 말라'는 식의 교묘한 속임수 같은 전형적인 공식들이 아무 효과도 없다는 것은 말할 필요도 없다. 그런 유행을 부주의하게 따랐다가는 위험한 시도가 될 수도 있다.

이 문제를 통제된 임상실험의 형태로 과학적으로 진지하게 조사한 사례가 부족하다. 많은 다이어트들이, 심지어 의사들의 지도에 의한 다이어트도 장기적인 효과를 엄밀하게 평가받은 적이 없다. 과학적인 환경에서 조사된 몇몇 소수의 실험도 크고 다양한 인구의 표본이 아니라 아주 적은 표본만으로 연구가 진행되었다. 그러므로 이런 실험 결과들을 널리 적용하는 것은 현명하지 못하다.

그러나 연구 결과들은 가장 손쉽고 점진적인 방법이 가장 효과적인 다이어트라는 것을 보여주는 것 같다. 효과적인 다이어트 방법은 드라마틱한 희생(환자의 습관적인 섭취량에 비교했을 때, 최고 500킬로칼로리가 부족한)을 요구하지 않으며, 기본적으로 저지방 음식을 섭취하도록 하고 있다. 또한 다이어트는 신체활동이 강화되어야 효과가 있는 것도 분명해 보인다. 에너지 섭취량을 줄이는 것만으로는 충분하지 않으므로, 에너지 소비량도 늘려야만 한다. 체중 감시 프로그램 같은 집단적 지지를 받는 것도 효과가 있는 것으로 보인다. 비록 그 효과를 수치로 나타내기는 어렵지만 말이다. 더 나아가, 매일 체중계 위에 올라가 보는 것도 필요할까? 이것을 판단할 정보가 부족하다. 최근에는 다이어트 방법 그 자체가 아니라 체중을 감량하고자 하는 사람들이 마지막까지 견뎌낼 수 있는 방법에 대한 연구가 필요하다. 어떤 지원이 필요할까? 어떻게 하면 사람들이 이제까지 한 노력이 헛수고가 되지 않게 할 수 있을까? 지금 당장은 그런 질문들에 대한 대답이 준비되어 있지 않다.

의심스러운 건강기능식품들

살을 빼는 데 실질적인 도움이 되거나 과체중이 일으키는 건강 문제를 완화하는 식품을 개발하면 어떨까? 사람들을 살찌게 만든다는 비난에 지쳐버린 식품산업은 이 분야에 도전하기로 했다. 그것은 새로운 수입원을 개발하느라 나빠진 평판을 개선시킬 기회이기도 했다. 이제 소비자의 불균형한 식단을 바로잡는다는 명분으로 피토스테롤이 생산 라인에 포함되었다. 특정 식품에 자연적으로 존재하는 이 물질은 콜레스테롤을 낮추는 데 도움이 된다. 다농 그룹이 처음으로 다농 요구르트에 피토스테롤을 사용했다. 그러나 곧 콜레스테롤을 없애는 것이 경쟁적인 유행이 되어, 2008년에는 판매량이 2억 달러가 넘었다. 예를 들어, 영국에서는 유니레버가 이에 대응하여 일련의 예방 제품을 내놓았다. 심지어 안티콜레스테롤 쇠고기도 시장에 나왔다.

    유명한 초콜릿바 제조업체인 마스 사는 2005년에 새롭게 건강을 위한 영양·웰빙 사업 부서를 만들겠다고 발표했다. 소비자들의 영양적 필요를 충족시키고 건강에 실제로 도움이 되는 사탕, 과자, 음료를 만드는 역할을 담당하는 곳이었다. 이 사업 부서의 첫번째 제품은 코코아비아였는데, 이 과자는 열량의 80퍼센트가 비타민과 무기질로 구성되어 있으며, 새로운 가공방법 덕분에 카카오씨에 자연적으로 포함된 플라보놀도 그대로 보존되어 함께 포함되었다. 코코아비아는 산화방지제를 포함하고 있고 심혈관질환을 방지하는 기능이 있다고 홍보되었다.

    이러한 스마트 식품 시장은 점점 확대되었다. 식품음료연합에 따르면, 영국에서는 이 부문의 연간 매출량이 1997년과 2003년 사이에 5배로 뛰어올라 17억 달러에 이르렀다고 한다. 2007년 베를린에서 열린 체중 감량 성분에 관한 첫 회의에서는 이런 종류의 시장이 세계적으로 70억 달러의 가치가 있다고 평가했다. 다양한 과학적 증거의 지지를 받는 수많은 성분들이 사용되고 있다. 예를 들어 녹차 폴리페놀, 복합 리놀레산(CLA), 레스베라트롤(적포도주에 들어 있는 폴리페놀), 후디아 고르디니 추출물(칼라하리 사막의 선인장 비슷한 식물), 로이테란(젖산균의 알파 글루칸), 제2단백질효소억제인자(흰 감자에 자연적으로 들어 있다), 유제품의 칼슘 같은 것들이다. 목록은 계속 이어진다.

틀림없이 이러한 성분들은 점점 더 많이 등장할 것이다. 회사들은 복부 지방세포와 성인 줄기세포에 영향을 주는 수천 가지의 식물 추출물을 심사하고 있다. 이러한 것들은 몸에서 활성화되는 방법에 기초하여 5가지 유형으로 분류된다. 열 발생을 촉진시켜 지방 연소를 늘리는 것, 단백질 분해를 억제하는 것, 식욕을 억제하고 포만감을 증대시키는 것, 지방 흡수를 막는 것, 기분을 조절하여 식품 섭취에 영향을 주는 것이다. 이 요소들은 개별적으로는 영양보조제로, 아니면 다양한 식품에 함유되어 판매될 것이다. 그리고 이렇게 살을 빼주는 성분들 외에도, 식품이 생산되는 과정에서 지방이 탄수화물로 대체되는 또 다른 전략이 존재한다.

그러나 이렇게 자랑스럽게 떠들어대는 효과들이 실제로 유효할까? 우선 식품산업계는 제품들의 과학적 신뢰도를 높여야 하며, 평판을 떨어뜨리는 과도한 주장을 그쳐야 한다. 아무도 피토스테롤이 콜레스테롤을 낮추는 데 도움이 된다는 사실에 이의를 제기하지 않는다. 그렇다고 해서 오직 피토스테롤 하나로 불균형한 식단의 복잡한 구성을 통제할 수 있다는 의미는 아니다. 매일 다나콜을 먹으면 콜레스테롤을 줄일 수 있지만 비만이나 당뇨병을 막아주지 못할 것이다.

많은 제조업체들은 '건강식품'을 여러 기능이 혼재된 식품이나 약품으로 소개하고 과학적으로 입증된 것 이상으로 과대선전하면서 상품의 효용성을 부풀린다. 어떤 이들은 부끄러움도 없이 '메디푸드(약과 같은 식품)'라는 가짜 용어를 만들어냈다. 과장광고의 대표적 사례로, 한 요구르트의 초기 광고에서 요구르트를 규칙적으로 먹으면 감염으로부터 보호된다고 선전했던 일이 있다. 제조업체는 즉시 광고문구를 다시 쓰라는 명령을 받았다. 그 제품이 면역체계에 영향을 준다는 어떤 과학적 증거도 없었기 때문이다.

또 다른 의심스러운 홍보 전략이 소아과 의사들에게 비난을 받았다. 그것은 어린이들을 위한 식품 영양보조제였다. 초콜릿향이 나는 마그네슘 농축물이나 딸기맛이 나는 오메가3 캡슐은 자녀에게 충분한 생선을 먹이지 못해 불안해하는 부모들에게 판매되었다. 학교에서 놀라운 집중력을 보일 것이라는 약속과 함께 말이다. 많은 영양 전문가들은 그것이 완전히 허튼소리라고 말한다. 실제로 영양보조제를 아무리 많이 먹는다고 해도 건강하지 못한 식단을 채워주진 못한다. 다시 한 번 말하지만, 이 상품의 제조업체들이 주장하는 바를 확인해줄 수 있는 최소한의 과학적 증거도 없다.

최근 식품산업에서 흘러나오는 잡음들은 모두 생리적 기능에 도움을 준다고 알려진 이른바 '기능성 식품'에 대한 것들이다. 이런 용어는 적절하지 않다. 왜냐하면 식품의 기능이란 한 사람이 섭취한 식품의 총합이기 때문이다. 공중보건 전문가들은 오랫동안 하나의 특정한 성분에 초점을 맞추는 것에 반대하면서, 전체적인 영양상의 균형을 찾아야 한다고 주장했다. 이런 면에서 아침식사용 시리얼을 예로 들 수 있다. 원래 시리얼에는 섬유소, 비타민, 무기질 같이 몸에 좋은 성분이 들어 있었지만 소비자들의 요구에 부응하여 설탕과 소금을 엄청나게 많이 넣게 되었다. 이제는 곡물을 기본으로 하는 제품들 대다수가 건강한 어린이들과 청소년이 아침식사로 먹을 수 있는 음식이 아니다. 이와 대조적으로, 전통 음식 생산자들은 점점 더 자신의 분야를 지키려 하고 있다. 예를 들어 버터에는 비타민 A, E, D가 풍부하며, 이런 우수한 식품을 먹지 않는 것은 부끄러운 일이라는 식이다. 그러나 어떤 상품을 치켜세우면서 근거 없이 다른 상품을 비난하는 것은 분명히 현명한 일은 아니다.

나노식품이 온다

도시락통 속의 약. 이것이 네덜란드 바헤닝언대학교의 생명나노기술학과 연구원들이 꿈꾸던 것이었다. 매일 먹는 음식물에 작은 캡슐 속에 든 미량의 약과 영양보조제를 넣어, 몸 안에서 그 내용물이 흘러나와 몸 안에 있는 목표물들을 처리하도록 하는 것이다. 그런데 아직은 소비자가 하이테크 기술로 만들어진 음식과 약의 혼합물을 견딜 수 있을지 미지수다. 유전자 변형 식품에 대한 논란으로 미루어볼 때, 잠재적으로 위험해 보이는 식품은 많은 이들에게 거부당하는 경향이 있다.

웰빙식품으로의 바람직한 변화

이제 소비자들이 음식을 먹는 일의 잠재적 위험을 점점 알아차리자, 소비자를 위해 행동하는 회사로 이미지를 바꾸고자 열심인 식품회사들이 더 많은 슈퍼마켓 진열대를 차지할 '다이어트용' 혹은 '저지방' 제품에 엄청난 투자를 하는 일이 늘어나고 있다. 그러한 전환의 한 예가 네슬레다. 2003년에 네슬레는 앞으로 출시될 모든 제품이 건강과 웰빙을 목표로 할 것이라고 발표하면서, 이러한 변신에 동참했다. 우선적으로 고려되는 이 새로운 사항들은 소비자들이 분량을 확인하는 것을 돕기 위해 상품설명서를 새로 디자인한 것을 포함하여 광범위하게 적용될 것이다. 이러한 약속을 지키기 위해서 네슬레는 10억 유로에 가까운 돈을 들여서 다양한 연구팀을 만들었다.

최근 많은 회사들이 트랜스지방으로도 알려진 경화유지의 사용을 단계적으로 폐지하고 있다. 이 물질은 한 번만 넣어도 질감과 맛이 좋아진다고 알려졌으나 유독성에 대한 엄중한 조사를 실시한 결과, 에너지의 2퍼센트 이상을 트랜스지방산으로 섭취하면 심혈관질환에 걸릴 위험이 높아지는 것으로 드러났다. 그 뒤로 유럽식품안전청(EFSA)은 트랜스지방산을 1퍼센트 이상 섭취하면 안 된다는 의견을 지지했다. 프랑스식품안전국에서 분석한 바에 따르면, 비록 제품에 따라서 농도의 차이가 매우 다양하고 아직 소비자를 위해 정확한 정보를 설명서에 표기하는 것이 의무는 아니지만, 일반적으로 프랑스에서는 그 정도 수준이 지켜지고 있다고 한다. 또한 새로운 가공기술이 그러한 성분들을 모두 제외하는 것을 가능하게 만들었다. 그러나 늘 업계 정상을 유지해야 한다는 상업적 명제 안에서 이것은 무리한 요구다. 유명 상표의 제품은 어떤 기술적인 묘기가 사용되든 항상 경쟁 상품보다 맛있어야 하기 때문이다.

한쪽에서는 까다롭게 구매하고 다른 쪽에서는 정직하게 다시 생각해보는 것, 이것은 어느 쪽에서든 분명히 영향을 주고, 그 영향은 전파된다. 대중의 격렬한 항의는 현실이기 때문이다. 식품산업은 사람들의 반응에 많은 관심을 가지고 있다. 제약회사의 선례를 따라, 식품산업에서 대중의 건강과 웰빙을 걱정하는 이미지를 심는 것이 그 어느 때보다 더 중요해졌다. '날씬해지는' 음식이란 말이 모든 상자에 표기된다. 그것이 기업의 인상을 좋게 하고, 수익을 높여주기 때문이다. 그것은 반짝하는 성공이 아니라 우리 생활의 일부로 남아 있다.

우리는 그들을 비웃어선 안 된다. 반대로, 기업이 공중보건 문제의 해결에 동참할 용의가 있다고 선언하는 것에 박수를 보내자. 대부분의 식품 공급이 기업의 생산으로 이루어지는 나라에서는, 거대 식품회사가 어떤 형태로든 참여하지 않는다면 건강정책이 있을 수 없다. 이러한 합의에서 모두들 무엇인가를 얻는다면, 그것에 대해 험담을 할 이유가 있는가?

그렇기는 하지만 새로운 식품들은 기름기를 걷어내면서 동시에 기름지게 만든다. 품질이 좋은 것을 부정할 수 없음에도 익숙한 논리를 따라간다. "이런저런 제품을 많이 먹을수록 또는 최소한 같은 양을 먹을수록 불규칙한 식단이 해결될 것이다." 사실 모든 것에 대해 유일하게 경제적이며 실용적인 해답인데도 아무도 말하지 않는 접근법이 있다. 한마디로 '적게 먹기'다. 특히 적게 먹어야 하는 특정 제품들이 있다. 그러나 누가 이것을 크게 말하겠는가? 농산물을 팔아야 하는 농부는 아니다. 제조업자들도, 소매상도 아닐 것이다. 그리고 정부당국도 취업률이 낮아질 것이 두려워 입을 열지 않을 것이다. 히포크라테스가 오래전에 말했듯, 소박하게 먹는 것이 영양학적으로 현명한 일이며 사람들을 더 오래 살게 해주지만 그것은 여전히 경제적 이단으로 남아 있다.

9
치 료 보 다 는   예 방 이   낫 다

비만의 예방은 불가능한가?
더 적게 먹고, 더 많이 움직여라
비만은 개인의 책임이 아니다
비만이 되기 쉬운 환경을 뜯어고치자
가능한 모든 해결책을 폭넓게 동원하라
어린이 비만 예방을 최우선으로
각국의 성공사례를 벤치마킹하라

앞에서 살펴보았듯이, 통통하게 살찐 사람들을 날씬하게 변화시키는 것은 어려운 과제다. 사실 그러한 기획은 이미 실패하도록 정해져 있을지도 모른다. 그렇다면 우리는 비만 문제를 음식과 영양에 대한 미래의 보건정책의 핵심에 놓아야만 하는가?

전체 주민의 건강을 염두에 두고 볼 때, 이런 경우 언제나 선택할 수 있는 두 가지 방법이 있다. 고위험 집단, 즉 이미 높은 콜레스테롤과 고혈압에 노출된 사람들에게 우선적으로 자원과 치료를 지원할 것인가, 아니면 규제의 폭은 더 성겨지더라도 공동체의 환경을 바꾸는 것을 목표로 하는 보편적인 계획을 채택할 것인가? 그 선택은 결정적인 영향을 미칠 것이다. 콜레스테롤 수치가 높은 사람들이 다른 이들보다 심장마비로 고통받을 가능성이 높은 것은 사실이라고 해도, 현재 정상적인 콜레스테롤 수준을 유지하는 사람들도 심장에 문제를 일으키는 경우가 많다. 고위험 집단을 치료하는 것은 확실히 심장마비의 발병률을 낮출 테지만, 그렇다고 해도 그들을 표적으로 하는 정책은 해마다 발생하는 심장마비 수치의 총합에서 극히 일부분을 줄이는 데 그칠 것이다. 그 대신 전체 주민의 콜레스테롤 비율을 낮추기 위한 포괄적인 프로그램을 실행하는 것이 심장질환 발병 횟수를 통계적 관점에서 상당히 의미 있게 줄일 수 있을 것이다.

똑같은 계산이 비만 문제에도 적용된다. 비만인 사람들의 체중을 줄이는 데 총력을 쏟는 것은 처음부터 국가적 차원에서 전체 인구가 과체중이 되지 않도록 예방하는 정책보다 비용이 훨씬 더 많이 들고 비효율적일 것이다. 이것은 비만인 사람들을 심장마비나 뇌졸중에 걸릴 위험이 높아질 운명에 내맡긴다는 의미가 아니다. 또한 사용가능한 모든 자원을 그러한 정책에 할당한다는 의미도 아니다. 이것은 비만 치료가 끝나자마자 새로운 비만이 즉시 재발하는 악순환을 끝내고자 노력한다는 의미다. 나날이 늘어나는 임상적 비만 인구에 대한 치료는 선진국에서조차 가능한 모든 의료 자원을 사용한다고 하더라도 여전히 충분하지 않다. 하물며 자원이 더욱 제한되어 있는 개발도상국에서 이러한 표적 중심의 접근 방식은 더욱 비현실적이다.

비만 예방은 불가능한가?

이러한 이유들로, 오늘날 공중보건 전문가들 대부분이 추구하는 목표는 사람들의 체중을 줄이는 것이 아니라 체중이 늘어나는 것을 막는 데 있다. 이것이 국제비만특별조사위원회와 세계보건기구에서 추진하는 정책이며, "체중 문제가 지속되는 사람들의 비만을 막고 조절하는 데 총력을 기울이는 것은 새로운 비만의 발생을 막는 데 도움이 되지 않는다"라는 사실을 고려한 것이다. 이러한 논의를 입증하는 자료들을 보면, 주민의 체질량지수의 중간값이 역치인 23을 넘는 순간 비만으로 분류되는 사람들의 비율이 급격히 증가함을 알 수 있다.

물론, 체중을 줄이는 것과 체중이 늘어나는 것을 피하는 것은 전혀 다른 전략이 필요한 별개의 과정이다. 체중을 줄이는 것은 본질적으로 의학적인 주제이며, 반면에 과체중을 예방하는 것은 대부분 환경적인 조건에 영향을 받는다. 문제는 우리 사회가 전반적으로 이 두 가지를 분별없이 혼동하면서, 모든 면에서 비만의 결과를 낳지만 반대로 우리에게 날씬해질 것을 강요하는(여성 잡지 대부분을 포함해서) 산업을 조장한다는 데 있다. 기적 같은 변신을 보여주는 것이 성실하게 생활 습관의 변화를 지원하는 것보다 훨씬 주목받는 일인 것은 분명하다. 미국에서는 체중 감량을 경쟁하는 요란한 TV 쇼들이 폭발적으로 편성되고 있다. 그러한 쇼가 화려한 만큼 역효과도 크다. 참가자들이 스스로 정한 목표에 도달하지 못할 때, 예외 없이 전보다 더 비만이 되는 결과를 불러온다. 진짜 도전은 막대기처럼 마르는 것이 아니라 체중을 안정되게 만드는 것이다. 그리고 이러한 목표는 주위 환경이 우리를 반대 방향으로 혹독하게 밀어붙이지 않는다면, 노력과 비용이 실제로 훨씬 줄어들게 된다.

세계보건기구는 예방의 가능성에 대해 회의적이다. 2000년에 발표된 보고서는 다음과 같이 말한다.

성인의 체중 증가 예방에 대해 특별한 관심을 갖는 연구는 이제까지 오직 두 가지뿐이었다. 게다가 비만을 예방하고자 하는 노력에서 기간이 짧은 실험 결과들은 그다지 신뢰를 주지 못한다. …… 전 세계적으로 비만의 비율이 빠르게 증가하고 있으며 그것을 저지하지 못하고 있다는 사실은 과연 장기적으로 과체중을 예방할 가능성이 있는지 의문을 던지게 한다.

그러나 전 세계의 많은 인구가 돌이킬 수 없는 비만이 되는 것을 보고 싶지 않다면, 지금 당장 어떤 조치를 취해야만 한다.

널리 퍼져 있는 가설과는 반대로, 많은 의사와 과학자들은 비만이 반드시 폭식과 게으름의 산물은 아니라는 의견을 공유하고 있다. 에너지 섭취와 소모 사이에 존재하는 근소한 차이라도 수년간 누적되면 의식하지 못하는 사이에 점진적인 체중 증가를 가져올 수 있다. 영양학자들이 계산한 바에 의하면, 체중을 일정하게 유지하려면 몸이 소모하는 에너지보다 0.17퍼센트 이상을 섭취해서는 안 된다. 그것도 10년 이상 말이다! 따라서 교묘한 술책 같은 것을 쓸 여지가 별로 없다. 축복받은 유전인자를 타고난 몇몇 사람들만이 별다른 노력 없이도 평생 '이상적인' 체중을 유지하며 살아간다. 그러나 다른 동물들과 마찬가지로, 인류라는 종은 전반적으로 과도함을 극복하기보다는 결핍에 대항하여 싸울 준비가 더 잘 되어 있다. 우리 몸은 수확이 적은 시기에 에너지를 저장하는 기능은 뛰어나지만, 풍족한 기간에 더 많은 에너지를 소비하는 기능은 좋지 않다. 에너지 공급이 좋지 않은 상황에 한번 처하면, 우리 몸은 열량의 대차대조표 운영에서 더 큰 실수를 줄이기 위한 격렬한 소용

돌이에 사로잡힌다. 그리고 일단 몸에 지방이 들어오면, 그것을 저장하기 위해 할 수 있는 일을 다 한다. 우리가 매일 아주 조금만 더 기름지게 먹거나 조금만 덜 걸으면, 몇 해 지나지 않아 군살이 붙어서 빠지지 않게 된다.

같은 이유로, 한 지역의 모든 사람들이 에너지가 농축된 음식을 조금 덜 먹거나 좀더 자주 운동을 하면, 과체중과 비만의 비율이 지속적으로 낮아질 수 있다. 주민의 평균 체중이 상승하는 것을 방지하는 일이 그리 어려운 일만은 아니다. 문제는 이러한 결과를 얻기 위한 가장 효과적인 방법을 알아내는 것이다.

더 적게 먹고, 더 많이 움직여라

음식을 먹을 때 섭취하는 열량의 총합을 줄이는 것이 분명히 현명한 일이다. 그러나 그 속에는 커다란 허점이 있다. 거의 앉아서 지내는 사람들(모든 곳에 차를 타고 다니고, 책상에 앉아서 일하고, 운동은 전혀 하지 않는 사람들)은 에너지 소모량이 정말로 적다. 만약 그들이 써버릴 수 있는 것보다 더 많은 열량을 섭취하지 않으려면, 그들은 정말로 적은 양을 먹어야 할 것이다. 그러면 곧 심각한 비타민과 무기질 부족에 시달릴 것이다. 그러므로 그런 사람들이 자신의 실제 필요량에 맞게 에너지 섭취 수준을 줄인다는 것은 불가능한 일이다. 그 대신 그들이 체중을 줄이려면 영양가 있는 음식을 적당히 먹고 신체활동수준을 높여야만 한다.

전문가들의 말에 따르면, 이것은 신체활동수준을 1.8(즉, 몸이 완전히 휴식을 취할 때 사용하는 에너지의 1.8배를 소비하는 것) 가까이로 유지해야 하는 것을 의미한다. 서구사회에서는 보통 수준으로 활동하는 사람이 1.6에 지나지 않으며, 거의 앉아서 지내는 시간이 많은 사람은 1.4밖에 되지 않는다! 후자의 범주에 속하는 사람은 다른 방식으로 건강을 해치지 않고서는 체중이 늘어나는 것을 피할 수 없다. 특히 그들의 소득 수준이 낮다면 말이다. 왜냐하면 최소한의 열량 수준으로 적절한 섭식이 이루어지려면 과일, 채소, 곡식을 포함해서, 매번 같은 것을 사지 않도록 주의하면서 음식을 다양하게 먹어야 하기 때문이다. 여유가 없는 생활비로는 힘든 일이다. 이것은 사무실 비만을 막자는 캠페인이 왜 그렇게 운동의 중요성을 강조하는지에 대한 또 다른 이유이기도 하다.

신체적 활동은 'PNNS'로 알려져 있는, 2001년 1월에 시작된 프랑스 국민영양건강프로그램의 중요한 대들보들 가운데 하나다. 그 프로그램이 추천하는 활동인 하루 20분씩 빨리 걷기는 특별히 힘든 일도 아니고, 사람들이 이상적인 운동 수준인 1.8에 도달하는 데 충분치 않은 것도 분명하다. 그러나 그것은 사람들을 적어도 1.6의 수준까지는 이르게 한다. 만약 사람들이 이러한 소박한 목표를 설정하고 정말로 그것을 꾸준히 지킨다면, 프랑스 사람들의 평균 체중은 눈에 띄게 줄어들 것이다.

따라서 주된 목표는 활동적이지 않은 사람들을 더 많이 부추겨서 최소한의 활동이라도 하게 만드는 것이다. 앉아 있기보다는 가능한 한 더 많은 시간 동안 발을 움직이도록 하는 것이다. 예를 들어 하루에 3시간만 서 있어도 신체활동수준을 1.4에서 1.8로 올릴 수 있다. 사람들이 결코 지속적으로 할 수 없는, 지칠 때까지 걷는 운동을 매일 하라고 종용하기보다는, 선택의 범위가 넓고 강도가 낮은 활동을 하도록 설득해서 마침내 올바른 방향으로 국면을 변화시키자는 생각이다.

비만은 개인의 책임이 아니다

적어도 이론적으로는 체중이 변하지 않도록 하는 '처방'에 대해서 어느 정도 의견의 일치를 보았다. 다음 과제는 많은 사람들에게 처방을 시도해서 효과를 살펴보는 것이다. 자국 문화에 젖은 미국인은 체중을 조절하는 것은 개인이 책임져야 할 일이라고 생각한다. 그러므로 미국 보건당국은 시민에게 자신의 허리둘레를 주시하면서 좀더 많은 활동을 하라는 충고를 아끼지 않을 것이다. 이러한 충고를 따를지 말지 결정하는 것은 개인에게 달렸다. 만약 체중 문제가 생기면 그들은 언제나 의료적인 도움을 받을 수 있으니까 말이다. 이것은 매력적인 원칙이지만 본질적으로는 위선이다. 우리는 그런 방식으로 이루어지는 모든 노력이 좌절되기 마련인 환경 속에서 살고 있기 때문에, 앞으로 체중을 감량하고자 하는 사람이 부딪히는 장애물도 많을 것이고 실제로 극복하기도 힘들다.

미국적인 태도는 오랫동안 흡연과의 싸움에 대해 취했던 자유주의적 접근을 다시 되풀이하는 것이다. 즉 모든 사람은 하고 싶은 대로 하거나 그만두는 것을 결정할 자유가 있다는 것이다. 그러나 그러한 접근법이 실패로 돌아간 것을 돌이켜보면, 그리고 담배의 폐해로 인해 하늘 높이 치솟아버린 건강 비용을 생각하면 법에 의해 뒷받침되는 더욱 강력한 방법을 적용하는 게 필연적이다. 미국에서 비만 문제는 걱정스러울 정도로 증가해서 이 부분에 대한 정책적인 요청이 최근 몇 년 동안 늘어나고 있다. 사실은 단순하다. 즉, 사람들을 돕기 위한 조치를 취하지도 않은 채 그들의 행동이 변하기를 바라는 것은 아무 소용이 없다. 불간섭주의적 접근법은 아주 작은 집단(특별히 동기부여가 잘 되며, 교육을 잘 받고, 금전적인 비용을 부담할 만큼 여유가 있는 사람들)에게만 효과가 있을 것이다.

따라서 '자유 선택' 이론은 그 의미상 공정하지 않다. 왜냐하면 특권층에게만 해당되는 선택이기 때문이다. 게다가 그들은 과체중 문제가 가장 적은 계층이다! 안잘리 자인 박사는 〈영국의학저널〉에 다음과 같이 기고했다(2005).

전문가들 대부분이 비만의 확산이 환경적 요인에서 비롯된다는 사실에 동의하고 있음에도, 그동안 수많은 연구들은 그 사실을 간과했다. 개인의 생활방식에 대한 간섭과 비만 약물의 효과에 대해 이제 현실적이 태도를 보일 때이며, 비만의 확산을 막기 위해 개인의 치료보다는 공중보건에 초점을 맞춰야 할 때다.

2008년 7월에 영국 보건부장관도 환경적 요인을 무시하면서 개인의 책임에 비중을 두는 것에 대해 회의적인 태도를 표명했다. 그는 산업계를 포함한 전 부문을 향해 함께 비만을 막는 일에 참여하자고 다음과 같이 호소했다.

"우리 생활방식을 근본적으로 바꿀 국가적 차원의 움직임이 필요합니다."

비만이 되기 쉬운 환경을 뜯어고치자

더 많이 먹고 동시에 운동은 덜 하라고 설득하는 환경 속에서 살면서 어떻게 우리의 행동을 교정할 수 있을까? 우리가 매일 직면하는 수많은 선택 속에서 건강에 대한 염려, 특히 비만의 위험은 아주 작은 부분에 불과하다. 예를 들어 자전거를 타고 출근하는 것은 신체 단련을 위해 좋은 선택이다. 대신, 출근 시간이 길어질 수 있다. 자전거 타기에 알맞은 옷을 입어야만 하고, 직장에서 샤워를 할 수 없다면 하루 종일 불쾌한 상태로 지내야 한다. 자전거 도로가 없으면 도로 위에서 일어날 수 있는 잠재적인 위험을 감수해야 한다(그런 의미에서 건강에 유익하다는 것은 보장이 되지 않는다). 자전거를 한적한 장소에 두고 가야 한다면 도둑맞을 위험이 크다. 마지막으로, 춥고 비가 오는 날 아침에 페달을 밟는 수고를 감수하려면 엄청난 동기부여가 필요하다. 요약하자면, 모든 것이 자전거 타기에 불리하다. 한참 뒤에 얻을 보상을 기다리며 어려움을 견디는 것과 지금 당장의 편리함 중에 선택하라고 하면, 우리는 대부분 당연히 후자를 택한다. 즉 자동차를 탄다. 우리가 소중하게 여기는 시간을 절약해주는 조리식품의 경우도 마찬가지다. 우리는 미래에 지방이 비축되는 것에 대해 전혀 생각하지 않지만, 몇 달 안에 그 모습이 드러난다. 혹은 운동을 하기 위해 한 시간 앞당겨 일을 끝내면 유익할 것이다. 그런데 상사가 그렇게 하라고 할까?

경제적이고 사회적인 장벽과 맞닥뜨릴 때, 개인이 자신의 힘으로 저항하기를 기대하기는 어렵다. 하물며 소비자연대에 속한 다른 사람들에게 집단적으로 저항하는 것도 힘들다. 계획은 모범적일 때가 자주 있지만, 그 집단 홀로 시류를 거스르기에는 너무 약하다. 또한 계몽적인 캠페인도 그렇게 큰 변화를 일으키지는 않는다. 여러 연구 결과에 의하면 사람들이 음식과 영양에 대해 정확한 정보를 전달받아도 특별히 행동에 영향을 주지는 않는다고 한다. 비록 우리에게 건강한 식단이 어떤 것인지에 대한 기본적인 개념이 있다고 해도, 그러한 지식을 따라 먹는 경우는 매우 드물다. 그러나 비만의 수준은 지속적으로 상승하고 있으며, 동시에 점점 더 많은 사람들이 체중을 줄이려는 시도를 하고 있다.

문제는 개발도상국에서 더욱 분명하다. 그런 나라의 부유한 소비자들은 선조들의 음식이나 그들이 기꺼이 그만둔 지루한 육체노동으로 돌아갈 생각이 전혀 없다. 두 가지 요소 모두 가난과 연관되어 있기 때문이다. 따라서 부유하거나 가난한 나라 모두에서 모든 분야의 환경을 수정할 수 있는 사회적이고 법적인 일련의 조치들을 정교하게 만들 필요가 있다. 예를 들어, 식품산업에 제재를 가하여 제품에 들어가는 성분의 질을 향상시킬 수 있는 좀더 엄격한 법 같은 것들이다. 식당, 학교 주방, 직장의 구내매점도 마찬가지로 메뉴의 구성성분과 1인분의 양을 보고하도록 강제할 수 있을 것이다. 신체적 활동 자체를 가치 있는 목적으로 생각하는 동호회나 공동체 모임이 만들어져야 할 것이다.

누가 간섭할 자격이 있으며 어떻게 간섭할 것인지 정확히 결정할 필요가 있다. 그러나 모든 사람들이 사회 전체가 비만이 되는 것을 막는 노력에 동참하고 있다고 느껴야만 한다. 이것은 개인의 관심사이자 그들의 가족, 건강 전문가들, 다른 사회 부문의 문제이기 때문이다. 예를 들어, 이제는 도시 설계와 계획의 초기에 비만에 대한 이야기가 들어간다. 인구의 노령화 때문에 승강기나 에스컬레이터를 모두 없앨 수는 없으나, 언제나 또 다른 선택이 될 수 있는 계단을 만들어야만 한다. 보도는 좋은 상태로 유지되어야 하며, 산책을 장려하기 위해 걸어다닐 공간을 늘려야 한다. 또한 자전거 도로망이 자전거 타는 사람들의 숫자를 깜짝 놀랄 만큼 늘어나게 할지도 모른다. 일상에 어울리고 자연스러우며 지나치지 않은 운동을 할 수 있도록 하기 위해, 이와 유사한 다양한 기획들을 할 수 있을 것이다. 미국식 건축 개발에서는 쇼핑객이 상점에서 상점으로 느긋하게 돌아다닐 수 있는 번화한 시내 중심가를 다시 만들 필요가 있다. 그런 거리는 안전을 위해 자동차 안에서 나오지 않으려는 사람들을 유인하도록 반드시 안전하게 만들어져야만 한다. 또 다른 절박한 요구는 적절하고 기능적인 스포츠 시설이다. 특히 빈곤층이 살고 있는 지역에 필요하다.

공중보건 전문가들은 전 세계적인 흡연 금지가 예견되었던 사망률에 미치는 영향을 보면서 환경의 변화가 얼마나 인상적으로 효과를 발휘하는지 목격했다. 2007년 영국에서 전국적으로 전통 주점을 포함한 공공장소에서 흡연 금지를 실시한 뒤, 흡연율이 가장 큰 폭으로 하락했다. 결과적으로 40만 명에 달하는 사람들이 담배를 끊었다. 이것은 금지에 반대하는 초기 여론이 얼마 가지 않으며, 건강에 좋지 않은 행동을 사회적으로 배척하는 근본적인 대책을 취할 여지가 있음을 보여준다. 이것은 '비만이 되기 쉬운' 환경을 건강한 식사와 신체활동을 하도록 바꾸는 것이 가능하며, 결국 대중이 받아들일 것이라는 희망을 준다. 물론 흡연은 섭식과는 다르다. 그러나 유용한 교훈을 이끌어낼 수는 있다.

가능한 모든 해결책을 폭넓게 동원하라

하나의 문화에서 다른 문화로 옮겨갈 때 시행될 조치들의 조합은 효율성을 고려해서 달라질 게 분명하다. 비만의 원인은 모든 곳에서 대충 비슷하게 나타나는 반면에, 그것과 싸울 무기들은 지역적인 배경을 고려할 필요가 있다. 한 가지 확실한 것은 신체활동수준을 고려하지 않는다면, 그리고 열량이 과도한 제품의 섭취가 줄어들지 않는 한 주목할 만한 결과는 나오지 않을 것이다. 즉, 우리 사회를 움직이고 작동시키는 소비라는 기제를 바꿀 준비가 되지 않는 한 힘들다는 것이다. 불행하게도 현재의 체제는 우리에게 더 많이 먹으라고 부추긴다. 그런 사정을 잘 알고 있으면서도, 우리가 몸을 움직여 과잉 에너지를 소모하게 만드는 것은 매우 어렵다.

　프랑스의 국민영양건강프로그램은 이러한 문제들을 다루기 위해 대중적으로 폭넓게 수용될 수 있는 일련의 단순하고(어떤 사람들은 지나치게 단순하다고 할) 기술적인 해결책을 개발해서 제공해왔다. 이 단체는 모든 해답을 독점하려고 하지 않고, 무엇이 위급한지 분명히 알리고 우선 해야 할 합리적 조치들을 알려준다. 예를 들어 학교에 과자 자동판매기 설치를 금지하고, 어린이를 대상으로 하는 음식 광고의 내용을 엄격하게 규제하도록 추진하는 일 같은 것들이다. 국민영양건강프로그램은 또한 토론에서 결정적으로 중요한 문제들, 즉 신선한 과일과 채소가 다른 식품들과 비교해서 상대적으로 가격이 높다는 것을 강조해서 격찬을 받았다. 게다가 비록 현재 유럽연합의 법 체제 안에서는 이루어지기 힘들지만, 보조금의 형태나 세금 면제 같은 재정적 도움의 통로를 마련해주는 인상적인 사례를 만들어내기도 했다.

이러한 발상들은 외부로 영향을 미쳐, 시애틀의 워싱턴대학교에 있는 공중영양보건센터의 대표인 애덤 드류노스키는 〈랜싯〉 2004년 12월호에서 다음과 같이 말했다(McCarthy, 2004).

"한정된 방식으로 사람들에게 더 나은 음식을 먹으라고 설득하는 것은 시간 낭비다."

왜냐하면 돈도 없고 시간도 없어서 식사 준비를 하기 어려운 사람들에게 설탕과 지방이 많은 가공식품이 어쩔 수 없이 가장 적합한 음식이 되는 경향이 있기 때문이다. 공중보건에 대한 논의에서, 드류노스키는 과체중이 되는 것은 경제적인 합리성 때문이라고 지적했다(Drewnoski and Specter, 2004). 따라서 그는 학교에서 아이들에게, 그리고 노인에게 무상으로 과일과 채소를 나눠주는 프로그램들에 더 큰 지원이 필요하다고 호소했다. 그는 길게 보았을 때 비만의 해결책은 가난한 사람들에게 더 나은 직업과 사회보장을 제공하여 생활수준을 높이는 것이라고 결론 내렸다. 이렇게 의도적으로 도발적인 태도는 국민영양건강프로그램이 진행했던 단순한 해결책들의 한계를 떠올리게 한다. 즉, 주목할 만한 경제적 변화 없이는 비만의 최종적인 해결책이란 없다. 그러나 경제적 변화 하나만으로 충분하다는 의미도 아니다.

아마도 한 가지 해결책만으로는 이 거대한 문제를 영원히 해결할 수 없을 것이다. 오직 폭넓은 해결책들의 조합으로만, 비만을 사라지게 할 수는 없어도 적어도 통제할 수 있을 것이다. 몇몇 부모들은 학교 정문에서 몇 블록 떨어진 곳에서 아이들을 차에서 내려준다. 다른 부모들은 '걷는 버스'라는 것을 실험하는 중인데, 어른들이 돌아가면서 아이들을 데리고 집에서 학교까지 걸어가는 것이다. 이러한 일들은 별것 아닌 것처럼 들리겠지만 널리 퍼뜨릴 필요가 있다.

직장에서도 비슷한 일을 시도할 수 있다. 푸조 자동차는 2002년 이래로 렌에 있는 공장에서 대량 생산 조립 라인에 갇혀 있는 노동자들이 어설픈 교대 시간 동안, 특히 야간 교대에서 식사를 제대로 못하는 경향이 있음을 관찰한 뒤에, 한 가지 방침을 시행했다. 그 공장의 노동자들 중에는 전국 평균 체중보다 무거운 사람들이 많았기 때문이다. 고용주들은 노동자들 각각의 영양 상태를 점검하도록 했으며, 영양사들의 도움을 받기로 했다. 한편으로는 현장에 있는 구내매점의 메뉴를 다양하게 하고 영양의 조화를 이루게 바꾸었다. 또한 쉬는 시간에 신선한 과일과 유제품을 실은 이동식 손수레가 돌아다니도록 했다. 지금까지는 노동자들의 평균 체중이 가벼워지는 효과가 있었다. 그러나 이런 종류의 변화는 공장처럼 통제가 가능한 조건 아래 있는 사람들에게 가능한 것이므로, 작은 혁명을 촉발시킬 수 있을 뿐이다.

별다른 비용 없이 다른 많은 활동들을 직장에서 얼마든지 할 수 있다. 탁구 등 간편한 운동을 할 수 있는 공간을 만들면 된다. 대형 회사는 직원들을 위해 체력 단련 코치를 고용할 수 있다. 회의 시간 사이에 틈을 내서 자전거를 타거나 땀을 흘리고 싶은 사람들을 위해 샤워 시설과 탈의실을 만들 수 있다. 고용주들은 이러한 시설들을 제공해서 덕을 보게 된다. 왜냐하면 과체중과 비만은 한 시간당 잃어버리는 노동량의 숨겨진 원인이며, 당뇨병과 심장질환 같은 문제들을 불러오기 때문이다. 일본의 사무실에서는 10분 동안 다

함께 체조를 하는 것으로 일과를 시작한다. 고정관념을 넘어서서, 이러한 발상은 공중보건뿐만 아니라 생산성을 향상시킨다는 점에서도 매우 설득력이 있다.

좀더 소박하게는, 책상에 앉아 있을 때 가능한 한 자세를 자주 바꿔주는 것이 좋다. 비행기에 앉아 있을 때처럼 다리를 흔들어주고, 자주 일어나서 돌아다니고, 승강기를 타는 대신 계단을 이용하고, 가까이에 있는 복사기보다는 통로 끝에 있는 복사기를 이용하는 것 등이 있다. 그 모든 것을 하고 나면 일과를 마칠 때는 운동을 전혀 안 한 사람과 실제로 차이가 난다. 그러나 정말 효과를 보려면, 고용주와 노동자가 기꺼이 함께 역할을 맡아 해야 한다. 그것이 윈윈 게임이라는 것을 반드시 이해해야 한다. 노동자는 건강한 몸과 건전한 정신을, 고용주는 돈을 더 많이 얻게 된다.

건강식품의 가격이 관건이다

비용을 감당할 수 있는 능력이 공중보건에 대한 어떤 설교를 늘어놓는 것보다 훨씬 효과적이다. 이것은 런던위생열대의학대학원 유럽사회과도기보건센터(ECOHOST)의 카렌 록과 마틴 매키가 한 연구 결과를 요약한 것이다. 2005년 7월호 〈영국의학저널〉에서 두 연구자들은 다음과 같이 보고했다.

"유럽에서 심혈관질환의 경향은 지난 30년 동안 동서로 양분되는 양상을 보였다. 유럽연합에서의 빠른 감소는 러시아, 중앙유럽, 동유럽에서의 정체나 증가세와 대조를 이룬다. 그러나 폴란드와 체코공화국은 예외로 1990년대 이래로 비율이 감소했다. 이러한 발전은 주로 영양적인 면의 향상에서 기인하는데, 두 나라에서는 1990년대 후반의 정치적 변화에 뒤이어 경제적 전환이 일어났음을 확인할 수 있다."

흔히 불포화지방(건강에 덜 해롭다)이라고 불리는 것들과 과일의 가격이 저렴해지고 구하기가 쉬워지자, 따로 비용을 들여 공중보건 캠페인을 벌이지 않았음에도 상당한 섭식의 변화가 일어나고 심장질환으로 인한 사망률이 짧은 기간 안에 감소했다. 연구자들에 의하면 영국도 건강하지 않은 식사와 비만의 상승하는 비율에 아무런 영향도 미치지 못하는 교육과 행동 변화의 의학적 모델에 초점을 맞추기보다는 이러한 사례를 따라가는 게 더 나을 것이라고 한다.

매우 역설적이게도, 폴란드의 성공 사례는 유럽연합에 가입하는 바람에 위험에 빠질지도 모른다. 왜냐하면 우리의 공동농업정책은 과일과 채소 생산을 희생하면서 지방(특히 동물성 지방) 생산에 보조금을 주기 때문이다. 우리는 또한 폴란드 성인의 현저한 심혈관질환 감소율이 1990년 이래로 가속된 어린이 비만 증가를 막아주지는 못한다는 사실을 알아야 한다. 이것은 시행되어야 할 공공정책의 복잡성과 아울러 즉각 여러 전선에서 진행되어야 할 필요성을 잘 예시해준다.

어린이 비만 예방을 최우선으로

목표가 체중 증가를 막으려는 것이라면, 일이 벌어진 다음에 체중을 줄이기보다는 일찍 방어를 시작해야만 비만을 성공적으로 방지할 수 있을 것이다. 그러므로 비만 방지의 노력은 주로 어린이와 청소년을 향해야 한다(물론 어른이 처한 상황을 무시하자는 의미는 아니다). 그리고 그것은 태어날 때부터 시작되어야 한다. 그 이전에 시작하는 게 불가능하다면 말이다. 비만 전문가들은 태내에 있을 때부터도 여러 가지 방법이 있다는 것을 알게 되었다. 임산부가 당뇨병 환자라면, 아기는 나중에 과체중이 될 위험이 매우 높아진다. 그러므로 임산부는 늘 주의 깊게 상태를 지켜보아야 한다. 역설적으로 태아 때나 태어나서 처음 몇 달 동안 영양 부족이었던 어린이는 나중에 과체중이 되는 경향이 있다. 마치 그들의 몸에 결핍의 기억이 지워지지 않고 남아서 다시는 에너지가 부족한 상태가 되지 않으려는 듯하다.

따라서 유아기 때부터 체중을 조절하는 것이 필수적이다. 소아과 의사들은 말할 것도 없고 부모도 그 시기의 중요성에 대해 충분히 인식하지 못하고 있다. 어린이 비만에 대해 적절한 주의를 기울이는 노력이 필요하다. 왜냐하면 과체중 문제는 일단 지방이 쌓이고 난 뒤에는 해결하기가 훨씬 더 어려워지기 때문이다. 만약 부모가 직접 개입하여 어린이 비만을 신속하게 치료하면 어른이 되어 비만이 될 위험이 상당히 줄어든다. 섭식, 여가 활동, TV 시청시간을 포함한 어린이의 주위 환경을 항상 점검해야 할 것이다. 다행스럽게도 어린이와 청소년은 어른보다 체중을 줄이는 것이 더 쉽다. 그들의 몸은 아직 성장하고 있기 때문이다. 일정한 양의 지방을 축적하고 있다고 하더라도, 키가 크고 근육이 더 자라는 동안 과잉 지방이 어느 정도 감소한다.

한편, 어린이에게 미량영양소가 풍부하게 든 다양한 식사를 보장해주는 것이 중요하다. 통통한 어린이에게 절대로 엄격한 다이어트를 하게 해서는 안 된다. 에너지는 완만한 방식으로 줄여나가야 한다. 예를 들어 설탕과 지방이 많이 든 즉석식품을 과일이나 채소, 파스타나 쌀 같은 복합 탄수화물로 대체하는 것이다. 그리고 무가당 음료나 가장 바람직한 음료수인 물로 갈증을 해소하도록 해야 한다. 이렇게 해야 영양 손실을 피하면서 열량을 줄일 수 있다. 너무 엄격하게 제한하면 식욕부진이나 식욕항진 같은 행동장애가 일어날 위험도 있다. 이런 장애는 비만보다 치료가 더 어렵다. 벌을 주는 듯한 강제적인 금지보다는 어린이가 인식하지 못하는 사이에 음식을 다른 것으로 바꿔주는 것이 더욱 효과적이다. 어린이가 날씬해지는 것만이 목표라고 생각하거나, 스스로 남보다 뚱뚱하거나 다르다고 느끼지 않게 하는 것이 최선의 방식이다.

운동을 할 수 있는 모든 기회를 권유해야 한다. 그러나 경쟁적인 운동경기는 조심스럽게 참여시켜야 한다. 왜냐하면 뚱뚱한 어른과 마찬가지로, 뚱뚱한 아이는 놀림당하는 것에 특별히 민감하기 때문이다. 그런 아이들은 자기 능력 이상이 필요하거나 자신이 우스꽝스럽게 보이는 활동은 쉽게 포기한다. 학교에서 경쟁적인 운동을 강화하는 것은 신체활동이 가장 필요한 어린이들을 고무하기 위한 적절한 방법은 아닌 것 같다. 연구 결과에 의하면, 어린이들에게 스스로 신체적 활동을 늘리도록 하는 것보다는 앉아서 하는 활동(TV, 비디오게임 등)을 제한하는 것이 체중 증가를 막는 데 더욱 효과가 있었다고 한다.

무엇보다도 가장 영향력 있는 중요한 요인은 역시 가정환경이다. 조사에 의하면, 비만이 아닌 부모의 자식은 상대적으로 원래 체중을 유지하기가 더 쉽다고 한다. 음식에 대한 부모의 태도와 더불어 가족끼리 식사를 하고 여가활동을 하는 방식, 생활수준이 근본적인 요인이다. TV 앞에 앉아 있는 부모는 아이가 밖에 나가 놀도록 하지 못한다. 부모 중 적어도 한 사람이 체중 조절을 위한 노력을 할 때, 아이도 체중 조절을 하기가 쉽다는 연구 결과도 있다(Epstein et al 1994).

각국의 성공사례를 벤치마킹하라

광범위한 간섭이 불가능하지 않음을 증명하기 위해, 다수의 기획들이 고무적인 결과들을 보여주었다. 그 중 하나가 1992년에 싱가포르에서 소개된 '날씬하고 건강하게'라는 프로그램이다. 이것은 초등학교, 중고등학교 학생들과 대학 신입생들의 비만율을 감소시킨 것으로 유명하다. 이 프로그램은 질적으로 향상된 학교 급식, 건강과 영양에 관련된 수업, 운동장에서 하는 신체 활동 등으로 이루어져 있다. 그와 더불어 교사들과 매점 직원들도 같은 내용의 교육과 관련 자료를 받는다. 그 결과 해마다 건강한 어린이들의 숫자가 늘어났고, 비만의 정도는 낮아졌다. 그러나 15년이 지난 뒤에, 이 프로그램은 과체중인 어린이가 손가락질 받게 만든다는 이유로 수정되었다. 그것이 시행된 싱가포르에서는 모든 어린이를 '온전하게 건강한 신체'로 부를 수 있게 하려는 것을 목표로 프로그램을 시작했다.

2008년 여름, 유럽연합 전체에서 70명 이상의 시장들과 지역 정치가들이 브뤼셀에 모였다. 프랑스에서 시작되어 이제는 167개 도시에서 시행되는 어린이비만방지연합(EPODE) 프로젝트에 대해 듣기 위해서였다. 이 프로젝트는 다섯 살에서 열두 살까지의 어린이 비만을 방지하기 위해 지역공동체를 개발하는 접근법을 사용한다. 그리고 그 시도는 어느 정도 성공을 거두었다. 1992년 프랑스 북부의 소도시 두 곳(플레르베와 라방티)에서 시작되었으며, 건강을 위한 행동에 긍정적인 영향을 미쳤음이 보고되었다. 다른 나라에서는 이러한 접근법과 호주나 캐나다처럼 멀리 떨어진 나라에서 이것을 시험 삼아 시행해보고 있다는 사실에 깊은 인상을 받았다.

또 다른 고무적인 사례는 핀란드 북카렐리아의 경우다. 그곳 주민들은 정상적인 비율보다 더 많은 심혈관질환 문제로 시달렸으며, 마침내 지역 전체에서 너무 이른 나이에 사망하는 사람들의 비율이 높아졌다. 1972년에 대규모 심장질환 예방 프로그램이 시행되어, 동물성 지방을 덜 먹는 건강한 섭식을 권장했다. 대중매체는 계몽 캠페인을 벌였고, 지역사회가 움직였고, 공중보건정책이 세워졌으며, 환경을 바꾸고, 법 제정이 이루어지는 등등의 일들이 일어났다. 더욱 건강한 행동을 향한 대중운동을 위해 모든 노력을 기울였으며, 금전적인 것은 문제가 되지 않았다. 게다가 그 결과가 고무적이었다. 매일 먹는 식단에 포함된 평균 지방의 양이 42퍼센트에서 거의 34퍼센트까지 줄어들었다. 이것은 곧 심혈관질환이 훨씬 고령에서 시작되는 현상으로 바뀌었다. 이와 대조적으로 비만 수치는 실망스럽게도 여전히 높은 상태였다. 그러나 이 프로그램이 없었다면 수치는 더욱 높았을지도 모른다. 비록 신체활동은 전체적으로 감소했으나 평균 체질량지수는 안정되는 경향을 나타냈다.

더 나아지는 것도 가능할까? 담배 중독이나 감염 질환과는 달리, 비만은 광범위한 요소들과 상관관계가 있어서 어떤 요인들은 제거하기가 매우 어렵다. 행동에서 심도 깊은 변화는 하룻밤 사이에 얻어질 수 없는 것처럼 보인다. 비교적 길고 지루한 시간이 필요하다. 우리가 어떤 해결책을 적용하든지, 비만이라는 재앙을 극복해야 한다는 과제는 장차 우리 몫이 될 것이다.

10
비 만 문 제 의 해 결 책 들

누가, 무엇을 할 것인가?
정크푸드에 세금 부과하기
건강식품 가격 인하하기
더 나은 제품을 요구하도록 소비자 교육시키기
쉽게 알아볼 수 있는 라벨 붙이기
슬로푸드: 소수를 위한 여유로운 대안
육류 소비 제한하기
환경을 생각하며 소비하기
생명공학농업 vs 친환경농업
어린이 대상 정크푸드 광고 금지하기

어떻게 하면 하나의 체제가 다시 분별력을 찾을 수 있을까? 몇몇 사람들은 "지갑을 통해서"라고 말한다. 비만으로 인해 지출되는 비용을 합산하기 시작한 경제학자들은 그 체제 안에서 중요한 결함을 알아차렸다. 즉 비만 시장(주로 농식품산업)에서 돈을 버는 사람들과 비만에 대한 비용을 지불하는 사람들이 동일하지 않다는 사실이다. 상식적으로는 식품산업이 자신이 초래한 사회적 비용을 지불하는 것이 공정한 일이며, 거대 기업의 책임감에 대해 깊은 인상을 줄 수 있는 방침인데도 말이다.

누가, 무엇을 할 것인가?

영국의 압력단체들은 정부에 로비를 벌여, 예를 들어 각각의 열량이 이동하는 데 필요한 총 비용에 대한 보고서 작성을 의뢰하게 하고, 그 비용이 어느 정도 선을 넘는 즉시 지역 생산물에 특혜를 주도록 하는 데 성공했다. 이렇게 시기적절한 보고서 가운데 하나가 〈녹색의, 건강하고 공정한(Green, Healthy and Fair)〉이며, 그 내용은 친환경 식품이 어떻게 비만을 막을 수 있는지와 함께 슈퍼마켓에서 그러한 식품을 팔도록 지원하는 정부의 역할에 초점을 맞추고 있다(Sustainable Development Commission, 2008). 그 보고서는 슈퍼마켓을 '식품 체제의 문지기'로 묘사하면서, 정부도 슈퍼마켓도 단독으로는 비만 문제를 해결할 수 없다는 사실을 인정한다. 지속가능개발위원회가 작성한 〈당신이 하면 나도 할 것이다〉라는 적절한 제목의 보고서에서는 서로 다른 이해당사자가 함께 움직여야만 한다는 것을 강조하고 있다(2006).

우리가 이미 5장에서 보았듯이, 슈퍼마켓은 세계 식품 체제에서 강력한 영향력을 가지고 있으며, 그들 없이 비만은 해결될 수 없다. 슈퍼마켓은 제품들을 몸에 좋게 개선해달라고 요구함으로써, 또한 진열대 위의 모든 제품에 간단한 영양성분 설명서를 잘 보이게 확실히 붙임으로써 책임감을 보여줄 수 있다. 그들은 또한 자신의 매장 안에서, 계산대 앞에 놓아둔 과자를 치우는 것을 포함하여 어린이에 대한 판촉 행위를 금지할 수 있다. 몇몇 슈퍼마켓은 이런 시도를 하고 있다. 프랑스에서는 슈퍼마켓 체인인 르클레르가 처음으로 어린이의 비만을 방지하기 위해 계산대에서 사탕과 초콜릿을 치워버렸다. 그것은 500만 프랑의 매출 하락이 예상되었지만, 고객에게 더 좋은 이미지를 심어주는 데 그만한 가격을 지불할 만하다고 믿었다.

그러나 모든 슈퍼마켓들이 그렇게 이타적이지는 않았다. 영국의 국립소비자위원회가 2008년에 실시한 조사에서 매장 안에 건강에 좋지 않은 음식을 진열한 비율이 지난 2년 동안 2배나 상승했으며, 슈퍼마켓이 값싼 가공음식의 판매를 촉진하는 긴축정책으로 수익을 올리는 것에 대해 비난을 받았음이 밝혀졌다.

한편, 미국에서는 비만인 고소인이 엄청난 액수의 피해 보상액을 요구하는 소송을 제기하려는 움직임이 있다. 거대 식품기업들의 정신을 번쩍 나게 하는 국면이자, 영원히 고소를 피할 수 없음을 상기시켜주는 일이다. 만약 소비자가 연대하여 다른 제품을 생산하기를 주장한다면, 기업은 선택의 여지없이 새로운 요구에 부응할 수밖에 없을 것이다. 그러나 건강과 환경에 대해 더 많이 신경을 쓰면 어쩔 수 없이 가격 상승을 불러올 수밖에 없다. 그것은 자신을 보호할 만한 재정적 여유가 없고 경제적으로 취약한 사람들에게는 나쁜 소식일 것이다.

확실한 것은 비만 확산을 해결하려면 오직 한 가지 방법만으로는 충분하지 않으며, 학교 급식의 질적 향상에서부터 건설 환경의 변화에 이르기까지 다양한 상황에서 조치를 취해야 한다는 사실이다. 이렇게 하기 위해서는 서로 다른 다수의 이해당사자들이 같은 배를 탔음을 설득시킬 수 있는 정치적 의지가 필요하다. 다음 쪽에 정리한 표에서처럼 세계보건기구는 솔선수범하여, 비만을 막기 위해 누가 무엇을 해야 할 것인지에 대해 폭넓은 제안을 하고 있다. 지금 이런 일들을 추진할 책임은 한 나라의 정부에게 있다.

비만을 예방하기 위해 할 수 있는 것들

| 법과 규제 |

- 국제식품규격위원회(codex)의 지침서에서 제시했듯이 영양 성분에 대한 정보를 담은 설명서를 제공한다.
- 음식과 음료 광고에 대한 통제를 강화한다.
- '다이어트'나 '라이트'처럼 대중이 오해할 수 있는 건강 관련 문구들을 법으로 규제한다.
- 섭식과 신체활동을 다루는 국가적으로 조직화된 전략을 세운다.
- 국가에서 섭식과 신체활동에 대한 지침서를 개발한다.

| 도시설계와 교통정책 |

- 걷기, 자전거타기, 여러 가지 신체활동을 안전하게 할 수 있게 장려하는 정책을 제공한다.
- 체육과 레크리에이션 시설의 이용 빈도를 높인다.
- 대중교통을 더욱 발달시킨다(예를 들어 운행 횟수 증가와 신뢰성 향상).
- 도시 중심부에 걸어 다닐 수 있는 지역을 만든다.
- 도시의 대중교통과 주차장을 연계하는 장려책을 도입한다(예를 들어 대중교통 환승 주차장처럼).
- 도시와 공공장소에서 안전하게 자전거를 보관할 수 있는 적당한 가격의 시설을 제공한다.
- 거리에서 놀거나 걸어다니는 어린이들의 안전을 보장하기 위해 도로안전 정비를 강화한다.
- 계단 이용을 장려하기 위해 건물의 설계를 수정한다.
- 거리의 조명을 개선해서 더 안전하게 만든다.

| 경제적인 장려책 |

- 다양한 음식을 구매하고 소비하기 위해 세금 정책을 쓴다. 여기에는 '비만세' 즉 에너지가 농축되어 들어 있는 식품에 부가세를 더 부과하는 정책이 포함될 수 있다.

- 에너지가 낮은 식품(특히 과일과 채소)에 대한 보조금을 도입한다.
- 주중에 대중교통으로 출근하는 사람들에게 자동차세를 인하해준다.
- 직원들을 위해 운동과 탈의 시설을 제공하는 기업에게 세금을 우대한다.
- 빈민 지역에 레크리에이션과 체육 시설을 유치하기 위한 보조금을 제공한다.

| 식품과 음식 공급 |
- 기관이나 단체, 예를 들어 학교나 직장에 음식을 공급하는 업체를 관리하기 위해 영양에 대한 기준과 지침을 개선한다.
- 음식을 공급하는 대리점이나 공공장소에 있는 자동판매기에서 건강한 식품만을 판매하도록 보장하는 규제를 도입한다.
- 경화유 사용을 줄이고, 설탕이 들어간 음료수와 과자를 줄이도록 권장한다.

| 식품 제조 |
- 개정된 유럽 공동농업정책이 지속적으로 공중보건을 장려하고 보호하도록 보장한다.
- 건강한 식품의 생산과 유통을 유지하고 증진하기 위한 장려책을 도입한다.
- 주말농장처럼 가정에서 먹을 과일과 채소를 재배하기 위한 땅을 도시에서 사용하는 것을 장려한다.

| 건강을 위한 행동 촉진 |
- 보건 의료 종사자(특히 1차 진료기관)에게 식사 습관과 신체활동, 행동 변화를 위한 요령을 습득하는 법, 생애주기 접근법을 취하는 것에 대한 교육을 활용한다.
- 사람들이 정보에 입각한 선택을 할 수 있도록 일반 대중을 위한 건강 교육을 활용한다.
- 서로 다른 정책과 규제를 평가하는 응용 연구를 장려한다.
- 긍정적인 행동을 장려하기 위해 대중매체를 이용한다.

- 비만에 대한 근거 없는 낙인찍기를 줄이기 위해 대중에게 비만의 주된 원인에 대한 교육을 실시한다.
- 완전한 모유 수유를 장려한다.
- 유아들에게 먹이는 조제분유에 설탕과 전분을 첨가하지 않도록 장려한다.
- 성인의 사회 교육에 '건강하게 살 수 있는 능력'을 포함시킨다.

| 학교 |

- 건강한 식사를 지원하고 소금, 설탕, 지방이 많은 제품의 판매를 제한하는 정책을 적용한다.
- 어린이에게 대중매체의 정보를 해독하는 능력을 가르친다.
- 탈의실과 샤워장이 있는 체육시설과 레크리에이션 시설을 제공한다.
- 모든 어린이들에게 반드시 음식 만들기 실습을 하도록 한다.
- 학생들에게 매일 체육 수업을 한다.
- 그 지역의 식품 생산자가 만든 건강한 현지 음식의 판로를 보장하기 위해 학교 급식 공급 계약을 체결한다.

출처: www.sussex.ac.uk/spru/porgrow과 세계보건기구(2000, 2003, 2004, 2007)

누가 비만 예방에 도움을 줄 수 있을까

| 정부기관 |

- 행정부의 보건부서(지도적인 역할)
- 행정부의 교통/도시 계획, 재정, 농업, 식품, 상업, 환경, 사회사업/개발, 청소년, 교육, 가정과 복지, 대중매체와 통신, 레크리에이션/체육/문화, 공원과 산림 관련 부서

| 식품 생산 체제 |

- 식품 생산자, 음식 공급업자, 농부
- 소매상, 슈퍼마켓

| 보건 체제 |
- 제약회사
- 의료 전문가, 개업의, 간호사
- 영양 전문가, 영양사, 보건 관리 전문가
- 전통적인 치료사, 대안요법 집단
- 환자 집단

| 대중매체 |
- 광고주
- 신문, 여성잡지, TV와 라디오

| 교육 체제 |
- 학교와 전문대학
- 유치원
- 종합대학

| 직장 |
- 노동조합
- 직장 연구소

| 비정부조직들 |
- 소비자 연합
- 체육 동아리와 협회, 걷기/자전거 타기 동아리
- 종교 단체
- 저소득층 연합, 소외층 연합
- 학부모 교사 연합회
- 건강 관리 단체
- 보육 단체

정크푸드에 세금 부과하기

너무 많이 섭취하면 건강에 유해한 식품에 세금을 부과하자는 안에 관심이 높아지고 있다. 이미 그런 발상이 적용되는 캐나다와 미국의 일부 지역들에서 보이는 것처럼, 영양가가 부실한 식품들에 대해 부과되는 세금은 매우 낮을 수도 있다. 청량음료, 초콜릿, 사탕, 과자, 짭짤한 스낵 등에 부과되는 세금은 고정된 금액이거나 소매가의 일정 비율로 붙는다.

이러한 부가세는 얼마 안 되는 금액일지 모르지만 상당한 세입 규모가 된다. 아칸소 주에서는 청량음료에 부과한 세금(350밀리리터 캔 하나마다 2퍼센트씩)으로 한 해에 4,000만 달러를 벌어들이고, 캘리포니아 주에서는 음료수 캔 하나마다 7퍼센트씩 세금을 걷어 한 해에 2억1,800만 달러를 벌어들인다. 캔 하나마다 1퍼센트씩 또는 '영양가가 부실한' 다른 제품에 대해 무게당 세금을 받는다고 해도 그 제품의 판매에 미치는 영향은 미미하겠지만, 한 해 20억 달러를 벌어들이기에 충분할 것으로 계산된다. 교육이나 예방 프로젝트의 기금으로 사용하기에 적당한 액수다. 원칙적으로 기업 스스로 재정적 지원을 해서 소비자들이 자사의 제품을 너무 자주 사지 않도록 한다는 깔끔한 논리다! 물론 문제가 되는 기업들도 예민하게 굴지 않을 수 없었다. 코카콜라는 저항했다. 1990년대 초에 루이지애나 주에 음료수 병 공장을 세우는 대신 청량음료에 대한 세금 50퍼센트를 감면해달라고 주지사에게 제안했다. 주 의회는 그 제안에 찬성하여 1993년에 세금을 반으로 줄여주도록 표결했으며 1995년부터 법안이 발효되도록 했다. 그리고 나아가 코카콜라가 5,000만 달러를 들여 두번째 음료수 병 공장을 세우기로 하면 나머지 세금도 모두 감면해주기로 약속했다(Jacobson and Brownell, 2000). 이 계약은 1997년에 체결되었고 수백 개의 일자리가 창출되었으며 주 정부의 금고에 300만 달러가 입금되었다. 그러나 이것은 루이지애나 주가 공장과 맞바꾼 청량음료에 부과한 세금으로 한 해 동안 벌어들일 수 있었던 1,500만 달러와 비교하면 적은 금액이었다. 따라서 주 정부는 어리석은 협상을 한 것이었다. 이 이야기는 기업의 로비에 강하게 맞서는 대중의 지지를 충분히 끌어낼 필요성과 함께, 강한 정치적 의지로 이러한 정책의 시행을 고수하는 일이 얼마나 중요한지 잘 보여준다.

또한 세금은 억제하는 효과도 있다. 예를 들어 담배에 붙는 높은 세금은 금연의 강력한 동기부여가 될 수 있음이 입증되었다. 2001년에 영국 재정청에서 실시한 여론조사는 소비자의 선택에 영향을 주는 모든 요인들 가운데 가장 결정적인 것이 가격임을 밝혀냈다. 취향과 품질은 상관관계가 더 약하며, 개인 또는 가족의 건강에 대한 고려가 가장 나중이었다(French, 2004).

2008년 7월, 프랑스의 사르코지 대통령은 에너지 농축 식품에 대한 세금 부과를 거부했다. 식품과 국가 정체성이 강하게 연결되어 있는 프랑스에서는 그러한 세금이 받아들여지지 않을 것이라는 염려 때문이었다. 또한 세금이 가난한 사람들에게 불균형하게 영향을 미칠 것이고, 경제적으로 중요한 식품산업 부문에 변화를 가져올지도 모른다는 의구심도 있었다. 그 대신 프랑스 정부는 피자, 퀴슈(햄, 양파, 크림 등으로 만든 파이―옮긴이), 샌드위치 같은 간식거리에 부과하는 부가가치세를 올릴 것을 권장했다. 그러나 식품 가격이 치솟는 상황에서 이러한 제안은 정치적으로 매력이 없었고 가능성도 없다.

이해당사자들에 의해서 식품에 부과되는 세금을 보류하는 유사한 사례들을 유럽 전역에서 발견했다고 서식스 대학의 에릭 밀스턴 교수가 유럽 9개국의 이해당사자들에 대한 연구에서 밝혔다. 포그로(PorGrow)[1]라고 불리는 그 연구는 세금 부과가 선택할 수 있는 다양한 정책들 가운데 가장 선호되지 않는 것이며 많은 이해당사자들 집단의 저항에 부딪치게 된다는 사실을 보여주었다. 따라서 세금 부과가 식습관 양상을 변화시키는 데 효과가 있다고 하더라도, 국가 재정정책에 대한 폭넓은 저항을 변화시킬 로비 활동이 필요할 것이다. 핀란드는 국가적인 가격 정책이 영양에 대한 교육이나 식품 설명서 부착 같은 다른 정책들과 함께 시행될 때 효과적일 수 있다는 것을 보여준 나라다.

건강식품 가격 인하하기

가격 수준을 조정하는 것은 강력한 수단이 될 수 있다. 저지방과 무가당 제품의 가격을 내리는 것이 매우 효과적인 결과를 가져온다는 사실은 입증되었다. 그러므로 세금정책은 과일이나 채소 같은 품목의 판매를 촉진하기 위해 부가가치세를 내리거나 보조금을 지급하는 것과 같은 효과를 나타낼 수 있다. 중고등학교에서 행해진 한 연구 결과에 의하면, 학교 식당에 사과나 당근을 절반 가격으로 내리자, 학생들이 평소보다 4배나 더 많이 샀다고 한다.

현재 유럽연합의 공동농업정책은 영양가가 부실한 식품의 잉여분에 대해 보조금을 지급하고 있다. 영양 전문가들뿐만 아니라 많은 사람들이 갖고 있는 부정적인 여론의 초점은 공동농업정책이 한 해에 심장질환으로 인한 약 9,000건의 사망에 책임이 있으며, 비만의 확산에도 일정한 역할을 한다는 것이다(Lloyd-Willams et al, 2008). 그러나 공동농업정책이 건강에 미치는 영향은 식량농업기구의 수석 경제학자이기도 한 조셉 슈미트후버를 포함한 몇몇 사람들에 의해 논란의 대상이 되고 있다. 조셉 슈미트후버는 반대로 공동농업정책이 실제로 설탕과 포화지방을 함유한 음식의 소비를 억제할 수도 있다고 한다. 그는 국가 경제정책은 유럽에서의 식품 소비를 변화시키는 데 효과가 없으며 "전체 소득의 증가, 슈퍼마켓의 번창, 식품 유통 체제의 변화, 여성의 취업, 가정 밖에서 식품 소비의 중요성 상승"[2] 같은 다른 중요한 요인들이 있을 것이라고 주장한다.

그러므로 에너지 농축도가 덜한 식품에 보조금을 지급하는 것은 한계가 있다. 세금도 마찬가지다. 그것은 유럽의 포그로 정책에서 보았듯이, 소비자에서 식품 제조업자에 이르는 모든 이해당사자들에게 달갑지 않은 정책이다.

더 나은 제품을 요구하도록 소비자 교육시키기

서로 연결된 식품산업의 사슬에 소비자가 현실적인 영향력을 행사해서 더 건강한 식품을 생산하는 체제로 변화시킬 수 있을까? 그것이 바로 문제의 핵심이다. 우리 사회에서는 고객이 왕이다. 만약 생산품이 팔리지 않으면 생산자는 존재하지 않는다. 현명한 소비자는 강경한 태도로 기업에 대해 더 건강하고 영양가가 높은 제품을 요구하고 얻어내야 한다. 그러나 곧 소비자가 그렇게 할 수 있으리라고 기대하는 것이 현실적인가?

이미 '윤리적' 거래의 영역에서 긍정적인 반격이 일어나고 있다. 예를 들어, 공정무역 커피 같은 것들이다. 조금 더 비용이 들더라도 생산자에게 좀더 공정한 보상을 보장하고, 기본적인 환경 기준과 사회적 권리를 존중하자는 것이다. 이것은 지난 30년 동안 더욱 강력해졌으며, 영국에서는 이제 전체 커피 판매량의 10퍼센트를 차지한다. 영양적으로 더 나은 품질을 지키기 위해 비슷한 영향력을 상상해보는 것이 가능할까? 이러한 힘이 '비만을 일으키는 요인이 되는' 가장 질 나쁜 상품들을 진열대에서 몰아낼 수 있을까?

현재로서는 소비자들 대부분이 자기가 좋아하는 것을 먹는 신성한 자유에 간섭하는 것에 대해 매우 적대적이다. 예전에 흡연가들이 취했던 태도, 즉 '담배에 불을 붙일 개인적 권리에 대해 왈가왈부하지 마라!' 같은 식이다. 따라서 우리는 가게에서 파는 상품들에 함께 힘을 모아 제재를 가하던 광범위한 소비자운동과는 거리가 먼 곳에 있다. 불행하게도, 소비자들이 모순되는 메시지와 끊임없는 영업 전략에 둘러싸인 채 군침을 고이게 하는 수많은 상품들의 정체를 파악하지 못한다면, 선택의 자유는 착각에 지나지 않는다. 가장 유해한 상품이 현 사회의 사람들이 선호하는 바로 그 맛과 향을 지녔기에 좋아 보일 수 있다. 오늘날의 소비자는 산업 시스템에 어떤 통제도 가할 수 없다는 것이 피할 수 없는 결론이다. 냉

소적으로 말하자면, 물건을 사는 사람들은 언제나 가장 낮은 가격을 요구하고 나서 그것이 환경과 자신들의 건강에 끼치는 충격에 놀란다.

우리의 정치가들은 선택적인 세금 부과나 규제 법안, 슈퍼마켓이 취약한 부문으로 확장되는 것을 단속하는 것 등으로 현실적인 변화를 만들어낼 수 있는 양 연기하는 듯 보인다. 그러나 기업의 강력한 로비 활동의 노예가 된 정치가들은 유권자 앞에서 큰 소리로 허세를 부리는 배우에 불과할 뿐이다. 이제까지는 그러했다. 비만을 정복하려면 완전히 새로운 인식과 엄청난 수의 소비자들을 재교육하는 일이 필요하다. 그것은 아직 요원한 일이지만 장기적으로는 상상할 수 없는 일만은 아니다.

쉽게 알아볼 수 있는 라벨 붙이기

식품 포장의 전면에 영양성분 라벨을 부착하도록 법으로 정하는 것은 비만의 확산이 가속화되는 것을 막기 위해 소비자에게 더 많은 정보를 전달하는 방법으로 지지를 받았다. 문제는 소비자들이 잘 알고 선택할 수 있는 상황이 되지 않는 한 힘을 가질 수 없다는 데 있다. 이런 면에서, 관련 정보를 표시하는 제품 라벨은 매우 도움이 된다. 현재는 대부분의 라벨에 100그램당 들어 있는 열량의 수치가 표시되어 있다. 그것이 특별히 사람들을 일깨우는 정보는 아니다. 우리들 가운데 몇 명이나 그 수치를 수고스럽게 들여다볼 것인가? 서식스대학교의 에릭 밀스턴 교수는 다음과 같이 강조했다(Hyde, 2008).

"당신이 노트북과 저울을 들고 슈퍼마켓을 돌아다닌다고 해도, 상품에 붙은 라벨의 내용을 이해하기는 어려울 것이다."

이것이 바로 최근에 더욱 단순하고 소비자에게 친숙한 형태의 라벨을 규격화하여 유럽 전체에 도입하자는 의견이 분분한 이유다. 현재 유럽의 법으로는 '저설탕'이나 '저지방'처럼 건강한 식품임을 강조하지 않는 한 제품에 라벨을 부착할 필요가 없다. 그러나 여기에도 변화의 조짐이 있다.

최근에 영국에서 추진되고 있는 신호등 체제라는 게 있다. 초록색 라벨이 붙은 식품은 샐러드처럼 마음대로 먹어도 된다는 것이다. 주황색 라벨이 붙은 식품은, 예를 들어 지방이 고루 퍼진 스테이크처럼 너무 자주 먹으면 허리둘레가 굵어지는 것이다. 붉은색 라벨이 붙은 식품은 달콤한 과자, 에너지가 농축된 식품이나 고지방 제품처럼 아주 가끔 먹어도 비만의 고통에 시달릴 수 있는 것들이다. 벌써 과자와 초콜릿 제조업체에서 불평하는 소리가 들려오고 있다. 2008년 유럽연합이 식품에 라벨을 부착하는 법을 제안하자 거대한 전투가 벌어졌다. 적어도 신호등 체제는 어떤 음식도 원래 좋거나 나쁜 게 아니라, 어떤 것들은 먹는 양에 상관없이 해가 없고 다른 것들은 적은 양을 먹었을 때 가장 좋다는 원칙을 인식시키는 데 도움이 될 것이다. 색으로 분류하는 것은 그 자리에서 쉽게 이해할 수 있는 방식이라는 점에서 성공적일 것이다.

이런 라벨을 붙이기만 하면 정말 비만을 방지할 수 있을까? 어느 정도는 가능할 것이다. 우리는 초콜릿바를 먹을 때, 늘 이것만 먹어서는 안 된다는 사실을 정확히 알고 있다. 붉은색 라벨이 있든

없든 말이다. 색으로 분류하는 방식은 피자나 식탁 위에 올려놓는 소스 또는 오븐에 넣어 익히기만 하면 되는 즉석음식처럼 포장된 제품들을 평가하는 데 유용하다. 그런 제품들의 에너지 함량은 소비자가 그 자리에서 분명히 알기가 어렵기 때문이다. 반드시 필요한 정보가 담긴 규격화된 형태의 라벨은 한눈에 알아볼 수 있기에, 그 제품의 진정한 영양가를 더 분명하게 평가할 수 있을 것이다. 적어도 그 부분에 약간의 지식을 가진 사람들이 대중매체나 소비자 집단의 활동을 통해 다른 사람들을 일깨우는 데 도움이 될 수 있을 것이다.

슬로푸드: 소수를 위한 여유로운 대안

패스트푸드가 들불처럼 번져나가고 음식문화가 어느 때보다 단조로워지는 가운데, 슬로푸드[3]라 불리는 유쾌한 반격이 나타났다. 1986년 카를로 페트리니는 이탈리아에서 슬로푸드라는 이름을 내건 국제협회를 설립했다. 맛의 규격화에 반대하고, 그 대신 독특한 지역 조건과 연관된 다양한 조리법을 옹호하며, 미식의 전통과 옛날 조리기술을 되살리자는 취지였다. 그 단체를 나타내는 상징 문양은 달팽이였다. 그들의 철학을 명확히 나타내는 이미지다. 세상을 지배하는 열광적인 생산제일주의와는 대조적으로 삶을 느긋하게 즐기고, 어디에서나 집에 있는 것 같은 편안함을 느낄 수 있는 능력을 나타낸다(등에 집을 지고 다니는 달팽이처럼 말이다). 현재 그 운동은 세계 각국에 유쾌함과 후한 대접, 환경의 가치에 대한 열정에 공감

하는 8만 명 이상의 회원을 자랑한다. 그 협회는 작은 지역 조직인 '콘비비아(convivia)'로 구성되어 있으며, 정기적으로 함께 모여 훌륭한 식사를 하면서 포도주 시음을 위한 여행이나 홍보 행사를 계획한다. 슬로푸드 협회는 이탈리아의 브라와 파르마 부근에 대학을 세워 운영하고 있으며, 그곳 캠퍼스에서 회의를 개최한다.

슬로푸드 운동은 식도락가들의 엘리트주의적 모임으로 희화화될 때도 많다. 그러한 비난은 어떤 면에서 공정하지 않으며 여전히 즐거움으로서의 음식이라는 슬로푸드의 핵심 원칙 면에서 주목을 받을 필요가 있다. 우리가 언젠가 비만이나 음식과 관련된 장애들을 극복하려면 먹는 행위가 반드시 즐거움으로 남아야 한다. 이제 영양 전문가들은 그 사실을 당연하게 여기고 있으나 항상 그랬던 것은 아니다. 식탁의 즐거움이 되돌아오게 하려면 좀더 조직적인 행동으로 길들여진 사교성이 필요하다. 가족이나 친구들과 둘러앉아 진하고 맛있는 스튜를 떠먹으며 좀 기름진 음식도 함께 즐기는 의례적인 모임을 재발견해보자. 이러한 관습들은 거리에서 햄버거를 허겁지겁 먹어치우는 것보다 비만 예방에 더 효과적이다. 친구나 술, 음식으로 삶을 즐기며 살아가는 슬로푸드의 허세 어린 이면에는 음식과 삶에 대해 일반적으로 취하는 태도에 대한 심각한 질문이 놓여 있다. 슬로푸드 운동은 또 다른 방식을 모색하려는 신뢰할 만한 시도다.

그러나 그 속에 내재된 엘리트주의가 문제다. 어떻게 이런 운동이, 우리가 보기에 비만이라는 전염병의 가장 큰 희생자인 가난한 사람들에게 확대될 수 있겠는가? 슬로푸드가 추구하는 삶의 방식은 가난한 사람들이 선택할 수 있는 것은 아닌 것처럼 보인다. 현재의 양상을 보면, 그것은 오직 적당한 돈과 지식과 문화를 지닌 사람들만을 위한 것이다. 문화적, 물질적 자원을 충분히 누릴 수 있는 사람들에게 지배적인 방식에서 벗어나 어디로 향할지 모르는 모험을 추구하라고 말하는 것이다. 그렇다고 하더라도 그들의 근본적인 전제는 언젠가 순수한 대중운동을 발전시키기 위한 잠재력으로서 대안적 사고의 주춧돌이 될 수 있다. 결국 파르망티에가 프랑스에서 감자를 대중화했으나 그가 가난한 사람들에게 감자를 전파했던 것은 아니었다. 그가 맨 처음 설득한 사람은 왕이었다!

육류 소비 제한하기

지금껏 각 나라의 정부는 비만 위기에 대한 대책을 대중 교육과 정보 전달 프로그램에 초점을 맞추고 사람들을 설득해서 좀더 건강한 섭식 행태를 갖게 하려고 노력했다. 그러나 우리의 지도자들은 식품산업의 특징적인 생산방식인 연쇄적 사슬의 다른 요소에 대해 의문을 가져야 한다는 사실을 간과했다. 왜냐하면 사람들을 과체중으로 만드는 잘못을 저지르는 것은 농업을 포함한 체제 전체이기 때문이다.

이렇게 '비만을 일으킬 가능성이 있는' 농업의 일부분이기도 한 여러 가지 요인들 가운데, 우리는 현대 사회에서 육류 소비가 증가하는 현상에 주목해야 한다. 전문가들은 2020년까지 전 세계적인 육류 수요가 2배로 증가할 것으로 추산한다. 이러한 사실은 농업에 적지 않은 충격을 줄 것이다. 그렇게 많은 가축들을 생산해서 먹여 살리는 게 가능할까? 우리가 어떤 식으로 접근하든(집약적으로, 합리적으로 또는 더 좋게는 유기농업으로), 가축들이 먹는 사료의 기본 성분인 곡물 공급에는 거대한 압력이 가해질 것이다. 1990년대 동안, 가축 사료용 곡물량이 중국에서는 3분의 1, 인도네시아에서는 3분의 2가 늘었다. 2050년까지 지구 위에서 살게 될 90억의 사람들에게 골고루 돌아갈 스테이크의 양이 충분할 것인가?

오직 서구인들처럼 살고 싶어하는 일부 사람들의 야심을 비합리적이라고 치부할 이유는 없다. 그러나 그것은 환경과 그들의 건강에 종말을 알리는 거대한 종소리가 될 것이다. 육류는 결국 심혈관계 질환, 당뇨, 암을 일으키는 것으로 알려진 포화지방의 주요 공급원이다. 그 밖에도 우리가 알다시피 최근 서구사회를 사로잡은 음식에 대한 공포는 축산업과 연관되어 있다. 또한 육류 소비가 증가하는 사회는 어디에서나 비만 수준이 빠르게 그 뒤를 따른다는 것도 잘 알려진 사실이다. 이것이 오늘날 지구의 고질병인 환경과 영양 문제를 동시에 해결할 열쇠일까?

20세기 중반 이후로 선진국을 덮친 문제들이 모두 탐욕스러운 육류 소비 탓일까? 확실히 그렇다고 말할 수는 없다. 그러나 동물 고기에 대한 무모한 욕구가 시간이 흐를수록, 불완전한 이 세상에 돌아다니는 모든 문제(건강과 환경)에 연루되어 있음이 분명해지고 있다.

환경을 생각하며 소비하기

만약 환경과 우리의 건강을 둘 다 존중하는 방식을 찾는다면, 가장 좋은 출발점은 계절에 맞는 소비로 돌아가는 것이다. 겨울에 칠레산 체리를 보란 듯이 먹거나, 뉴질랜드에서 온 사과를 먹는 것은 환경에 값비싼 대가를 요구하는 즐거움이다(4장을 보라). 지역을 기반으로 한 재배와 소비가 되살아나면, 우리가 사는 환경에 더 좋은 영향을 주는 방식으로 음식을 먹도록 장려하면서 동시에 푸드마일의 측면에서도 상당한 에너지가 절약될 것이다. 또한 어느 정도는 비만에서 우리를 보호할 수도 있을 것이다. 환경에 대한 관심과, 비만과의 전쟁에 대한 관심은 서로 연결되어 있다.

이 생각은 우리 자신이 싸고 풍족한 것을 추구하는 행태에서 벗어나 품질을 우선으로 놓자는 것이다. 그렇게 하려면, 더 적지만 더 좋은 품질의 음식을 생산해야 한다. 이것은 표면적으로는 프랑스 국립농학연구소가 음식과 환경의 질에 대한 주제와 관련된 연구 프로그램을 재구성하도록 추진했다. 그러나 '질'은 파악하기 어려우며 해석의 여지가 많은 개념이다. 대체로 일반 대중은 그 말을 '더 맛있다'는 의미로 이해한다. 반면에 농업경제학자들은 그 말을 식품산업의 요구에 부합하는 식품이라는 의미로 본다. 솔직히 말해서, 그들은 음식을 먹는 경험을 향상시키는 문제에 별로 관심이 없고 기업이 신제품을 쉽게 소비자에게 떠넘길 수 있는지에만 마음이 가 있다. 맛과 영양의 질은 때때로 이런 일에 도움이 되지만, 늘 그렇지는 않다. 같은 용어라도 누가 사용하느냐에 따라 전혀 다른 실체를 지칭하는 경향이 있는데, 우리는 이러한 오해에 맞서서 방어 자세를 견고하게 해야만 한다.

생명공학농업 vs 친환경농업

환경에 의해 제한을 받는다는 점에서 현대 농업은 수확량 증가나, 소금기 있는 토양에서도 잘 자랄 수 있는 곡물처럼 생존력이 강한 품종 개발을 위해 일반적으로 생명과학으로 알려진 생명공학에 점점 더 의존하고 있다. 또 다른 흥미로운 연구들은 미생물학에 의한 원재료 생산에 관여한다. 이러한 첨단 기술 농업은 현재 유행 중이다.

그와 반대의 경향도 과학의 도움을 얻어 조용히 등장하고 있다. 이러한 입장은 예를 들어, 자원의 이용을 최소화하고 지역의 생태계와 관습을 지탱할 수 있는 방법을 찾기 위해 생태학에서 교훈을 얻고자 한다. 그 의도는 칭찬할 만하다. 그러나 이렇게 좀더 환경 친화적인 농업이 곧 우리와 함께 살게 될 또 다른 수십억 인구를 먹여 살릴 수 있을지는 지켜봐야 할 것이다. 이제까지는 그러한 가능성을 보여주지 못했으며, 이는 첨단 기술 농업도 마찬가지였다.

한편 지구 위에 사는 대부분의 사람들은 현재 수준의 성과가 지속된다는 확실한 보장이 없다면, 농업과 식품 체계의 변화를 견디지 못할 것이다. 현재 우리가 서 있는 지점에서, 특히 식품 가격이 치솟는 최근의 상황에서는, 두 가지 접근 방법 가운데 어느 쪽이 다가오는 수십 년 사이에 일어날 험난한 도전들을 극복하기에 가장 적합한 것인지 예언하기 힘들다.

어린이 대상 정크푸드 광고 금지하기

2008년에 어린이를 대상으로 하는 식품·음료 광고 효과에 제재를 가하기 위한 전 세계적 규약이 새롭게 만들어졌다. 이것은 국제비만특별조사위원회와 세계소비자연대의 지지를 받고 있다. 이 조직들은 전 세계로 확산되는 어린이 비만과 과체중 문제를 줄이기 위한 법안 발의에 이 규약을 적용하도록 각 나라의 정부를 대상으로 로비를 벌이고 있다. 이 규약은 영양가는 낮으며 에너지가 농축된 식품의 광고에 초점을 맞추고 있다. 물론 식품산업으로부터 건강을 해치는 식품이 무엇인지에 대해 동의를 얻는 것이 가장 큰 걸림돌이 될 것이다. 물론 그들은 처음부터 그런 식품이 존재한다는 것을 인정하지도 않겠지만 말이다!

각 나라의 정부가 금지하도록 장려하는 세계적인 규약은 다음과 같다.

- 오전 6시부터 오후 9시 사이에 방송되는 건강을 해치는 식품의 TV와 라디오 광고
- 건강을 해치는 식품을 광고하기 위해 만화 주인공, 유명인사 또는 경연대회 등을 이용하는 것
- 건강을 해치는 식품과 함께 무료 선물, 장난감 또는 어린이들이 모으는 아이템들을 증정하는 것
- 학교에서 건강을 해치는 식품을 광고하는 것
- 인터넷이나 문자 메시지 같은 새로운 매체를 이용해서 건강을 해치는 식품을 광고하는 것

몇몇 나라들은 이미 단독으로 결정을 내려서 식품 광고를 통제하고 있다. 스칸디나비아의 나라들은 용단을 내려 정크푸드의 광고를 통제하고 있다. 노르웨이에서는 1980년대부터 시행되었다. 최근에는 2008년에 아일랜드가 어린이들이 보는 프로그램에서 정크푸드의 광고를 통제하기로 했다. 그러나 이것만으로는 충분하지 않은 이유는 어린이들이 어린이 대상 TV 프로그램만 보는 게 아니기 때문이다. 영국에 있는 방송통신 산업에 대한 독립적인 감시기관인 오프컴(Ofcom)의 권고 사항은 16세 이하의 어린이에게 영향을 줄 수 있는 모든 TV 프로그램, 밤낮을 가리지 않고 모든 시간에 방송되는 프로그램에서 에너지가 농축된 식품 광고를 금지해야 한다는 것이다.

　2008년 국제소비자기구가 행한 조사에 의해, 아시아에서는 식품회사와 음료회사가 어린이를 대상으로 건강을 해치는 제품 광고를 매우 길게 한다는 사실이 밝혀졌다. 〈정크푸드의 덫〉이라는 제목의 그 보고서는 코카콜라, KFC, 맥도날드, 펩시, 네슬레 같은 대기업이 유명 인사의 직접적인 유혹에서부터 만화 주인공의 추천, 인터넷을 통한 광고에 이르기까지 매우 다양한 광고 기법을 사용하여 어린이나 청소년들이 식품을 선택하는 데 얼마나 큰 영향을 미치는지를 알렸다. 무엇을 걱정하는지는 명백하다. 건강을 해치는 식품을 광고하는 것은 어린이에게 더 많은 열량을 섭취하도록 유혹하는 것이고, 아시아 지역에서 어린이 비만과 과체중의 비율이 치솟고 있음을 생각할 때 좋은 뉴스는 아니다. 광고의 규모는 충격적이며, 연구 결과들에 의하면 부유한 나라에서 제재를 받고 있는 동일한 기업들이 가난한 나라에서는 공격적인 광고 기법을 사용하고 있음을 알 수 있다. 보고서는 말레이시아의 사례를 인용하고 있는데, 그 나라에서 KFC는 어린이를 위한 메뉴를 홍보하기 위해 '치키 클럽'이라는 것을 만들었는데, 그것은 이제 5만 명 이상의 회원이 가입한 그 나라에서 가장 인기 있는 어린이 클럽이라고 한다. 국제소비자기구에 따르면, 현재까지 각국 정부와 식품산업계의 반응은 기대에 훨씬 못 미치는 수준이다.

11
비만은 지구온난화를 부추기는가?

비만의 원인이 곧 지구온난화의 원인이다
운전을 덜 하고, 자전거를 더 많이 타고, 비행기 이용을 자제하자!
우리가 무엇을 먹는지가 지구의 미래를 결정한다
비만도 줄이고 지구도 살리려면

비만과 기후변화는 둘 다 전 세계적인 관심사다. 그 둘을 함께 연결시켜 비만이 기후변화의 원인이 된다고 가정하는 것이 언뜻 이상하게 보일지도 모른다. 우리가 먹는 것들이 정말로 지구온난화에 영향을 미칠 수 있을까?

현재 전 세계 성인 인구의 약 33퍼센트(13억 명)가 비만이거나 과체중이다(Kelly et al, 2008). 게다가 탄소가스 배출이 높아져, 50년 전 250ppm에서 2007년에는 380ppm까지 증가했다. 몇몇 사람들은 미국처럼 비만율이 높은 나라에서 탄소가스 배출이 높은 경향이 있는 것이 우연이 아님을 시사했다. 최근에 주류 학술잡지인 〈랜싯〉〈영국의학저널〉〈뉴사이언티스트〉〈오비시티 리뷰〉 등에 실린 기고문들은 모두 비만과 기후변화의 상관관계에 주목하고 있으며, 그 원인과 해결책이 연결되어 있는 방식을 강조하면서 그 주제를 공적 의제로 삼고 있다.

영국 정부는 비만에 대해 어떻게 친환경적인 대응을 할지 답을

기후변화의 주범: 온실가스

어떤 가스들이 관련이 있는가? 산업혁명 후 인간의 활동은 온실가스, 즉 메탄(CH_4), 이산화탄소(CO_2) 그리고 아산화질소(N_2O)의 배출이 증가하는 결과를 가져왔다. 이것은 1970년대부터 지구 온도를 $0.4°C$ 높이는 원인이 되었다. 지구의 온실가스 22퍼센트는 농사 때문이며(McMichael et al. 2007), 약 80퍼센트는 축산 때문이다. 메탄과 아산화질소는 축산과 밀접하게 관련되어 있으며, 이산화탄소보다 더 심각한 축산의 부작용이다. 식량농업기구는 축산이 인간과 관련된 활동에서 이산화탄소를 9퍼센트 생성하며, 아산화질소는 65퍼센트, 메탄은 37퍼센트를 생성한다고 평가했다(2006). 그리고 이것은 주로 반추동물의 소화기관에서 발생한다(장의 발효작용으로). 비록 소득이 낮은 나라에서는 단지 이산화탄소의 20퍼센트만 배출되지만, 아산화질소는 절반 이상, 메탄은 거의 3분의 2 이상 만들어진다.

얻기 위해 〈예측 보고서〉를 의뢰했다(Department of Health, 2007). 그리고 영국의 보건부장관 앨런 존슨은 비만의 위기가 기후변화만큼 영국인에게 심각한 문제라는 사실을 경고했다. 증가하는 비만의 경향을 역전시키는 최초의 나라가 되려는 영국 정부의 야심을 뒷받침하기 위해, 2008년에 〈건강한 체중, 건강한 삶: 영국을 위한 정부의 다중 정책〉이라는 전략적 문서가 나왔다. 이 문서는 〈예측 보고서〉와 마찬가지로, 비만과 기후변화 두 문제의 인과관계를 다음과 같이 언급하면서 명백하게 연관 짓고 있다(Department of Health, 2008).

"과체중의 원인은 복합적으로 기후변화와 유사하다."

비만과 과체중이 재정적인 면에 끼치는 영향은 이제 피부로 느껴지고 있으며, 그 비용이 영국 경제에서만 한 해에 100억 파운드씩 들어가는 것으로 평가된다. 이 비용은 급증하는 비만율 덕분에 앞으로 40년 동안 5배 정도 늘어날 것으로 예상된다(지난 사반세기 동안 여성의 비만은 3배, 남성의 비만은 4배가 되었다).

전 세계적으로 증가하는 비만 인구 때문에 발생하는 비용 중 많은 부분이 비만을 치료하는 약품과 의료 서비스에, 그리고 비만으로 인한 심혈관질환, 제2형 당뇨병, 암 등의 질병을 관리하는 탄소집약적인 활동에 쓰인다.

비만의 원인이 곧 지구온난화의 원인이다

앞서 살펴보았듯이, 과체중은 섭취하는 에너지와 소모하는 에너지가 조화를 이루지 못한 결과라는 게 핵심이다. 식품, 특히 에너지가 농축된 가공식품 소비의 증가와 더불어 신체활동이 줄어드는 것이 비만과 기후변화를 가중시키는 주요 요인이다. 비만과 온실가스 배출의 복잡한 관계는 다음 쪽의 그림에 나와 있다.

식품 생산은 탄소가스 배출에 상당한 원인 제공을 한다. 예를 들어 영국에서는 매해 한 사람당 탄소가스 10톤을 발생시키는 데 책임이 있는 셈인데, 식품 생산과 유통 그리고 판매 과정으로 나뉘어 배출된다. 즉 건물에서 사용되는 에너지, 운송/여행, 상품 소비와 식품 외 서비스의 과정 등이다(Griffiths et al, 2008).

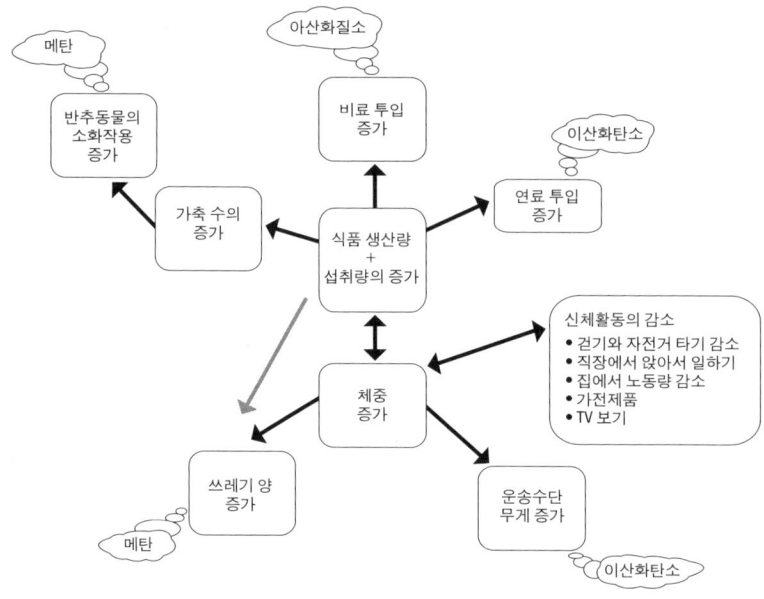

출처: Michaelowa and Dransfeld(2006)

운전을 덜 하고, 자전거를 더 많이 타고, 비행기 이용을 자제하자!

신체활동의 부족이 기후변화를 가져오는 세 가지 핵심 동인이 있다. 첫째, 자동차를 이용하는 것이다. 이것은 평소에, 특히 출퇴근 길에 규칙적으로 몸을 움직이는 운동량을 줄어들게 하며 탄소 배출량을 늘어나게 하는 효과도 있다. 둘째, 일을 하는 동안 더 많이 앉아 있으며, 하루의 대부분을 앉아 있기만 할 때도 자주 있다. 선진국에서는 농업에 종사하던 사람들이 점차 서비스업이나 상업 부문처럼 앉아서 일하는 직업으로 바뀌어갔다. 이러한 경향으로 하루 에너지 소모량이 1,000킬로칼로리까지 줄어들었다(Egger, 2008). 그리고 직장에서 집으로 돌아왔을 때 세탁기, 식기세척기, 진공청소기 같은 여러 가전제품들이 우리의 수고와 열량 소모를 덜어준다. 이렇게 유용한 가전제품들 또한 탄소 배출량을 늘어나게 만드는 불행한 영향을 미친다.

런던에 있는 유럽환경정책연구소에서 최근에 발표한 보고서는 비만과 기후변화가 자동차의 사용과 연관이 있다는 증거를 검토했다(Davis et al, 2007). 필자들은 자가용 자동차가 제2차 세계대전 이후에야 비로소, 특히 직장에 출퇴근할 때 자전거나 걷기를 대체하는 주요 운송수단이 되었다고 말한다. 그들은 이제 짧은 거리(약 1.5킬로미터 이하)를 이동할 때도 자동차가 이용되고 있음을 보고했다. 예를 들어 영국에서는 3킬로미터 이내의 거리, 그러니까 걸어서 30분 안에 갈 수 있는 거리를 이동할 때 약 40퍼센트가 자동차를 이용하는 것으로 추정된다. 보고서는 자가용 자동차가 폭넓게 보급된 뒤 신체활동이 현저히 감소된 것이 비만의 확산에 강력한 동인이 되었음을 시사한다. 다른 과학자들은 매일 자동차를 1시간 더 이용할 때마다 비만이 될 위험이 6퍼센트씩 증가한다고 추정한다(Frank et al, 2004). 따라서 상관관계는 의문의 여지가 없는 것처럼 보인다.

데이비스와 동료들은 자가용 운전자들은 차를 소유하지 않은 성인들이 걷는 거리와 시간의 절반가량을 걸으며, 매주 거의 1시간 정도 덜 걷는다고 보고했다(Davis et al, 2007). 그것은 10년 동안 체중이 14킬로그램 늘어나는 결과를 가져올 수 있으며, 결국 대부분의 사람들이 과체중이나 비만이 될 수도 있음을 시사한다. 이것은 에너지 균형이 조금이라도 깨어지면 비만과 과체중에 이르며 그 차이는 시간이 흐름에 따라 점점 더해지므로, 게걸스럽게 많이 먹어서 비만이 된다는 대중적인 편견에 의문을 던지는 셈이다.

승용차는 이제 영국의 이산화탄소 배출량의 13퍼센트 이상에 책임이 있으며, 따라서 지구온난화에 상당한 원인을 제공한다. 1970년대 중반의 걷기 행태로 돌아가는 것이 비만의 확산을 역전시키고 이산화탄소 배출량을 현저하게 감소시키는 결과를 가져올 것이다. 다른 몇몇 과학자들과 마찬가지로, 데이비스와 동료들은 걷기와 자전거 타기가 더욱 수월하도록 건축 환경을 다시 설계하는 것이 비만과 기후변화의 해법이 될 것이라고 제안한다.

함부르크 세계경제연구소는 비만과 기후변화 사이의 좀더 불확실한 측면을 제기했다(Michaelowa and Dransfeld, 2006). 그들은 체중이 더 나가는 개인들이 자동차, 비행기, 기차 같은 운송 수단을 이용할 때 연료를 더 많이 사용한다는 점을 지적한다. 그들은 체중이 평균 5킬로그램 더 나가는 유럽연합 시민 한 사람당 340만 톤의 이산화탄소가 더 배출된다고 산정했다. 또한 선진국의 각 개인이 매일 TV 시청을 1시간씩 줄이면, 이산화탄소 배출량이 2,500만 톤 줄어들 것이라고 추정했다. 그리고 앞에서 이미 보았듯이, TV 시청은 체중을 급증하게 만들 수 있다. 따라서 TV 시청 시간을 줄이는 일은 비만에 긍정적인 영향을 줄 가능성이 매우 높다. 컴퓨터 사용에도 같은 논리를 적용할 수 있을 것이다.

우리가 무엇을 먹는지가 지구의 미래를 결정한다

식품산업의 사슬은 영국 전체 온실가스 배출의 5분의 1에 책임이 있는 것으로 추산된다. 또한 쓰레기의 주된 원인이기도 하다 (Sustainable Development Commission, 2008). 그러나 식품 생산이 왜 그렇게 중요한가? 1953년에 세계 인구는 20억5,000만 명이었고, 현재는 60억7,000만 명이며, 2050년에는 90억 명이 될 것으로 전망하고 있다. 이것은 전 세계적으로 식량 생산이 엄청나게 증가할 것이고, 식량이 분배되는 방식과 우리가 먹는 것에 변화가 필요함을 의미한다.

즉석식품에 대한 수요 증가는 이산화탄소 배출량을 늘어나게 만든다. 왜냐하면 식품 생산과 가공에는 탄소 집약적인 작업인 포장이 필요할 뿐 아니라, 조리식품들은 대부분 석유를 원료로 하는 플라스틱 포장을 사용하기 때문이다(Stern, 2006). 즉석식품에 대한 수요 상승은 에너지가 더 많이 농축된 식단을 제공하고 그것은 예전보다 비만을 더욱 촉진하게 된다(Cordian et al, 2005). 유럽의 정책 분석가들은 에너지 농축 식품의 소비를 1990년대의 유럽 수준으로 줄이면 이산화탄소 배출량을 엄청나게 감소시킬 것이라고 평가한다(1억 톤 이상의 이산화탄소 배출량이 감소한다)(Michaelowa and Dransfeld, 2006). 이런 식품들은 매우 긴 거리의 푸드마일을 이동하여 온 것이고, 따라서 탄소 집약적이다(또한 짧은 시간에 많은 처리를 거친 결과이기도 하다). 에너지가 농축된 즉석식품의 소비가 늘어나는 것은 비만의 위험이 증가하는 것이다(특히 맛있고 지방 함량이 높은 식품이 원인이 된다). 반대로, 기본적인 성분들로 조리된 음식은 그보다 덜 탄소 집약적이다.

비만인 사람들의 식단과 기후변화의 또 다른 관계는 그들이 체중을 유지하려는 기본적인 욕구를 충족시키기 위해 더 많은 열량을 먹는다는 사실에 있다. 즉, 그들은 많은 양을 먹어야 한다. 이언 로버트 교수가 2007년에 〈뉴사이언티스트〉에 기고한 글에 의하면, 그들은 마른 사람들보다 약 40퍼센트 이상의 열량을 더 섭취해야 한다. 많은 양을 먹는다는 것은 마른 사람들보다 탄소 소비가 많음을 의미할 뿐 아니라, 비만인 사람들이 더 많은 유기폐기물을 만들어낸다는 것을 의미한다. 쓰레기가 부패할 때 만들어지는 메탄 분비물까지 포함해서 말이다!

빠르게 증가하는 전 세계적인 육류 소비량이 기후변화와 건강에 미치는 영향을 걱정하는 호주 교수 토니 맥마이클과 동료들의 의견이 〈랜싯〉에 실렸다(2007). 그들은 붉은색 육류의 섭취를 제한해야 한다고 제안했다. 첫째, 붉은색 육류는 대장암과 같은 특정 암을 유발하기 때문이며, 둘째, 붉은색 육류 속의 지방 함량 때문에 심장질환으로 이어질 수 있고, 또한 비만을 일으킬 수 있다. 한편 낙농 제품들을 소비하는 것은 에너지를 과도하게 섭취하는 것일 수 있다. 특히 우유와 치즈는 섭취하는 열량을 증가시키며, 그 결과 체중이 늘어날 가능성이 높아진다.

세계의 평균 육류 소비량은 1인당 하루에 100그램이다. 그러나 이것은 평균치일 뿐 섭취량의 범위는 매우 넓다. 예를 들어, 개발도상국에서는 평균 육류 소비량이 하루에 47그램이지만, 선진국에서는 하루 평균 224그램으로 5배까지 뛰어오른다(McMichael et al, 2007). 앞서도 밝혔지만, 육류 소비 증가에 대한 걱정이 크다. 특히

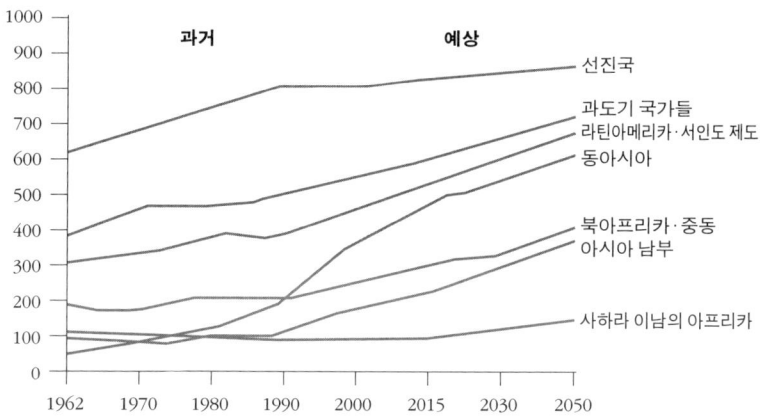

출처: McMichael et al(2007)

예전에는 소비량이 적었으나 이제 경제적이고 영양학적인 전환이 빠르게 이루어지는 아시아의 동남부 나라들에서 더욱 그러하다. 예를 들어 중국의 육류 소비량은 지난 10년 동안 2배로 뛰었다(위의 그림을 보라). 최근의 경향에 근거해서 볼 때, 2050년까지 전 세계의 육류와 우유 생산량은 1999~2001년 수준의 2배가 될 것으로 추산된다. 이것은 온실가스 배출량뿐 아니라 비만에 대한 명백한 함의를 갖는다. 맥마이클 교수는 붉은색 육류의 소비량이 기후와 비만을 포함한 건강 문제에 주는 충격을 줄이기 위한 해결책으로 고소득 국가에서의 육류 소비량을 1인당 하루에 90그램까지 줄이기를 제안한다(그 가운데 반추동물에서 얻는 붉은색 육류의 소비량은 하루에 50그램을 넘지 않아야 한다). 또한 저소득 국가의 소비량도 이 수준까지만 이르도록 해야 할 것이다. 이것은 대부분의 개인들에게 전례가 없는 식습관의 전환을 요구할 것이다.

그러나 가축이 비만이나 환경에 대해 모두 나쁜 소식인 것만은 아니다. 가축 생산은 생물다양성과 풍경, 토양의 질을 유지하도록 돕는다. 저소득 국가의 가난한 많은 농부들에게, 가축은 재생 가능한 에너지이자 곡식용 유기비료의 원천이기도 하다. 붉은색 육류의 섭취는 철분 결핍을 막아준다. 이 미량영양소의 결핍은 전 세계 10억 명의 사람들, 특히 취학 전 어린이와 가임기 여성에게 가장 흔하게 발견되며, 또한 학교에 다니는 어린이와 직장에 다니는 어른에게도 심각한 영향을 준다. 만약 철분 결핍이 치료되지 않으면, 심각한 결과를 낳는 빈혈에 이를 수도 있다. 영국축산위원회는 영국의 육류를 선택하면 더욱 친환경적인 육류 섭취가 이루어질 것이라고 제안한다. 그러면 탄소를 사용하는 운송비용이 덜 들며, 사료가 바뀌는 데 따른 메탄 발생을 줄일 수 있기 때문이다. 유기농 육류 소비가 덜 탄소 집약적인지는 아직 확실하지 않다.

모유 수유가 정말 비만을 예방하고 탄소 배출량을 줄일까?

최근 〈영국의학저널〉에 비만과 기후 양쪽을 모두 예방하는 모유 수유의 효과에 주목하는 내용이 실렸다(Myr, 2008). 생후 6개월 동안(세계보건기구가 장려하는 모유 수유 기간) 오직 모유만으로 수유를 하면 어린이의 과체중을 예방할 수 있다는 사실은 널리 받아들여지고 있다. 또한 모유 수유를 하면 유아용 조제분유를 생산하기 위한 우유 수요가 줄어들므로, 젖소 사료로 쓰이는 식량을 다른 곳에 쓸 수 있다. 게다가 분유로 수유를 하기 위해서는 우유를 변형, 포장, 판매, 유통하는 데 여러 원료와 에너지가 사용되는데, 이 모든 과정에서 탄소 배출량을 증가시킨다.

비만도 줄이고 지구도 살리려면

비만을 방지하기 위해 9장과 10장에서 언급한 몇몇 정책들은 온실가스 배출을 줄이는 데도 적용될 수 있다. 세계 인구의 절반 이상이 도시에서 거주한다. 그러므로 도시 설계가 바뀌어야 근본적으로 신체활동을 하기가 더 쉬워지며 활동량이 표준이 된다. 이것은 탄소 배출량 감소와 개인의 체중 감소에 모두 이득이 될 것이다. 몇몇 연구자들은 걷기/자전거 타기를 장려함과 동시에 자동차 운행을 제한하는 근본적인 조치가 필요하다는 점을 지적했다(Woodcock et al. 2007). 걷기/자전거 타기를 포함한 저탄소 운송 시스템은 비만을 줄이는 데 도움을 줄 것이며, 국가와 지자체는 안전한 자전거 도로, 인도, 광범위한 대중교통망을 우선적으로 제공해야 한다.

또 한 가지 가능한 접근법은 친환경적 조리법과 식품 조달 정책을 확보하는 것이다. 그래서 그 지역의 식품, 특히 최소한의 가공을 한 기본적인 식품을 가능할 때마다 공급하는 것이다. 건강에 좋고 열량이 적은 식품은 덜 탄소 집약적인 만큼 좀더 친환경적이다.

인간의 탄소 거래를 포함한 기후변화 관리 전략에는 비만 인구의 에너지 소모를 늘리고 에너지 농축 식품의 섭취를 줄임으로써 그 수를 줄이는 것도 한 가지 방법이다(Egger, 2008). 물론 탄소 배출량을 직접적으로 감소시키는 것도 중요하다. 예컨대 탄소은행을 두어 모든 나라에 탄소 기준을 부과하는 것이다. 각 개인은 재생 불가능한 연료를 살 때마다 그 탄소 기준을 벌충해야 한다. 이러한 절차를 식품산업에도 적용해야 한다는 의견이 있다. 그러면 높은 열량의 음식은 가격이 좀더 비싸질 것이다. 비만 전문가들 대부분은 한 가지 접근법만으로는 비만 감소와 탄소 배출에 영향을 줄 만큼 에너지 균형을 충분히 깨뜨릴 수 없다는 사실에 동의할 것이다. 그러므로 모든 전략이 필요하다.

영국 정부가 위탁해서 작성한 보고서는 온실가스 배출에 영향을 미치는 슈퍼마켓들의 잠재적 능력을 인정하면서 다음과 같이 말한다(Sustainable Development Commission, 2008).

"슈퍼마켓은 식품 시스템의 문지기로서 공급망과 소비자의 행동에 미치는 영향력을 통해, 더욱 친환경적이며 건강에 좋은 식품 시스템을 창조할 수 있는 막강한 위치에 있다."

보고서는 우리의 식사가 건강하면서도 동시에 친환경적으로 이루어질 수 있는 방법을 찾을 때 현존하는 갈등이 해결될 것이라고 제안하고 있다. 슈퍼마켓이 공급업체에 조리법을 바꾼 제품을 요구하고 더 건강한 식품을 판매하도록 장려하는 정책이야말로 비만 방지에 도움이 될 것이다. 더불어 소비자도 탄소 집약적인 식품을 멀리해야 할 것이다.

대중을 교육해서 비만에 대한 태도를 바꾸고, 좀더 친환경적인 방식으로 행동하게 하는 것만으로는 충분하지 않다. 태도는 행동의 필수적인 동인이 아니다. 행동이 변해서 그 결과로 태도가 바뀌었을 때 효과는 더욱 강력하다(Egger, 2008). 마치 그 행동이 각인되듯이 말이다. 따라서 때때로 환경의 근본적인 변화를 위해서는 사회의 태도를 바꾸도록 강제할 필요가 있다(공공장소에서 흡연을 금지하는 것처럼 말이다). 이거는 이를 다음과 같이 요약한다(Egger, 2008).

"가능한 부문은 규제하고 법으로 정하라. 그럴 수 없는 부문은 교육하고 동기를 부여하라."

맺음말
갈림길에 선 우리의 운명

전 세계가 비만이 될 운명에 처한 것일까? 여러 사회에 속한 모든 사람이(드물게 예외도 있겠지만) 과체중이 될까? 미국에서는 이미 그런 날이 멀지 않았으며, 영국이나 그리스 같은 나라들이 다음 순서가 될 것으로 보인다. 프랑스도 서서히, 그러나 확실히 같은 길을 가고 있다. 이것은 우리의 건강과 지구의 건강을 불행한 결과에 빠뜨릴지도 모를 위험한 경향이다.

그러나 이런 운명을 피할 수 있을지도 모른다. 심층 연구 보고서들이 서서히 주목을 받고 있다. 각각의 보고서는 이전보다 더 충격적이며, 우리가 행동을 취하도록 자극을 준다. 흡연에 대한 최근의 엄중한 단속은 공공의 의견에 의해 지지를 받는 공권력이 지속적으로 행동 교정을 감독할 수 있다는 좋은 사례다. 공권력은 이제 대기업의 이익에 저항하는 한편 흡연자에게 벌금을 부과하는 것도 망설이지 않았다.

먹는 행위에서도 동일한 혁명적 노력을 할 수 있을까? 정치학자 로건 커시와 제임스 모론은 여러 사회가 치명적인 문제에 맞닥뜨렸을 때 대중을 결집해서 필요한 정치적 처방을 지지하게 만든다는 것을 보여주었다(2002). 그것은 다음과 같은 세 가지 조건이 갖추어졌을 때 일어난다.

첫째, 많은 사람들이 어떤 문제가 있음을 인식해야 한다. 담배의 사례가 그러했고, 비만의 사례도 명백히 그렇다.

둘째, 위급하고 해로운 효과를 상세하게 설명하는 과학적 증거가 지속적으로 축적되어야 하고, 그에 대한 책임감이 있어야 한다. 이러한 과학적 증거들은 반드시 토론되어야 하고, 사회는 이를 인정하고 받아들여야 한다. 예를 들어 담배가 특정 암을 유발한다는 사례 같은 것인데, 비만의 경우도 마찬가지다. 이제는 모든 사람들이 너무 많은 양의 지방이 우리 몸에 해를 끼친다는 사실을 어느 정도는 알고 있다.

셋째, 가장 중요한 사항으로서, 죄 없는 희생양이 있어야 한다. 부당한 취급을 당해온 사람들은 우리를 연민하거나 분노케 만든다. 누가 우리에게 이런 느낌을 주기에 가장 좋을까? 어린이가 아니라면 그 누가 이 전형적인 희생양에 알맞을까?

비만이 주로 성인의 문제로 인식될 때, 의지가 약해서 과식하는 것처럼 보이는 행동에 대해 사람들은 흔히 매정한 태도를 취했다. 그러나 어린이 비만율이 가파르게 상승하고 당뇨병과 같은 만성 질병이 확산되고, 이 모든 것이 어린이들의 미래를 의미하게 되자 그것은 다른 문제가 되었다. 아무도 '아이들'을 비난할 만큼 냉정할 수 없다. 도대체 무엇으로 어린이를 비난한다는 말인가? 먹으라고 준 것을 먹은 것에 대해? 어린이를 보호해야 할 사회적 책임은 어떻게 된 것인가? 어린이 세상에 침투한 비만의 불길한 그림자는 마침내 사회가 정신을 차리고, 선입견을 재고하고, 엄격한 조치를 취해야 한다는 데 동의하도록 만들었다. 불과 몇 년 전, 선진국에서 담배 중독을 저지하기 위해 행했던 일들과 비슷한 현상이었다.

그러나 이번에는 명백히 더 크고 복잡한 문제다. 사람들에게 흡연을 멈추라고 말하는 것은 쉬운 일이지만, 먹는 것을 멈추라고 말하는 것은 터무니없는 짓이다. 담배는 몸에 독소만을 침투시키지만, 음식은(지방을 포함해서) 유기체가 적절한 기능을 하기 위해서는 필수불가결한 것이다. 여기에서는 단순한 슬로건을 내걸 수가 없다. 채택된 대책들은 합리적인 소비와 과도한 소비 사이에 신중한 구별을 해주어야 하며, 각 개인의 총체적 환경도 감안해야 한다. 한마디로, 섬세하면서도 폭넓게 접근해야 한다.

더 힘든 어려움도 예상할 수 있다. 담배산업은 늘 적은 수의 기업들로 한정되어 있던 반면에, 식품산업은 유럽 한 군데만도 수십만 명이 고용되어 경제활동을 하는 엄청난 규모로 성장했다. 그들 모두가 사람들이 더 많이 먹어야 이익인 이해관계 속에 있다. 우리 스스로 경제의 모든 부문을 희생시키는 것을 허용할 수 있을까? 힘들고 고통스러운 몇 가지 선택을 해야 할 것이다. 정치가들은 아마도 우리의 생산과 소비 체제를 매우 불합리하게 낭비적이 되고, 공동체가 보건 비용을 감당하지 못할 지경에 이를 때까지는 억지로 그러한 선택들을 지연시키려 할 것이다.

이제 막 산업화에 진입한 가난한 나라들은 우리가 저지른 실수에서 교훈을 얻어 현명해질 수도 있다. 그러나 그들이 정말로 경제적 변화와 함께 일어나게 될 식생활의 변화라는 위험을 피하면서 경제 발전을 이룰 수 있을까? 오히려 경제적 변화의 영향으로 선진국보다 더 심각한 건강 위험에 빠질지도 모른다고 두려워해야 할 이유가 있다. 첫째, 그런 나라의 사람들은 수세기 동안 얻을 수 있는 모든 지방을 저장하는 능력으로 살아남았기 때문에 '저장 능력'이 유전적 성향으로 진화되었다. 둘째, 영양 부족이었던 태아나 아기들이 과체중인 어른이 되거나 당뇨병 같은 만성 질환을 앓을 가능성이 더 크다. 따라서 비만과의 전쟁은, 특히 임산부와 어린이 사이에서 지금도 계속되고 있는 기아, 영양실조와의 전쟁과 밀접하게 연결되어 있다.

물론 개발도상국들에게는 선진국 사회에서 취하는 극약 처방을 보면서 미리 주의할 기회가 있을 수도 있다. 그러나 결국 그들이 재정적 이익이라는 압력을 견뎌낼 만한 힘이 있는 경우에만, 아무도 그 중요성에 이의를 제기하지 않는 경제성장에 위협이 될 만한 규제를 시도할 수 있을 것이다. 소비라는 새로운 즐거움에 휘말려 버린 이 신흥 부자들이 허세로 가득 찬 선진국 사회의 불길한 면을 너무 늦기 전에 직시할 수 있을까? 아마 그렇지는 않을 것이다. 그러나 그들도 오래지 않아 풍요로움의 부정적 이면을 잘 알게 되리라고 장담할 수 있다.

중요한 의문은 사람들이 대응을 할지 안 할지 알고자 하는 게 아니다. 결국 인류의 역사는 가장 끔찍한 시련에도 적응하고 살아남는 인간의 능력을 되풀이해서 보여준다. 문제는 위급한 상황이 닥치기 전에 사람들이 판단력을 찾을 수 있을지의 여부다. 얼마나 많은 당뇨병 환자들이 죽어야, 얼마나 많은 청소년 장애인과 맹인이 생겨나야, 얼마나 많은 사람들이 한창때에 심장마비에 걸려야, 생태계가 얼마나 많이 황폐해져야, 얼마나 많은 물이 오염되고 난 뒤에야 우리 사회가 마침내 그 방식을 바꿀까? 이 거대한 인간 비극이 우리에게 충격을 주어 이제까지의 안일함을 버리게 하지 못한다 해도, 그에 대한 경제적 비용은 틀림없이 그렇게 만들 것이다.

광우병 사태는 교훈을 얻기 위한 예행연습이었다. 수십만 명이 목숨을 잃고(어느 한 단계에서는 현실적인 이론이다) 전체 농식품 부문이 붕괴될 가능성과 맞닥뜨렸을 때에야 비로소 근본적인 조치가 이루어졌다. 오늘날의 소비자들은 무기력한 모순에 사로잡혀 있다. 그들은 먹기에 안전하고 환경과 웰빙을 고려하여 생산된 질 좋은 식료품을 원한다고 선의를 담아 주장한다. 그러고 나서 그들은 시장에 가서 가장 싼 제품들을 산다. 가장 신념이 뚜렷한 사람들이 주말의 특별한 식사를 위해 아마도 '유기농' 제품을 살 것이다. 그러나 주중에는 '유기농이 아닌' 제품을 고수할지도 모른다. 이것이 정말 놀랄 일인가? 속이 뻔히 들여다보이는 허세를 부리기보다는, 결국 우리가 살고 있는 환경에 가해지는 사회적이고 경제적인 압력과 압박에서 아무도 영향을 받지 않을 수 없음을 이해해야 한다. 격무에 시달리는 임금 노동자 가운데 누가 아무런 준비 없이 시작하여 먹을 만한 요리를 만들거나 하루에 1시간 동안 운동할 시간이 있을까? 어떻게 해야 저소득층 가정에서 몸에 좋은 제품을 사는 데 돈을 쓸까? 좀더 친환경적인 방식으로 농사를 짓는 농부에게 누가 보답을 해줄까? 어떻게 식품 제조업체가 예전 방식대로 영양은 많고 맛은 별로 없는 제품을 만들면서도 수익을 그대로 유지할까?

비만을 억제하려면 규칙과 규제를 엄격히 강화하고, 영양과 건강을 중시하는 정책을 고수하면서, 우리 생활방식을 근본적으로 개조해야 한다. 그 속에는 무엇보다도 다음 사항들이 포함되어야 한다. 저소득층 가정을 지원하고 질적으로 더 좋은 것과 더 비싼 제품을 추구하는 원칙에 전념하는 것, 잠재적으로 몸에 해로운 식품의 판매를 금지하고 그것이 더 유리하도록 지원금을 주는 것, 지방과 설탕과 소금이 지나치게 많이 함유된 제품의 광고를 엄격하게 통제하는 것, 소비자에게 정확한 정보를 전달해서 순수한 선택의 자유를 가지고 물건을 사게 하는 것, 모든 종류의 신체활동을 장려할 수 있도록 도시 중심가를 다시 설계하는 것 등이다. 〈영국의학 저널〉 2005년 7월호에서 피오나 골드리는 다음과 같이 경고했다.

"우리는 사람들에게 건강을 위한 선택이 무엇인지를 말해줄 수 있다. 그러나 합리적인 정치경제적 개혁을 통해 그들이 그러한 선택을 쉽게 할 수 있도록 만들지 않는다면, 우리는 그저 거대한 불공정을 유발한 것에 지나지 않을 것이다."

삶의 방식을 재고해보는 것은 모든 이에게 쉬운 일이 아니다. 그러나 우리에게 다른 선택의 여지가 있는가?

참고문헌

1장

Charles, M. A., Eschwège, E. and Basdevant, A. (2008) 'Monitoring the obesity epidemic in France: The Obepi Surveys 1997-2006', *Obesity*, vol 16, no 9, pp2182-2186

European Association for the Study of Obesity: www.easoobesity.org

Guiliano, M. (2004) *French Women Don't Get Fat*, New York: Knopf

Guilbert, P. and Perrin-Escalon, H. (2004) *Baromètre Santé-Nutrition 2002*, Paris: INPES(Institut National de Prévention et d'Education pour la Santé)

International Association for the Study of Obesity: www.iaso.org International Obesity Taskforce: www.iotf.org

James, W. P. T. (2008) 'The epidemiology of obesity: The size of the problem', *Journal of Internal Medicine*, vol 263, no 4, pp336-352

Kelly, T., Yang, W., Chen C. S., Reynolds, K. and He, J. (2008) 'Global burden of obesity in 2005 and projections to 2030', *International Journal of Obesity*, vol 32, no 9, pp1431-l437

Lobstein, T. (2008) 'Obesity in children', *British Medical Journal*, vol 337, p669

Nestle, M. (2007) *Food Politics: How the Food Industry Influences Nutrition and Health*, University of California Press, Berkeley, CA

WHO (World Health Organization) 'Global Database on Body Mass Index': www.who.int/bmi/index.jsp

WHO (2000) *Obesity: Preventing and Managing the Global Epidemic*, Report of a WHO Consultation, WHO Technical Report Series 894, Geneva: WHO

2장

Canoy, D., Wareham, N., Luben, R., Welch, A., Bingham, S., Day, N. and Khaw, K. T. (2005) 'Cigarette smoking and fat distribution in 21,828 British men and women: A population-based study', *Obesity Research*, vol 3, pp1466-l475

Colchester, A. C. and Colchester, N. T. (2005) 'The origin of bovine spongiform encephalopathy: The human prion disease hypothesis', *The Lancet*, vol 366, no 9488, pp856-861

Gortmaker, S. L., Must, A., Perrin, J. M., Sobol, A. M. and Dietz, W. H. (1993) 'Social and economic consequences of overweight in adolescence and young adulthood', *New England Journal of Medicine*, vol 329, no 14, pp1008-1012

Hitchen, L. (2007) 'Deaths related to obesity take over from suicide as leading cause of maternal death', *British Medical Journal*, vol 335, p1175

Narbro, K., Agren, G., Jonsson, E., Larsson, B., Näslund, I., Wedel, H. and Sjöström, L. (1999) 'Sick leave and disability pension before and after treatment for obesity: A report from the Swedish Obese Subjects (SOS) study', *International Journal of Obesity & Related Metabolic Disorders*, vol 23, no 6, pp619-624

Poulain, J. P. (2002) *Sociologies de l'alimentation*, Paris: PUF editions

Staffieri, J. R. (1967) A study of social stereotype of body image in children', *Journal of Personality and Social Psychology*, vol 7, no 1, pp 101-104

WHO (2000) *Obesity: Preventing and Managing the Global Epidemic*, Report of a WHO Consultation, WHO Technical Report Series 894, Geneva: WHO

WHO/FAO (Food and Agriculture Organization) (2003) *Diet, Nutrition and the Prevention of Chronic Diseases*, Report of a WHO/FAO Expert Consultation, WHO Technical Report Series 916, Geneva: WHO

Williamson, D. F., Madans, J., Anda, R. F., Kleinman, J. C., Giovino, G. A. and Byers, T. (1991) 'Smoking cessation and severity of weight gain in a national cohort', *New England Journal of Medicine*, vol 324, no 11, pp739-745

3장

Barker, D. J. P. (ed) (1992) *Fetal and Infant Origins of Adult Disease*, London: British Medical Journal Publisher Group

de Souza Valente da Silva, L., Valeria da Veiga, G. and Ramalho, R. A. (2007) 'Association of serum concentrations of retinol and carotenoids with overweight in children and adolescents', *Nutrition*, vol 23, pp392-397

Eisinger, P. K. (1998) *Towards an End to Hunger in America*, Washington DC: Brookings Institute Press

Fraser, B. (2005) 'Latin America's urbanisation is boosting obesity', *The Lancet*, vol 365, no 9476, pp1995-1996

Garrett, J. L. and Ruel, M. T. (2003) 'Stunted child-overweight mother pairs: An emerging policy concern?', FCND discussion paper no148, Washington DC: IFPRI

Gibney, M. J., Kearney, M. and Kearney, J. M. (1997) 'IEFS pan EU survey of consumer attitudes to food, nutrition and health', *European Journal of Clinical Nutrition*, vol 51 (Suppl. 2), S1-S59

Guilbert, P. and Perrin-Escalon, H. (2004) *Baromètre Santé-Nutrition 2002*, Paris: INPES (Institut National de Prévention et d'Education pour la Santé)

London School of Hygiene and Tropical Medicine and the International Obesity Taskforce (2005) 'How much food do we really need?', Joint Symposium of the London School of Hygiene and Tropical Medicine in conjunction with the International Obesity Taskforce, 4 February, London

Prentice, A. M. and Jebb, S. A. (2003) 'Fast foods, energy density and obesity: A possible mechanistic link', *Obesity Reviews*, vol 4, no 4, pp187-194

Sweet, M. (2008) 'Children's hospital under pressure to end "grotesque" ties with McDonalds', *British Medical Journal*, vol 336, p578

Uauy, R. and Kain, J. (2002) 'The epidemiological transition: Need to incorporate obesity prevention into nutrition programmes', *Public Health Nutrition*, vol 5, no 1A, pp223-229

WHO (2000) *Obesity: Preventing and Managing the Global Epidemic*, Report of a WHO Consultation, WHO Technical Report Series 894, Geneva: WHO

WHO/FAO (2003) *Diet, Nutrition and the Prevention of Chronic Diseases*, Report of a WHO/FAO Expert Consultation, WHO Technical Report Series 916, Geneva: WHO

Zimmermann, M. B., Zeder, C., Muthayya, S., Winichagoon, P., Chaouki, N., Aeberli, I. and Hurrell, R. F. (2008) 'Adiposity in women and children from transition countries predicts decreased iron absorption, iron deficiency and a reduced response to iron fortification', *International Journal of Obesity*, vol 32, pp1098-1104

4장

Cornu, A., Massamba, J. P., Traissac, P., Simondon, F., Villeneuve, P. and Delpeuch, F. (1995) 'Nutritional change and economic crisis in an urban Congolese community', *International Journal of Epidemiology*, vol 24, no 1, pp155-164

FAO (1996) 'World Food Summit 13-17 November 1996', technical background document, FAO, Rome

FAO (2000) *The State of Food and Agriculture 2000*, Washington DC: FAO

Franco, M., Orduñez, P., Caballero, B., Tapia Granados, J. A., Lazo, M., Bernal, J. L., Guallar, E. and Cooper, R. S. (2007) 'Impact of energy intake, physical activity, and population-wide weight loss on cardiovascular disease and diabetes mortality in Cuba, 1980-2005', *American Journal of Epidemiology*, vol 166, no 12, pp1374-1380

Geissler, C. (1999) 'China: The soyabean-pork dilemma', *Proceedings of the Nutrition Society*, vol 58, no 2, pp345-353

Jones, A. (2002) 'An environmental assessment of food supply chains: A case study on dessert apples', *Environment Management*, vol 30, no 4, pp560-576

Schäfer-Elinder, L. (2005) 'Obesity, hunger, and agriculture: The damaging role of subsidies', *British Medical Journal*, vol 331, pp 1333-1336

5장

Finkelstein, E. A., Ruhm, C. J. and Kosa K. M. (2005) 'Economic causes and consequences of obesity', *Annual Review of Public Health*, vol 26, pp239-257

Ghezan, D., Mateos, M. and Viteri, L. (2002) 'Impact of supermarkets and fast-food chains on horticulture supply chains in Argentina', *Development Policy Review*, vol 20, pp389-408

Hawkes, C. (2005) 'The role of foreign direct investment in the nutrition transition', *Public Health Nutrition*, vol 8, no 4, pp357-365

Lang, T. and Heasman, M. (2004) *Food Wars: The Global Battle for Mouths, Minds and Markets*, London: Earthscan

McCann, J. C. (2005) *Maize and Grace*, Cambridge, MA: Harvard University Press

Millstone, E. and Lang, T. (2003) *The Atlas of Food: Who Eats What, Where and Why*, London: Earthscan

Neven, D., Reardon, T., Wang, H. L. and Chege, J. (2006) 'Supermarkets and consumers in Africa: The case of Nairobi, Kenya', *Journal of International Food & Agribusiness Marketing*, vol 8, pp 103-123

Reardon, T. and Berdegué, J. (2002) 'The rapid rise of supermarkets in Latin American', *Development Policy Review*, vol 20, no 4, pp371-388

Zenk, S. N., Schulz, A. J., Hollis-Neely, T., Campbell, R. T., Holmes, N., Watkins, G., Nwankwo, R. and Odoms-Young, A. (2005) 'Fruit and vegetable intake in African Americans: Income and store characteristics', *American Journal of Preventive Medicine*, vol 29, no 1, pp1-9

6장

Bellisari, A. (2008) 'Evolutionary origins of obesity', *Obesity Reviews*, vol 9, pp165-180

Bouchard, C. (2007) 'The biological predisposition to obesity: Beyond the thrifty genotype scenario', *International Journal of Obesity*, vol 31, pp1337-1339

Byrd-Bredbenner, C. and Grasso, D. (2000) 'Trends in US prime-time television food advertising across three decades', *Nutrition and Food Science*, vol 30, no 2, pp59-66

Dibb, S. and Castell, A. (1995) *Easy to Swallow: Results from a Survey of Food Advertising on Television*, London: National Food Alliance

Goldberg, M. E. (1990) 'A quasi-experiment assessing the effectiveness of TV advertising directed to children', *Journal of Marketing Research*, vol 27, no 4, pp445-454

Horgen, K. B., Choate, M. and Brownell, K. D. (2001) 'Television food advertising. Targeting children in a toxic environment', in Singer, D. G. and Singer, J. L. (eds) *Handbook of Children and the Media*, Thousand Oaks, CA: Sage

Ledikwe, J. H., Ello-Martin, J. A. and Rolls, B. J. (2005) 'Portion sizes and the obesity epidemic', *The Journal of Nutrition*, vol 135, no 4, pp905-909

Lobstein, T. and Dibb, S. (2005) 'Evidence of a possible link between obesogenic food advertising and child overweight', *Obesity Reviews*, vol 6, no 3, pp203-208

Rogers, P. M., Fusinski, K. A., Rathod, M. A., Loiler, S. A., Pasarica, M., Shaw, M. K., Kilroy, G., Sutton, G. M., McAllister, E. J., Mashtalir, N, Gimble, J. M., Holland, T. C. and Dhurandhar, N. V. (2008) 'Human adenovirus Ad-36 induces adipogenesis via its E4 orf-1 gene', *International Journal of Obesity*, vol 32, pp397-406

Shadan, S. (2008) 'What's your fat-cell allowance?', *Nature*, no 453, p8

Spalding, K., Arner, E. A., Westermark, P. O., Bernard, S., Buchholz, B. A., Bergmann, O., Blomqvist, L., Hoffstedt, J., Näslund, E., Britton, T., Concha, H., Hassan, M., Rydén, M., Frisén, J. and Arner, P. (2008) 'Dynamics of fat cell turnover in humans', *Nature*, no 453, pp783-787

Wardle, J., Carnell, S., Haworth, C. M. A. and Plomin, R. (2008) 'Evidence for a strong genetic influence on childhood adiposity despite the force of the obesogenic environment', *American Journal of Clinical Nutrition*, vol 87, pp398-404

WHO (2000) *Obesity: Preventing and Managing the Global Epidemic*, Report of a WHO Consultation, WHO Technical Report Series 894, Geneva: WHO

7장

DiGuiseppi, C., Roberts, I. and Li, L. (1997) 'Influence of changing travel patterns on child death rates from injury: Trend analysis', *British Medical Journal*, vol 314, no 7082, pp710-713 (erratum in *British Medical Journal*, 1997, vol 314, no 7091, p1385)

Ellaway, A., Macintyre, S. and Bonnefoy, X. (2005) 'Graffiti, greenery, and obesity in adults: Secondary analysis of European cross sectional survey', *British Medical Journal*, vol 331, no 7517, pp611-612

Ferro-Luzzi, A. and Martino, L. (1996) 'Obesity and physical activity', *Ciba Foundation Symposium*, vol 201, pp207-221

Larkin, M. (2003) 'Can cities be designed to fight obesity? Urban planners and health experts work to get people up and about', *The Lancet*, vol 362, no 9389, pp 1046-1047

NICE (2008) *Physical Activity and the Environment*, London: National Institute of Health and Clinical Excellence

Office of Population Censuses and Surveys (1994) *General Household Survey*, London: Her Majesty's Stationery Office

Rissanen, A. M., Heliövaara, M., Knekt, P., Reunanen, A. and Aromaa, A. (1991) 'Determinants of weight gain and overweight in adult Finns', *European Journal of Clinical Nutrition*, vol 45, no 9, pp419-430

WHO (2000) *Obesity: Preventing and Managing the Global Epidemic*, Report of a WHO Consultation, WHO Technical Report Series 894, Geneva: WHO

8장

Chicurel, M. (2000) 'Whatever happened to leptin?', *Nature*, vol 404, no 6778, pp538-540

Christensen, R., Kristensen, P. K., Bartels, E. M., Bliddal, H. and Astrup, A. (2007) 'Efficacy and safety of the weight-loss drug rimonabant: A meta-analysis of randomised trials', *The Lancet*, vol 370, pp1706-1713

Cremieux, P. Y., Buchwald, H., Shikora, S. A., Ghosh, A., Yang, H. E. and Buessing, M. (2008) 'A study on the economic impact of bariatric surgery', *Am J Manag Care*, vol 14, pp589-596

Franco, O. H., Bonneux, L., de Laet, C., Peeters, A., Steyerberg, E. W. and Mackenbach, J. P. (2004) 'The Polymeal: A more natural, safer, and probably tastier (than the Polypill) strategy to reduce cardiovascular disease by more than

75%', *British Medical Journal*, vol 329, no 7480, pp1447-1450

National Task Force on the Prevention and Treatment of Obesity (1996) 'Long-term pharmacotherapy in the management of obesity', *The Journal of the American Medical Association*, vol 276, no 23, pp1907?1915

Rand, C. S. and MacGregor, A. M. (1991) 'Successful weight loss following obesity surgery and the perceived liability of morbid obesity', *International Journal of Obesity*, vol 15, no 9, pp577-579

Rucker, D., Padwal, R., Li, S. K., Curioni, C. and Lau, D. C. W. (2007) 'Long term pharmacotherapy for obesity and overweight: Updated meta-analysis', *British Medical Journal*, vol 335, pp1194-1199

Sjostrom, L., Narbro, K., Sjostrom, C. D., Karason, K., Larsson, B., Wedel, H., Lystig, T., Sullivan, M., Bouchard, C., Carlsson, B., Bengtsson, C., Dahlgren, S., Gummesson, A., Jacobson, P., Karlsson, J., Lindroos, A. K., Lonroth, H., Naslund, I., Olbers, T., Stenlof, K., Torgerson, J., Agren, G. and Carlsson, L. M. (2007) 'Effects of bariatric surgery on mortality in Swedish obese subjects', *New England Journal of Medicine*, vol 357, pp741-752

Thuan, J. F. and Avignon, A. (2005) 'Obesity management: Attitudes and practices of French general practitioners in a region of France', *International Journal of Obesity*, vol 29, no 9, pp1100-1106

Torgerson, J. S. and Sjostrom, L. (2001) 'The Swedish Obese Subjects (SOS) study-rationale and results', *International Journal of Obesity and Related Metabolic Disorders*, vol 25, Suppl 1, ppS2-S4

Wald, N. J. and Law, M. R. (2003) 'A strategy to reduce cardiovascular disease by more than 80%', *British Medical Journal*, vol 326, no 7404, pl4l9, (erratum in *British Medical Journal*, 2003, vol 327, no 7415, p586 and *British Medical Journal*, 2006, vol 60, no 9, p823)

WHO (2000) *Obesity: Preventing and Managing the Global Epidemic*, Report of a WHO Consultation, WHO Technical Report Series 894, Geneva: WHO

9장

Drewnowski, A. and Specter, S. E. (2004) 'Poverty and obesity: The role of energy density and energy costs', *The American Journal of Clinical Nutrition*, vol 79, no 1, pp6-16

EPODE (Ensemble, Prévenons l'Obésité des Enfants): www.epode.fr

Epstein, L. H., Valoski, A., Wing, R. R. and McCurley, J. (1994) 'Ten-year outcomes of behavioral family-based treatment for childhood obesity', *Health Psychology*, vol 13, no 5, pp373-383
Jain, A. (2005) 'Treating obesity in individuals and populations', *British Medical Journal*, vol 331, pp1387-1390
Lock, K. and McKee, M. (2005) 'Will Europe's agricultural policy damage progress on cardiovascular disease?', *British Medical Journal*, vol 331, no 7510, pp188-189
McCarthy, M. (2004) 'The economics of obesity', *The Lancet*, vol 364, no 9452, pp2169-2170
PNNS (Programme National Nutrition Santé) : www.mangerbouger.fr
Popkin, B. M. (2006) 'Global nutrition dynamics: The world is shifting rapidly toward a diet linked with noncommunicable diseases', *The American Journal of Clinical Nutrition*, vol 84, no 2, pp289-298
Singapore's New Programme to Prevent Overweight in Children: www.moe.gov.sg/education/programmes/holistic-health-framework/
WHO (2000) *Obesity: Preventing and Managing the Global Epidemic*, Report of a WHO Consultation, WHO Technical Report Series 894, Geneva: WHO

10장

Consumer International (2008) *The Junk Food Trap - Marketing UnHealthy Food to Children in Asia Pacific*, London: Consumers International
Department of Health (2007) *Foresight: Tackling Obesities - Future Choices Project*, London: Department of Health, www.foresight.gov.uk/OurWork/ActiveProjects/Obesity/Obesity.asp
French, S. (2004) 'Public health strategies for dietary change: Schools and workplaces', Symposium Modifying the Food Environment: Energy Density, Food Costs, and Portion Size, Experimental Biology Meeting, Washington DC, 19 April
Hyde, R. (2008) 'Europe battles with obesity', *The Lancet*, vol 371, no 9631, pp2160-2161
Jacobson, M. F. and Brownell, K. D. (2000) 'Small taxes on soft drinks and snack foods to promote health', *The American Journal of Public Health*, vol 90, no 6, pp854-857
Lloyd-Williams, F., O'Flaherty, M., Mwatsama, M., Birt, C., Ireland, R. and Capewell, S. (2008) 'Estimating the cardiovascular mortality burden attributable to the European Common Agricultural Policy on dietary saturated fats', *Bulletin of the World Health Organization*, vol 86, no 7, pp497-576

Slow Food: www.slowfood.com
Sustainable Development Commission (2006) *I Will if You Will: Towards Sustainable Consumption*, London: Sustainable Development Commission
Sustainable Development Commission (2008) *Green, Healthy and Fair: A Review of Government's Role in Supporting Sustainable Supermarket Food*, London: Sustainable Development Commission, www.sd-commission.org.uk/pages/supermarkets.html
Walker, P., Rhubart-Berg, P., McKenzie, S., Kelling, K. and Lawrence, R. S. (2005) 'Public health implications of meat production and consumption', *Public Health Nutrition*, vol 8, no 4, pp348-356
WHO (2000) *Obesity: Preventing and Managing the Global Epidemic*, Report of a WHO Consultation, WHO Technical Report Series 894, Geneva: WHO
WHO (2003) *Diet, Nutrition and the Prevention of Chronic Diseases*, Geneva: WHO
WHO (2004) *Global Strategy on Diet, Physical Activity and Health*, Geneva: WHO, www.who.int/dietphysicalactivity/en/
WHO (2007) *A Guide for Population-based Approaches to Increasing Levels of Physical Activity*, Geneva: WHO

11장

Cordain, L., Eaton, S. B., Sebastian, A., Mann, N., Lindeberg, S., Watkins, B. A., O'Keefe, J. H. and Brand-Miller, J. (2005) 'Origins and evolution of the Western diet', *American Journal of Clinical Nutrition*, vol 81, no 2, pp341-354
Davis, A., Valsecchi, C. and Fergusson, M. (2007) *Unfit for Purpose: How Car Use Fuels Climate Change and Obesity*, London: Institute for European Environmental Policy
Department of Health (2007) *Foresight: Tackling Obesities—Future Choices Project*, London: Department of Health, www.foresight.gov.uk/OurWork/ActiveProjects/Obesity/Obesity.asp
Department of Health (2008) *Healthy Weight, Healthy Lives. A Cross-government Strategy for England*, London: Department of Health
Egger, G. (2008) 'Dousing our inflammatory environment(s): Is personal carbon trading an option for reducing obesity - and climate change?', *Obesity Reviews*, vol 9, no 5, pp456-463
FAO (1996) 'World Summit, 13-17 November 1996', technical background document,

FAO, Rome

Frank, L. D., Andresen, M. A. and Schmid, T. L. (2004) 'Obesity relationships with community design, physical activity, and time spent in cars', *Am J Prev Med*, vol 27, no 2, pp87–96

Griffiths, J., Hill, A., Spiby, J., Gill, M. and Stott, R. (2008) 'Ten practical actions for doctors to combat climate change', *British Medical Journal*, vol 336, p1507

IASO (International Association for the Study of Obesity): www.iaso.org

Kelly, T., Yang, W., Chen, C. S., Reynolds, K. and He, J. (2008) 'Global burden of obesity in 2005 and projections to 2030', *International Journal of Obesity*, vol 32, pp1431–1437

McMichael, A. J., Powles, J. W., Butler, C. D. and Uauy, R. (2007) 'Food, livestock production, energy, climate change, and health', *The Lancet*, vol 370, no 9594, pp1253–1263

Michaelowa, A. and Dransfeld, B. (2006) 'Greenhouse gas benefits of fighting obesity', HWWI Research Paper 4-8, Hamburg, http://www.hwwi.org/Publications_Single.5093.0.html?&L= 1 &tx_wilpubdb_pi 1 (authorid) =49 &tx_wilpubdb_pi 1 (single View) = 1 &tx_wilpubdb_pi 1 (publication_id) =291 &tx_wilpubdb_pil (back) =1068 &cHash= Ib9a914bed

Myr, R. (2008) 'Breastfeeding tackles both obesity and climate change', *British Medical Journal*, vol 331, no 7510

Roberts, I. (2007) 'How the obesity epidemic is aggravating global warming', *New Scientist*, no 2610, pp165–166

Stern, N. (2006) *Stern Review on the Economics of Climate Change*, London: HM Treasury, www.hm-treasury.gov.uk/sternreview_index.htm

Sustainable Development Commission (2008) *Green, Healthy and Fair: A Review of Government's Role in Supporting Sustainable Supermarket Food*, London: Sustainable Development Commission, www.sd-commission.org.uk/pages/supermarkets.html

Woodcock, J., Banister, D., Edwards, P., Prentice, A. and Roberts, I. (2007) 'Energy and transport', *The Lancet*, vol 370, no 9592, pp1078–1088

맺음말

Chopra, M. and Darnton-Hill, I. (2004) 'Tobacco and obesity epidemics: Not so different after all?', *British Medical Journal*, vol 328, no 7455, pp1558–1560

Godlee, E (2005) 'Editor's choice: Untangling a skein of wool', *British Medical Journal*, vol 331, no 7510

Kersh, R. and Morone, J. (2002) 'The politics of obesity: Seven steps to government action', *Health Affairs*, vol 21, no 6, pp142-153

Yach, D., Hawkes, C., Epping-Jordan, J. E. and Galbraith, S. (2003) 'The World Health Organization's Framework Convention on Tobacco Control: Implications for global epidemics of food-related deaths and disease', *Journal of Public Health Policy*, vol 24, no 3-4, pp274-290

더 읽을거리

일반 정보

Blackburn, G. L. and Walker, W. A. (2005) 'Science-based solutions to obesity: What are the roles of academia, government, industry, and health care?', *The American Journal of Clinical Nutrition*, vol 82, supplement, pp207S-273S

British Medical Association (2005) *Preventing Childhood Obesity*, Board of Science, London: BMA

Campbell, P. and Dhand, R. (2000) 'Nature insight: Obesity', *Nature*, vol 404, no 6778, pp631-677

Drewnowski, A. and Rolls, B. J. (2005) 'Symposium: Modifying the Food Environment: Energy Density, Food Costs, and Portion Size', *The Journal of Nutrition*, vol 135, pp898-915

International Journal of Epidemiology (2006) 'Special themed issue: Obesity', *International Journal of Epidemiology*, vol 35, no 1, pp1-210

Kumanyika, S., Jeffery, R. W., Morabia, A., Ritenbaugh, C. and Antipatis, V. J. (2002) 'Public Health Approaches to the Prevention of Obesity (PHAPO) Working Group of the International Obesity Task Force (IOTF). Obesity prevention: The case for action', *International Journal of Obesity & Related Metabolic Disorders*, vol 26, no 3, pp425-436

Lobstein, T., Baur, L., Uauy, R. and IASO International Obesity Task Force (2004) 'Obesity in children and young people: A crisis in public health', *Obesity Reviews*, vol 5, suppl 1, pp4-104

Lobstein, T., Rigby, N. and Leach, R. (2005) *EU Platform on Diet, Physical Activity and Health*, London: IOTF/IASO/EASO

Science (2003) 'Special Issue: Obesity', *Science*, vol 299, no 5608, pp845-860

WHO (2002) *Globalization, Diets and Noncommunicable Diseases*, Geneva: WHO

WHO (2004) *Global Strategy on Diet, Physical Activity and Health*, 57th World Health

Assembly, Report by the Secretariat, Geneva: WHO

Yach, D., Hawkes, C., Gould, C. L. and Hofman, K. J. (2004) 'The global burden of chronic diseases: Overcoming impediments to prevention and control', *The Journal of the American Medical Association*, vol 291, no 21, pp2616-2622

주제별 정보

• 음식 섭취량

Rozin, P., Kabnick, K., Pete, E., Fischler, C. and Shields, C. (2003) 'The ecology of eating: Smaller portion sizes in France than in the United States help explain the French paradox', *Psychological Science*, vol 14, no 5, pp450-454

• 비만이 영유아에게 미치는 영향

Reilly, J. J., Armstrong, J., Dorosty, A. R., Emmett, P. M., Ness, A., Rogers, I., Steer, C., Sherriff, A. and Avon Longitudinal Study of Parents and Children Study Team (2005) 'Early life risk factors for obesity in childhood: Cohort study', *British Medical Journal*, vol 330, no 7504, p1357

Viner, R. M. and Cole, T. J. (2005) 'Adult socioeconomic, educational, social, and psychological outcomes of childhood obesity: A national birth cohort study', *British Medical Journal*, vol 330, no 7504, p1354

• 이중 부담

Doak, C. M., Adair, L. S., Bentley, M., Monteiro, C. and Popkin, B. M. (2005) 'The dual burden household and the nutrition transition paradox', *International Journal of Obesity*, vol 29, pp129-136

Standing Committee on Nutrition of the United Nations System (2006) 'Tackling the double burden of malnutrition?', *SCN News*, vol 32, pp1-72

• 비만 유발 환경

Egger, G. (2008) 'Dousing our inflammatory environment(s): Is personal carbon trading an option for reducing obesity and climate change?', *Obesity Reviews*, vol 9, pp456-463

Egger, G., Swinburn, B. and Rossner, S. (2003) 'Dusting off the epidemiological triad: Could it work with obesity?', *Obesity Reviews*, vol 4, no 2, pp115-119

Swinburn, B. and Egger, G. (2002) 'Preventive strategies against weight gain and obesity', *Obesity Reviews*, vol 3, pp289-301

Swinburn, B. and Egger, G. (2004) 'The runaway weight gain train: Too many accelerators, not enough brakes', *British Medical Journal*, vol 329, no 7468, pp736–739

Swinburn, B., Egger, G. and Raza, F. (1999) 'Dissecting obesogenic environments: The development and application of a framework for identifying and prioritizing environmental interventions for obesity', *Preventive Medicine*, vol 29, pp563–570

주

머리말_왜 현대인은 점점 더 뚱뚱해지는가?
1. '비만을 유발하거나 그럴 가능성이 있는'(obesogenic) 환경이란 '삶의 환경과 기회 또는 조건에서 개인이나 주민에게 비만을 촉진하는 영향들의 총합'으로 정의된다. 호주 디킨대학교의 보이드 스윈번 교수가 도입한 개념이다.

1. 전 세계로 퍼지는 공포의 유행병
1. 그러나 몇몇 연구들은 미국의 비만율이 수평을 유지하고 있음을 보여주고 있다.
2. 특별히 커다란 크기의 관을 제조하는 업체인 골리앗 캐스킷(Goliath Casket) 사에서는 3배 넓은 크기의 관 주문이 증가하고 있다고 한다.
3. 유럽비만연구협회(EASO)
4. 프랑스의 영양건강조사에 따르면, 한 달에 1,500프랑 이상의 소득이 있는 75세 이하 남성 4.6퍼센트, 여성 3퍼센트가 비만이며, 이와 비교해서 한 달에 900파운드 미만을 버는 75세 이하 남성 11.4퍼센트, 여성 9.3퍼센트가 비만으로 밝혀졌다.

3. 뚱보를 낳는 오늘날의 식습관은 어떻게 생겨났나?
1. www.nielson-online.com

4. 먹을거리는 어떻게 생산되는가? – 대량생산 시대의 농업
1. 전국식품산업연합회(ANIA: Association nationale des industries alimentaires)
2. 녹색 혁명은 사하라 사막 남쪽의 아프리카에서는 성공하지 못했다. 수확량이 증가하는 것은 특정한 상황, 즉 예를 들어 관개시설이 잘 되어 있고, 토양이 알맞고, 정치체제가 순조로울 때만 가능하다. 그 지역에서는 그러한 모든 조건이 결핍되어 있었다.

5. 먹을거리는 어떻게 가공·유통되는가? ─ 식품회사와 슈퍼마켓

1. 이러한 정부 방침의 결과가 어떠했든, 결국 매각은 이루어지지 않았다. 펩시 회사의 중역회의에서 이런 문제를 심각하게 다룬 적이 없었을지도 모른다. 그럼에도 이 이야기는 프랑스 경제와 세계 경제 양쪽에서 다국적 식품기업의 중요성이 커지고 있음을 잘 보여준다.
2. 유럽연합이 27개국으로 확대되기 전에 유럽의 15개 회원국의 평균이다.

7. 비만은 단지 운동 부족 탓인가?

1. 대신, 많은 사무직 종사자들이 나쁜 자세나 디자인이 잘못된 의자나 설비 같은 적절하지 못한 근로 조건 탓에 등의 통증, 건염, 골관절염 같은 질병으로 고통을 당하고 있는 것은 널리 알려진 사실이다.

8. 약으로 비만을 해결할 수 있을까?

1. 리모나밴트는 CB1 수용기를 차단하며, 대마초의 활성 원리에 의해 활성화된다 (이것은 엔도카나비노이드 시스템을 방해한다).

10. 비만 문제의 해결책들

1. www.sussex.ac.uk/spru/porgrow
2. www.fao.org/es/esd/Montreal-JS.pdf
3. www.slowfood.com